河北经贸大学学术著作出版基金资助

河北经贸大学社会治理德治与法治河北省协同创新中心
招标课题"地方政府治理与经济高质量发展研究"
(2020ZLYB02)

A LIBRARY OF
DOCTORAL
DISSERTATIONS
IN SOCIAL SCIENCES IN CHINA

中国社会科学博士论文文库

地方政府行为对企业创新的影响研究：
基于中国式分权视角

Research on the Impact of
Local Government Behavior on Enterprise Innovation:
From the Perspective of Sinicism Decentralization

李恩极 著

导师 李 群

中国社会科学出版社

图书在版编目（CIP）数据

地方政府行为对企业创新的影响研究：基于中国式分权视角 / 李恩极著 . —北京：中国社会科学出版社，2022.11
（中国社会科学博士论文文库）
ISBN 978-7-5227-0689-4

Ⅰ.①地… Ⅱ.①李… Ⅲ.①地方政府—政府行为—影响—企业创新—研究—中国 Ⅳ.①F279.23

中国版本图书馆 CIP 数据核字（2022）第 144564 号

出 版 人	赵剑英
责任编辑	张玉霞　刘晓红
责任校对	周晓东
责任印制	李寡寡
出　　版	中国社会科学出版社
社　　址	北京鼓楼西大街甲 158 号
邮　　编	100720
网　　址	http：//www.csspw.cn
发 行 部	010-84083685
门 市 部	010-84029450
经　　销	新华书店及其他书店
印　　刷	北京明恒达印务有限公司
装　　订	廊坊市广阳区广增装订厂
版　　次	2022 年 11 月第 1 版
印　　次	2022 年 11 月第 1 次印刷
开　　本	710×1000　1/16
印　　张	17
插　　页	2
字　　数	287 千字
定　　价	98.00 元

凡购买中国社会科学出版社图书，如有质量问题请与本社营销中心联系调换
电话：010-84083683
版权所有　侵权必究

《中国社会科学博士论文文库》
编辑委员会

主　　任：李铁映
副 主 任：汝　信　江蓝生　陈佳贵
委　　员：(按姓氏笔画为序)
　　　　　王洛林　王家福　王缉思
　　　　　冯广裕　任继愈　江蓝生
　　　　　汝　信　刘庆柱　刘树成
　　　　　李茂生　李铁映　杨　义
　　　　　何秉孟　邹东涛　余永定
　　　　　沈家煊　张树相　陈佳贵
　　　　　陈祖武　武　寅　郝时远
　　　　　信春鹰　黄宝生　黄浩涛
总 编 辑：赵剑英
学术秘书：冯广裕

总　序

在胡绳同志倡导和主持下，中国社会科学院组成编委会，从全国每年毕业并通过答辩的社会科学博士论文中遴选优秀者纳入《中国社会科学博士论文文库》，由中国社会科学出版社正式出版，这项工作已持续了 12 年。这 12 年所出版的论文，代表了这一时期中国社会科学各学科博士学位论文水平，较好地实现了本文库编辑出版的初衷。

编辑出版博士文库，既是培养社会科学各学科学术带头人的有效举措，又是一种重要的文化积累，很有意义。在到中国社会科学院之前，我就曾饶有兴趣地看过文库中的部分论文，到社科院以后，也一直关注和支持文库的出版。新旧世纪之交，原编委会主任胡绳同志仙逝，社科院希望我主持文库编委会的工作，我同意了。社会科学博士都是青年社会科学研究人员，青年是国家的未来，青年社科学者是我们社会科学的未来，我们有责任支持他们更快地成长。

每一个时代总有属于它们自己的问题，"问题就是时代的声音"（马克思语）。坚持理论联系实际，注意研究带全局性的战略问题，是我们党的优良传统。我希望包括博士在内的青年社会科学工作者继承和发扬这一优良传统，密切关注、深入研究 21 世纪初中国面临的重大时代问题。离开了时代性，脱离了社会潮流，社会科学研究的价值就要受到影响。我是鼓励青年人成名成家的，这是党的需要，国家的需要，人民的需要。但问题在于，什么是名呢？名，就是他的价值得到了社会的承认。如果没有得到社会、人民的承认，他的价值又表现在哪里呢？所以说，价值就在于对社会重大问题的回答和解决。一旦回答了时代性的重大问题，就必然会对社会产生巨大而深刻的影响，你也因此而实现了你的价值。在这方面年轻的博士有很大的优势：精力旺盛，思想敏捷，勤于学习，勇于创新。但青年学者要多向老一辈学者学习，博士尤其要很好地向导师学习，在导师的指导下，发挥自己的优势，研究重大问题，就有可能出好的成果，实现自己的价值。过去 12 年入选文库的论文，也说明了这一点。

什么是当前时代的重大问题呢？纵观当今世界，无外乎两种社会制度，一种是资本主义制度，一种是社会主义制度。所有的世界观问题、政治问题、理论问题都离不开对这两大制度的基本看法。对于社会主义，马克思主义者和资本主义世界的学者都有很多的研究和论述；对于资本主义，马克思主义者和资本主义世界的学者也有过很多研究和论述。面对这些众说纷纭的思潮和学说，我们应该如何认识？从基本倾向看，资本主义国家的学者、政治家论证的是资本主义的合理性和长期存在的"必然性"；中国的马克思主义者，中国的社会科学工作者，当然要向世界、向社会讲清楚，中国坚持走自己的路一定能实现现代化，中华民族一定能通过社会主义来实现全面的振兴。中国的问题只能由中国人用自己的理论来解决，让外国人来解决中国的问题，是行不通的。也许有的同志会说，马克思主义也是外来的。但是，要知道，马克思主义只是在中国化了以后才解决中国的问题的。如果没有马克思主义的普遍原理与中国革命和建设的实际相结合而形成的毛泽东思想、邓小平理论，马克思主义同样不能解决中国的问题。教条主义是不行的，东教条不行，西教条也不行，什么教条都不行。把学问、理论当教条，本身就是反科学的。

在 21 世纪，人类所面对的最重大的问题仍然是两大制度问题：这两大制度的前途、命运如何？资本主义会如何变化？社会主义怎么发展？中国特色的社会主义怎么发展？中国学者无论是研究资本主义，还是研究社会主义，最终总是要落脚到解决中国的现实与未来问题。我看中国的未来就是如何保持长期的稳定和发展。只要能长期稳定，就能长期发展；只要能长期发展，中国的社会主义现代化就能实现。

什么是 21 世纪的重大理论问题？我看还是马克思主义的发展问题。我们的理论是为中国的发展服务的，绝不是相反。解决中国问题的关键，取决于我们能否更好地坚持和发展马克思主义，特别是发展马克思主义。不能发展马克思主义也就不能坚持马克思主义。一切不发展的、僵化的东西都是坚持不住的，也不可能坚持住。坚持马克思主义，就是要随着实践，随着社会、经济各方面的发展，不断地发展马克思主义。马克思主义没有穷尽真理，也没有包揽一切答案。它所提供给我们的，更多的是认识世界、改造世界的世界观、方法论、价值观，是立场，是方法。我们必须学会运用科学的世界观来认识社会的发展，在实践中不断地丰富和发展马克思主义，只有发展马克思主义才能真正坚持马克思主义。我们年轻的社会科学博士们要以坚持和发展马克思主义为己任,在这方面多出精品力作。我们将优先出版这种成果。

2001 年 8 月 8 日于北戴河

摘　　要

　　自从 Schumpeter 的经典文献发表以来，创新对企业和国家的重要作用获得普遍认可。当前，我国经济已由高速增长阶段转向高质量发展阶段，"重视数量"到"提升质量"的转变必然要求新的发展方式，亟须实现从"要素驱动"向"创新驱动"的根本转变。根据《2019 年全球创新指数》，中国综合创新指数继续保持上升态势，已升至第 14 位，但是在创新质量和科技产出效率方面，中国与美国、日本和德国等国家相比还有一定的差距，中国由"创新大国"迈向"创新强国"依然任重道远。企业作为创新主体，其创新能力的提升是国家创新质量与效率的保证，如何激发企业创新活力已成为学界和政界面临的重大课题。

　　由于创新活动投入高、周期长、风险大，又具有较强的外部性，因此，企业创新活动离不开政府的支持。在中国，地方政府及主政官员对辖区资源配置具有重要影响。企业作为社会资源配置的微观基础，其创新投资的标的和方向不仅要考虑企业内部财务状况和治理结构，更要考虑其所处的政治生态环境。以经济分权和政治集权为特征的中国式分权制度赋予了地方政府"政治人"和"经济人"的双重身份，地方政府在政治激励和经济激励下竭尽所能地获取对辖区经济增长有利的要素资源，改善辖区基础设施建设，优化招商环境，直接推动了中国经济的高速增长。不过，地方政府对辖区经济短期增长的过分关注也带来许多问题，比如重复建设、环境污染、公共品供给失衡等。虽然既有文献从多个视角对地方政府在企业创新中的作用进行了大量的分析，但是对分权背景下的地方政府行为对企业创新的影响尚缺乏系统的研究。考虑到在中国式分权下，中央政府主要通过行政发包、财政分权和官员晋升锦标赛完成对地方政府以及官员的激励和治理，政府之间也由此形成了"纵向发包"和"横向竞争"的关系，本书以此为切入点，对分权如何影响地方政府行为，进而作用于企业创新活动的传导机制进行分析。

第一，从纵向来看，分权制度使中央政府和地方政府形成了一种"委托代理"关系，在经济激励和政治激励下，地方政府往往具有投资性偏好，倾向于将财政资源分配至"短平快"生产性项目中，并且会通过政府"有形之手"影响企业的创新活动。本书通过构建中央政府、地方政府和企业的三层博弈，阐释了财政分权如何影响地方政府偏好，进而作用于企业创新活动的机理，并运用中国沪深 A 股上市公司、城市和省级面板数据进行了实证检验。研究发现，财政收入分权会抑制地方政府投资性偏好，财政支出分权会强化地方政府投资性偏好，官员绩效考核指标的转变会弱化分权对地方政府偏好的影响；政府投资性偏好对企业创新具有负面影响，表现为企业研发投入和专利申请量的下降，且这种抑制作用在国有企业、有政治关联企业和市场化水平较低地区的企业中更加明显。

第二，从横向来看，财政分权和晋升锦标赛在地方政府之间嵌入了竞争关系，并影响地方政府的财政科技支出和企业创新活动。本书基于中国地级市数据，利用官员任期重点考察了晋升激励对地方政府科技支出的影响。研究发现：在多维绩效考核下，地方官员在任期内会策略性"安排"政府科技支出，官员任期和地方政府科技支出呈"U"形关系；在晋升激励下，地方政府在科技支出方面存在显著的互补型策略互动，且在官员第一任期时的政府科技支出反应系数明显高于官员第二任期时的科技支出反应系数，说明在相对绩效考核方式下，地方官员会围绕科技创新展开标尺竞争，提高政府对科技创新的投入，优化政府财政支出结构。进一步地，本书将中国沪深 A 股上市公司和地级市数据匹配起来，分析了政府财政科技支出竞争对企业创新的影响及其作用机制。研究发现，政府竞争会通过提高企业创新补贴和地区产业集聚水平促进企业技术创新，且这种激励作用随着企业创新水平的提高呈现出先增长后减弱的倒"V"形特征。

第三，中国政府系统是一个多层级的纵向结构，"层层分包"的行政体制和多层级同时进行的官员晋升锦标赛使得不同层级的政府之间同样存在标尺竞争，"层层加码"现象广泛存在并深刻影响着地方政府行为和辖区企业的生产经营活动。本书基于中国沪深A股上市公司和省级面板数据，实证检验了"层层加码"对企业创新的影响及其作用机制。研究发现，政府经济增长目标的"层层加码"会加剧企业融资约束，降低技术创新对企业绩效的贡献度，进而抑制企业创新，且这种抑制作用在国有企业、管制性行业以及市场化水平较低地区中更加明显，而官员绩效考核指标由GDP增速向经济发展质量的转变能够有效降低"层层加码"对企业创新的负面影响。

第四，我国处于经济转型时期，为了给企业营造良好的经营环境，政府一直积极尝试和探索，出台了诸多利好政策，有效缓解了企业经营难题，但是这也提高了宏观经济政策的不确定性，加剧了宏观环境波动，从而为企业经营带来了巨大挑战。本书从企业韧性角度探究了经济政策不确定性对企业创新活动的影响和作用机制，并运用2007—2018年中国沪深A股上市公司数据进行了计量检验。研究发现：企业韧性水平的差异会使经济政策不确定性对企业创新活动的影响产生门槛效应，当经济政策不确定性上升时，低韧性企业会减少创新活动，高韧性企业会增加创新活动。异质性分析显示，经济政策不确定性对企业创新活动的抑制作用在低市场化水平地区和非国有企业样本中表现得更明显。机制检验结果则表明，企业韧性会正向调节经济政策波动对企业创新贡献度和企业融资成本的负面影响，但对经理人风险规避偏好的影响有限。此外，企业韧性可作为企业内部治理替代，向投资者释放积极信号，从而帮助企业获得更多融资。

第五，创新补贴和构建产学研合作机制是政府参与企业创新活动的重要方式。针对政府创新补贴背后的逆向选择问题，本书将创新补贴看作政府为企业提供的"契约"，基于契约理论刻画了不同信息结构下政府和企业的行为和选择，同时得到了最优政府创新补贴系数和最优企业R&D投入水平。研究发现：企业风险偏好、研发项目的风险、知识产权制度等因素在一定程度上会影响政府补贴系数和企业R&D投入水平；信息不对称下，政府补贴系数和企业R&D投入均有所减少。为了缓解信息不对称带来的低效率，进一步建立了政府和企业的关系契约，发现只要贴现因子足够大，双方可以建立长期合作，进而实现社会效益的最大化。本书从政府视角对产学研利益分配机制进行了研究，分析了不同信息结构下企业和科研机构的行为，将信息不对称下福利损失看作双方的信息租金进行二次利益分配，建立了政府主导的具有双边激励效应产学研利益分配机制。研究表明，信息不对称下科研机构的投入水平低于最优投入水平，具有双边激励效应的分配机制不仅兼顾了企业和科研机构双方的利益、发挥了政府在产学研协同创新利益分配中的引导作用，也带来了社会整体福利的提升，有效缓解了信息不对称带来的低效率。

关键词：中国式分权；地方政府行为；政府关系；企业创新

Abstract

Since Schumpeter's classic literature was published, the important role of innovation in the long – term development of enterprises and the country has been widely recognized. At present, China's economy has changed from the high – speed growth stage to the high – quality development stage, the transformation from "focus on quantity" to "improve quality" will inevitably require a new way of development, it's urgent to change from "factor – driven" to "innovation – driven". According to the 2019 Global Innovation Index, China's composite innovation index continues to rise to 14th place, but China still has a long way to go from being a "big country in innovation" to a "powerful country in innovation" in terms of the quality of innovation and the efficiency of technology output. As the main body of innovation, the improvement of innovation ability of enterprises is the guarantee of the quality and efficiency of national innovation, and how to stimulate the vitality of innovation has become a major issue facing academic circles and politicians.

Because of innovation activities need high investment and with high risk, therefore, enterprise innovation activities need the support of all sectors of society. In China, local government and principal officials play an important role in the allocation of regional resources. As the micro – foundation of social resource allocation, the target and direction of enterprise innovation investment should consider not only the influence of the internal financial situation and governance structure of enterprises, but also the political ecological environment in which they are located. For a long time, under the influence of the Chinese – style decentralization system characterized by economic decentralization and political centralization, local government has done their best to obtain the resources that are beneficial to the economic growth of the bailiwick, improve the infrastructure construction of the bailiwick, and optimize the investment environment, which has directly promoted the rapid growth of China's economy. However, local government' concern stooding about the region's short – term economic growth has also brought many problems, such as duplication of construction, environmental pollution, imbalance in the supply of public goods and so on. Although the existing literature studies the role of local government in enterprise innovation from many perspectives, the influence of local government behavior on enterprise innovation under the decentralization system has not been paid enough attention. In view of this, this paper combines the mechanism of administrative contracting, financial decentralization and promotion of officials under the decentralization system, starting from the intergovernmental relationship, makes a systematic analysis of how the decentralization affects the behavior of local governments, and then makes a systematic analysis of the transmission mechanism of the innovation activities of enterprises.

First of all, from a vertical point of view, the decentralization system makes the central government and local government form a kind of principal – agent relationship, under the economic incentive and political incentive, the local government behavior has a short – term tendency, often has investment preference, and will influence the innovation activities of enterprises through the "tangible hand" of the government. By constructing the three – tier game between the central government, local government and enterprise, this paper explains how the decentralization affects the investment preference of local governments, and the mechanism of it acts on enterprise research and development activities, and uses the Shanghai and Shenzhen A - share listed companies, city data and provincial panel data to carry out empirical testing. The study found that the decentralization of fiscal revenue will inhibit the investment preference of local government, the decentralization of fiscal expenditure will strengthen the investment preference of local government, the change of official performance appraisal will weaken the influence of decentralization on local government preference, and the government investment preference will have a negative impact on enterprise innovation, which is reflected in the decline of enterprise research and development investment and patent application. And this inhibition is more obvious in state - owned enterprises, politically related enterprises and enterprises with low level of marketization.

Second, from a horizontal perspective, the competition is embedded in local governments by fiscal decentralization and promotion tournaments, and it has significant influence on local governments' financial spending on science and technology and corporate innovation. Based on the data of China's prefecture - level cities, this paper uses the official's tenure to focus on the impact of promotion incentives on local government science and technology spending. The study found that under the multi - dimensional performance appraisal, local officials will strategically "arrange" government science and technology expenditure during their term of office, and the term of office of officials and local government science and technology expenditure are U - shaped relationship, and under the promotion incentive, complementary strategic interaction in science and technology spending between local government is existed. And in the first term of the official's government's science and technology expenditure response coefficient is significantly higher than the response factor of the official's second term, indicating that in the relative performance appraisal mode, local officials will focus on scientific and technological innovation standard competition, improve the government's investment in science and technology innovation, improve the government expenditure structure. Furthermore, this paper matches the data of China's A – share listed companies and prefecture – level cities, and analyzes the impact of the competition of government financial science and technology expenditure on enterprise innovation and its mechanism of action. It is found that government competition will promote technological innovation by raising the level of enterpriseinnovation subsidy and regional industrial concentration, and this incentive effect will show the inverted V – type characteristic safter with the improvement of enterprise innovation level.

Thirdly, the Chinese government system is a multi – level vertical structure, the standard competition is also embedded in different levels of government by "layer – by – layer subcontracting" administrative system and multi – level simultaneous promotion of government official championship competition, "layer plus code" phenomenon is widely existed and profoundly affect the local government behavior and the production and business activities of enterprises in the jurisdiction. Based on the data of Shanghai and Shenzhen A – share listed companies and provincial panel data, this paper depicts the multi – level intergovernmental "layer – by – layer code" phenomenon by the difference between the economic growth targets set by the provinces and the economic growth targets proposed by the central government, and empirically tests the impact of "layer – by – layer coding" on enterprise innovation and its mechanism of action. The study found that the "layer – by – layer" of the government's economic growth target will inhibit the enterprise innovation through aggravating the enterprise financing constraints and reducing the contribution of technological innovation to enterprise performance, and this inhibition is more obvious in state – owned enterprises, regulated industries and low – level areas of marketization. The change of official performance appraisal index from GDP growth to the quality of economic development can effectively reduce the negative impact of "layer plus code" on enterprise innovation.

Fourthly, macro – environment fluctuations have brought great challenges to business operations. This paper explores the influence and mechanism of economic policy uncertainty on enterprise innovation activities from the perspective of enterprise resilience, and uses the data of China's A – share listed companies from 2007 – 2018 to carry out measurement test. The study found that the difference of enterprise's resilience level will have a threshold effect on the influence of economic policy uncertainty on the innovation activities of enterprises, and when the uncertainty of economic policy increases, the low – resilient enterprises will reduce the innovation activities and the high – resilient enterprises will increase the innovation activities. Heterogeneous analysis shows that the inhibition effect of economic policy uncertainty on enterprise innovation activities is more obvious in low – market level areas and non – state – owned enterprises samples. The results of the mechanism test show that the enterprise resilience will adjust the negative impact of economic policy fluctuation on the contribution of enterprise innovation and the cost of enterprise financing, but the influence on managers' risk aversion preference is limited. In addition, corporate resilience can be used as an alternative to internal governance, sending positive signals to investors, helping companies to obtain more financing.

Innovation subsidy and the construction of cooperation mechanism of industry, education and research are important ways for the government to participate in enterprise innovation activities. In view of the reverse selection behind the government innovation subsidy, this paper regards the innovation subsidy as the "contract" provided by the government for enterprises, and describes the behavior and choice of the government and enterprises under different information structures based on the contract theory, and gets the optimal government innovation subsidy coefficient and the optimal enterprise R - D input level. The study found that the risk preference of enterprises, the risk of research and development projects, the intellectual property system and other factors will affect the government subsidy coefficient and the level of enterprise R&D input to some extent. In order to alleviate the inefficiency brought about by information asymmetry, the relationship contract between government and enterprises was further established, and it was found that as long as the discount factor is large enough, the two sides can establish long - term cooperation to maximize social benefits. This paper studies the benefit distribution mechanism of industry, science and research from the government's perspective, analyzes the behavior of enterprises and scientific research institutions under different information structures, regards the loss of welfare under information asymmetry as the secondary benefit distribution of information rent on both sides, and establishes the government - led benefit distribution mechanism with bilateral incentive effect. The research shows that the input level of scientific research institutions under information asymmetry is lower than the optimal input level, and the distribution mechanism with bilateral incentive effect not only takes into account the interests of both enterprises and scientific research institutions, plays the guiding role of the government in the distribution of the benefits of collaborative innovation in industry, science and research, but also brings about the improvement of the overall welfare of society, which effectively alleviates the inefficiency brought about by information asymmetry.

Keywords: Chinese - style decentralization; local government behavior; relationship between different level government; enterprise innovation

目 录

第一章 绪论 ……………………………………………………… (1)
  第一节 研究背景 ………………………………………………… (1)
  第二节 研究意义 ………………………………………………… (4)
  第三节 相关概念界定 …………………………………………… (6)
  第四节 研究思路、研究内容与研究方法 ……………………… (7)
  第五节 创新点与不足之处 ……………………………………… (15)

第二章 理论基础与相关文献评述 …………………………… (17)
  第一节 创新理论 ………………………………………………… (17)
  第二节 分权理论 ………………………………………………… (22)
  第三节 政府参与创新活动的理论基础 ………………………… (27)
  第四节 相关文献评述 …………………………………………… (31)

第三章 分权背景下地方政府行为对企业创新的影响机理 …… (47)
  第一节 地方政府的独特地位 …………………………………… (47)
  第二节 分权背景下的政府治理与地方政府行为 ……………… (49)
  第三节 地方政府行为对企业创新的影响 ……………………… (59)

第四章 中国式分权、政府偏好与企业创新 ………………… (62)
  第一节 问题的提出 ……………………………………………… (62)

第二节　理论分析与研究假说 …………………………… (64)
　　第三节　研究设计 ………………………………………… (70)
　　第四节　实证结果及分析 ………………………………… (73)
　　第五节　政府偏好与区域创新：基于省级面板数据的
　　　　　　再检验 ………………………………………… (80)
　　第六节　小结 ……………………………………………… (86)

第五章　中国式分权、地方政府竞争与企业创新 ……………… (88)
　　第一节　官员晋升、标尺竞争与地方政府科技支出 …… (88)
　　第二节　地方政府科技支出竞争与企业创新 …………… (112)

第六章　中国式分权、"层层加码"与企业创新 ……………… (129)
　　第一节　问题的提出 ……………………………………… (129)
　　第二节　文献回顾与理论分析 …………………………… (131)
　　第三节　研究设计 ………………………………………… (135)
　　第四节　实证检验 ………………………………………… (137)
　　第五节　进一步讨论 ……………………………………… (143)
　　第六节　小结 ……………………………………………… (148)

第七章　经济政策不确定性与企业创新 ……………………… (150)
　　第一节　问题的提出 ……………………………………… (150)
　　第二节　文献回顾与理论分析 …………………………… (152)
　　第三节　研究设计 ………………………………………… (157)
　　第四节　实证结果及分析 ………………………………… (161)
　　第五节　进一步讨论 ……………………………………… (167)
　　第六节　小结 ……………………………………………… (175)

第八章　基于契约理论的政府与企业创新补贴博弈分析 ……… (177)
　　第一节　问题的提出 ……………………………………… (177)

第二节　问题描述与模型假设 …………………………………（180）
　　第三节　不同信息结构下的政府和企业创新补贴博弈……（181）
　　第四节　关系契约下的政府和企业创新补贴博弈…………（186）
　　第五节　小结 ………………………………………………（188）

第九章　基于政府视角的产学研利益分配机制研究…………（190）
　　第一节　问题的提出 ………………………………………（190）
　　第二节　问题描述与基本假设 ……………………………（193）
　　第三节　基于双边激励的产学研利益分配机制 …………（199）
　　第四节　小结 ………………………………………………（202）

第十章　主要结论与政策建议 ……………………………………（203）
　　第一节　主要结论 …………………………………………（203）
　　第二节　政策建议 …………………………………………（207）

参考文献 ……………………………………………………………（211）

索　引 ………………………………………………………………（237）

后　记 ………………………………………………………………（243）

Contents

Chapter 1 Introduction ·· (1)

    Section 1   Research Background ································· (1)

    Section 2   Research Significance ································ (4)

    Section 3   Definition of Related Concepts ······················ (6)

    Section 4   Research ideas, Research content and

                Research methods ···································· (7)

    Section 5   Innovations and Deficiencies ······················· (15)

Chapter 2 Theoretical Basis and Related Literature

            Review ·· (17)

    Section 1   Innovation Theory ···································· (17)

    Section 2   Decentralization Theory ····························· (22)

    Section 3   Theoretical Basis of Government's Participation in

                Innovation Activities ································ (27)

    Section 4   Review of Related Literature ······················· (31)

Chapter 3 Influence Mechanism of Local Government Behavior on Enterprise Innovation under the Background of Decentralization ……………………………………… (47)

    Section 1   The Unique Status of Local Government ………… (47)

    Section 2   Government Governance and Local Government's Behavior in the Context of Decentralization ………………… (49)

    Section 3   Influence of Local Government's Behavior on Enterprise Innovation …………………………………… (59)

Chapter 4 Chinese-Style Decentralization, Government Preferences, and Enterprise Innovation …………… (62)

    Section 1   Questions ………………………………………………… (62)

    Section 2   Theoretical Analysis and Research Hypotheses …… (64)

    Section 3   Research Design ………………………………………… (70)

    Section 4   Empirical Results and Analysis ……………………… (73)

    Section 5   Government Preference and Regional Innovation: Re-examination Based on Provincial Panel Data ……………… (80)

    Section 6   Summary ………………………………………………… (86)

Chapter 5 Chinese-Style Decentralization, Local Government's Competition and Enterprise Innovation …………… (88)

    Section 1   Official Promotion, Yardstick Competition and Local Government's Science and Technology Expenditure ……………………………………………… (88)

    Section 2   Competition of Local Government's Science and Technology Expenditure and Enterprise Innovation ……………… (112)

Contents

Chapter 6 Chinese – Style Decentralization, "Amplification of Goals among Multiple Levels of Government" and Enterprise innovation .... (129)

    Section 1 Questions .... (129)

    Section 2 Literature Review and Theoretical Analysis .... (131)

    Section 3 Research Design .... (135)

    Section 4 Empirical Test .... (137)

    Section 5 Further Discussion .... (143)

    Section 6 Summary .... (148)

Chapter 7 Economic Policy Uncertainty and Enterprise Innovation .... (150)

    Section 1 Questions .... (150)

    Section 2 Literature Review and Theoretical Analysis .... (152)

    Section 3 Research Design .... (157)

    Section 4 Empirical Results and Analysis .... (161)

    Section 5 Further Discussion .... (167)

    Section 6 Summary .... (175)

Chapter 8 Analysis of the Game of Innovation Subsidy between Government and Enterprise Based on Contract Theory .... (177)

    Section 1 Questions .... (177)

    Section 2 Problem Description and Model Assumptions .... (180)

    Section 3 The Game of Innovation Subsidy between Government and Enterprise under Different Information Structures .... (181)

    Section 4 The Game of Innovation Subsidy between Government and Enterprise under the Relational Contract .... (186)

  Section 5 Summary ……………………………………………(188)

Chapter 9 The Benefit Distribution Mechanism of Industry – University – Research Collaboration Based on the Government's Perspective …………………………(190)

  Section 1 Questions ……………………………………(190)
  Section 2 Problem Description and Basic Assumptions ………(193)
  Section 3 The Benefit Distribution Mechanism of Industry – University – Research Collaboration Based on Bilateral Incentives ……………………………………(199)
  Section 4 Summary ……………………………………(202)

Chapter 10 Conclusions and Policy Recommendations ………(203)

  Section 1 Conclusions …………………………………(203)
  Section 2 Policy Recommendations ……………………(207)

References ……………………………………………………(211)

Index …………………………………………………………(237)

Postscript ……………………………………………………(243)

图表目录

图 1-1　研究思路 ……………………………………………（10）
图 3-1　地方政府财政收支占全国 GDP 比重 ………………（48）
图 3-2　中央政府财政收支占全国 GDP 比重 ………………（48）

表 4-1　主要变量的描述性统计 ……………………………（72）
表 4-2　地方政府投资性偏好对企业研发投入的影响 ………（74）
表 4-3　稳健性检验 …………………………………………（76）
表 4-4　异质性检验 …………………………………………（77）
表 4-5　财政分权对政府投资性偏好的影响 …………………（78）
表 4-6　官员绩效考核指标转变的影响 ………………………（79）
表 4-7　地方政府偏好对企业研发投入影响：
　　　　省级面板估计结果 …………………………………（82）
表 4-8　财政收支分权对地方政府偏好的影响：
　　　　省级面板估计结果 …………………………………（83）
表 4-9　稳健性检验 …………………………………………（84）
表 4-10　三阶段最小二乘估计结果 …………………………（86）
表 5-1　主要变量的描述性统计 ……………………………（99）
表 5-2　主要变量的相关系数 ………………………………（99）
表 5-3　官员任期影响政府科技支出的面板估计结果 ………（101）
表 5-4　稳健性检验 …………………………………………（103）

表 5-5	异质性检验	(105)
表 5-6	不同空间权重下地方政府科技支出竞争模型的GS2SLS估计结果	(107)
表 5-7	两区制空间杜宾模型估计结果	(107)
表 5-8	不同时期地方政府科技支出竞争形式的估计结果	(109)
表 5-9	不同地区地方政府科技支出竞争形式的估计结果	(109)
表 5-10	普通地级市地方政府科技支出竞争形式的估计结果	(110)
表 5-11	主要变量的描述性统计	(119)
表 5-12	地方政府科技支出竞争对企业创新的影响	(120)
表 5-13	分位数回归结果	(121)
表 5-14	其他稳健性检验	(122)
表 5-15	政府竞争对企业创新投入影响的异质性检验	(124)
表 5-16	政府竞争对企业创新影响的中介效应检验	(126)
表 6-1	主要变量的描述性统计	(138)
表 6-2	主要变量的相关系数	(139)
表 6-3	经济增长目标"层层加码"对企业创新的影响	(140)
表 6-4	官员绩效考核指标转变的影响	(141)
表 6-5	稳健性检验1：系统GMM估计	(142)
表 6-6	稳健性检验2：更换企业创新水平测量指标	(143)
表 6-7	稳健性检验3：企业专利量的一期滞后和两期滞后	(143)
表 6-8	异质性检验	(145)
表 6-9	中介效应检验	(147)
表 7-1	主要变量的描述性统计	(162)
表 7-2	经济政策不确定性对企业创新的影响：线性模型估计结果	(163)
表 7-3	经济政策不确定性对企业创新的影响：门槛模型检验和估计结果	(165)

表 7-4	稳健性检验	(166)
表 7-5	异质性分析	(168)
表 7-6	机制检验 1	(170)
表 7-7	机制检验 2	(172)
表 7-8	机制检验 3	(173)
表 7-9	企业韧性的信号效应检验	(174)

第一章

绪　　论

第一节　研究背景

创新是经济发展提质增效的重要引擎。中华人民共和国成立70多年来，为实现中华民族的复兴，许多仁人志士致力于制度和技术的变革创新，从毛泽东提出"自然科学是人们争取自由的一种武装"，邓小平重申"科学技术是第一生产力"到习近平强调"创新是引领发展的第一动力"；从中华人民共和国成立初期学习苏联技术和后来在封锁的夹缝中创新，改革开放以后选择模仿创新的方式，到进入21世纪以后走向自主创新道路（欧阳峣、汤凌霄，2017）。经过长期的科学探索和知识积累，中国的科技创新发生了整体性、格局性的深刻变化，已成为世界创新版图中的重要一极。根据《国家创新指数报告（2018）》，2016年，中国国家创新指数在世界40个主要国家中位列第17（中国科学技术发展战略研究院，2018①）。其中，中国全社

---

① 《国家创新指数报告（2018）》选取了40个科技创新活动活跃的国家（其R&D经费投入之和占全球总量95%以上）作为研究对象，其中包括美国、日本、瑞士、韩国、德国、丹麦、瑞典、以色列、新加坡、芬兰、英国、荷兰、法国、奥地利、爱尔兰、挪威、中国、冰岛、比利时、卢森堡、澳大利亚、新西兰、斯洛文尼亚、加拿大、意大利、西班牙、捷克、葡萄牙、匈牙利、希腊、波兰、罗马尼亚、俄罗斯、土耳其、斯洛伐克、南非、墨西哥、印度、巴西以及阿根廷。

会R&D经费占GDP比重为2.11%，排名第14位；中国R&D经费投入总量从2013年开始超越日本，与美国的差距逐渐缩小，是目前世界第二大R&D经费投入国；中国国内发明专利申请量和授权量均居世界首位，有效发明专利数量位列第3（中国科学技术发展战略研究院，2018；胡志坚等，2018）。

中国科技资源投入规模和创新产出能力已跻身世界前列，但是大而不强的问题仍然比较突出，与美国、日本等科技强国相比还有一定的差距。从创新资源投入来看，中国研究与发展经费投入强度仅位列第14，研究与发展人力投入强度、信息化发展水平和科技人力资源培养水平更是排在30位以后；从科研人员论文产出效率来看，中国在40个国家中的排名一直处于落后位置，学术部门百万研究与发展经费科学论文被引次数和万名研究人员科技论文数则排第30位和第36位；从劳动生产率来看，中国劳动生产率为1.4万美元/人，仅为日本的1/5、美国的1/9、卢森堡和瑞士的约1/10，一直处在倒数第2位（中国科学技术发展战略研究院，2018；胡志坚等，2018）。

企业作为创新主体，其创新能力的提升是国家创新质量与效率的保证（王玉泽等，2019）。经济合作与发展组织（OECD）有关数据显示，2017年，中国企业研发投入强度（企业研发经费占增加值的比重）为2.15%，仅是美国的77%、日本的67%、韩国的47%[①]。根据《世界知识产权组织发布的〈2018年PCT年鉴〉》，来自中国的PCT国际专利申请达5.3万件，其中华为公司以4024件PCT国际专利申请居全球申请人排行榜首位，中兴公司和京东方公司分别位列第2和第7，而国内多数企业的申请量仍处于较低水平[②]。此外，中国开展创新活动的企业占比也较低，根据各国公布的企业创新调查数据显

[①] 资料来源：OECD网站，http://www.oecd.org/sti/msti.htm。
[②] 《世界知识产权组织发布〈2018年PCT年鉴〉》，国家知识产权局网站，http://www.sipo.gov.cn/mtsd/1132382.htm。

示,中国仅有39.1%的企业开展了创新活动,而日本、瑞士和德国有创新活动的企业占比分别为48%、75.3%和67%(胡志坚等,2018)。整体来看,无论是研发投入强度,还是专利申请,中国企业与国外企业仍具有较大差距,企业创新能力和创新意识还需要进一步提升。

创新不仅是市场选择的结果,也是政府推动的结果(李政、杨思莹,2018)。尤其在转型时期的中国,地方政府在市场经济中扮演了重要角色,对一个地区乃至全国的经济社会发展都具有重要影响(李延喜等,2015)。例如,20世纪90年代以来,地方政府发起了以撬动土地价值和盘活城市资产为核心理念的"经营城市"运动,改变了长期以来依靠单一财政投入的城建模式,在没有明显增加社会税收负担的前提下完成了城市改造和重建任务,为中国经济的高速增长奠定了坚实的物质基础。同时,地方政府还是改革开放过程中引领制度创新的关键力量,很多重要改革都是地方政府发起、推动和直接参与的,如农村联产承包责任制的推行、经济特区建设、国企改制等。作为辖区资源的掌控者和政策制定者,地方政府对微观企业的生产经营活动也具有重要影响,企业经营所需的生产要素和市场环境都会不同程度地受到地方政府的控制和冲击。创新活动作为企业生产经营的重要环节,自然也受到地方政府的影响。政府提供的创新补贴或税收优惠可以降低企业研发成本,缓解企业融资约束,进而弥合企业私人收益和社会收益的差距(Guan and Yam,2015)。同时,有效的公共治理机制可以引导生产要素合理地向研发部门流动,为企业创造良好的创新环境。因此,增强企业创新活力,提高企业创新水平必须要调动地方政府的积极性,破除体制障碍,充分发挥地方政府的引导作用。

地方政府作为相对独立的行为主体,行为模式的选择只是其意图和动机的具体外化,而真正影响地方政府行为意图和动机的则是其所处的制度环境(王磊,2017)。值得指出的是,以政治集权和经济分权为主要特征的中国式分权制度作为调整中央地方关系的一项重要改革,对地方政府行为和中国经济社会发展产生了重要影响。分权制度促使地方政府的利益主体意识觉醒,在政治激励和经济激励的作用下,地方政府竭尽所能地获取对辖区经济增长有利的要素资源,改善辖区基础设施建设,优化招商环境,直接推动了中国经济的快速增长。不过,地方政府对辖区短期经济增长的关注也带来许多问题,比如重复建设(周黎安,2004)、环境污染(杨海生等,2008)、公共品供给失衡(朱向东等,2018)等。那么,分权制度是否会影响地方政府对企业创新活动的态度和相关政策制定?如果存在,其中的影响机制是什么?如何才能激励地方政府加强对创新活动的重视?对于这些问题的回答,不仅有助于理解和解决企业创新动力不足问题,同时也可以为深化财政分权制度改革、完善官员考评机制提供参考,为实践中提升政府治理效能提供必要的理论指导。

第二节 研究意义

一 理论意义

基于中国式分权制度,分别讨论了央地政府、同层级地方政府和多层级政府之间互动下的地方政府行为对企业创新活动的影响,有助于明晰政府在企业创新中的作用,拓展企业创新理论。政治环境对企业创新活动具有重要影响,而现有文献基于制度因素在解释我国企业创新动力不足的原因时,主要集中在政府补贴、官员晋升和政企关联等方面,对地方政府在企业创新中扮演的角色不够重视,忽视了地方政府行为产生的制度背景。事实上,地方政府和主政官员的行为都是一种"制度化"的表现,激发地方政府的创新活力,必须破除体制机制上的障碍。本书系统分析了以政治集权和经济分权为主要特征的分权制度对地方政府行为的影响,以及其对企业创新活动的影响,这是对现有研究的有益补充。

以企业创新活动为落脚点,为地方政府行为的经济后果提供了来自微观企业的经验证据。虽然大量的文献证实了中国式分权对地方政府行为的影响,并据此提出建立财权事权相匹配的财政制度,完善官员考核体制,但是大多数文献的讨论至此便戛然而止,鲜有文献从制度层面进一步分析分权下的地方政府行为对微观企业的影响。而且,在论及中国经济转型困难、原始创新和集成创新能力不足时,既有研究侧重于讨论分权下的地方政府的粗放式投资行为。但是,中国传统的要素驱动型增长,不仅是政府粗放式投资的结果,更主要是作为市场微观主体的企业甚至整个社会粗放式投资的结果(吴延兵,2017)。本书将中国式分权、地方政府和企业纳入统一框架下,不仅为地方政府行为的经济后果提供了基于微观企业创新方面的经验证据,也丰富了分权理论和政府行为相关主题的研究。

二 实践意义

科技创新对经济发展的重要作用已获得世界各国的广泛认可,中国也把科技创新提升到国家战略层面。党的十八大报告提出实施创新驱动发展战略,强调科技创新是提高社会生产力和综合国力的战略支撑,必须摆在国家发展全局的核心位置;党的十九大报告进一步提出,创新是引领发展的第一动力,是建设现代化经济体系的战略支撑。但是,根据《国家创新指数报告(2017)》《2019年全球创新指数报告》有关数据,在创新质量和效率方面,中国与美国、日本、德国等国家仍有一定差距,中国由"创新大国"迈向"创新强国"依然任重道远。

研究企业行为是理解中国经济转型过程中一系列重要经济现象的基础。对于中国自主创新能力不足问题,企业是技术创新的微观主体,激发企业创新活力、提升中国整体创新水平的关键是找到抑制企业创新的体制因素。考虑到中国特殊的政府治理机制和地方政府在资源配置中的重要作用,本书分析了企业和地方政府创新激励不足的制度根源,并在此基础上提出相应的对策建议,这可以为创新型国家建设提供更为科学有益的方法论，从而推动企业、区域和中国创新水平的提升。

第三节 相关概念界定

一 企业创新

"创新"一词最早出现在拉丁语中，其内涵和外延十分丰富，包括技术创新、制度创新、理论创新等。1912年，美籍经济学家Schumpeter在其成名作《经济发展理论》中，首次提出创新理论。他认为，"创新"是将生产要素、生产条件进行组合，建立新的生产函数，包括产品创新（新产品或产品新特性）、技术创新（新的生产方式）、市场创新（开拓新的市场）、资源配置创新（新的原材料供应来源）、组织创新（新的组织方式）五种情况（约瑟夫·熊彼特，1990）。

本书所涉及的企业创新，主要是指企业技术创新或者研发（R&D）活动。在后续研究中，本书使用企业研发支出和专利申请来衡量企业创新水平。创新活动需要大量的资金作为支撑，研发支出是企业创新投资的重要组成部分，可以从数量方面衡量企业的创新投入。根据2007年版新企业会计准则，研发支出包括研究阶段支出和开发阶段支出，其中研究阶段支出均应当费用化处理，实务中计入管理费用，开发支出根据资本化条件进行判断，符合资本化条件的计入开发支出，不符合资本化条件的计入管理费用。除了研发支出，企业的创新能力还受到多方因素影响，而专利申请是企业在资金、信息、人才等各方面进行创新投资后的综合体现，可以从质量方面衡量企业的创新产出（杨鸣京，2019）。

二 地方政府行为

目前，学界对地方政府行为的界定尚未形成一致意见。从政治学角度来看，政府行为是指政府为了实现预期的目标，采取各种手段调节经济社会生活的有意识的活动（李伟男，2009）；从行政学角度来看，政府行为就是政府职能的具体运作（孙荣、徐洁，2003）；从法学角度来看，政府行为是指国家行政机关依法实施管理、直接或间接产生行政法律后果的行为（郝国庆，2004）；从经济学角度来看，政府行为就是政府为了弥补市场机制缺陷采取的行为，通过政府和市场关系来明确政府行为的边界（李敬涛，2015）。因为本书研究的是地方政府行为对微观经济主体的影响，所以本书主要从经济学角度来界定地方政府行为。

经济学研究的核心问题是资源配置问题，政府行为是政府为了克服市场失灵所采取的行为。在转型时期的中国，分权下的地方政府在资源配置中更是占据了重要地位，政府行为对经济社会发展具有重要作用，从政府与市场的关系来看，地方政府行为在一定程度上可以弥补市场机制缺陷；从纵向政府间关系来看，地方政府可以引导者和服务者的身份帮助实现资源的优化配置，推动中央政策落实（阴雪颖、王文妤，2019）。综合学者们的观点，本书将地方政府行为界定为，地方政府为了推动地区经济社会发展或实现既定目标而开展的所有活动。

第四节　研究思路、研究内容与研究方法

一　研究思路

在中国式分权下，中央政府主要通过行政发包、财政分权和官员晋升锦标赛完成对地方政府以及官员的激励和治理（周黎安，2007；王永钦等，2007；傅勇，2008）。其中，行政逐级发包制度赋予地方必要的决策权力和行动空间，财政分权制度为地方政府提供了强大的经济激励，官员晋升锦标赛实现了官员个人利益和政府目标之间的激励兼容，三者共同构成了一个强大的激励系统，也使分权体制下的政府之间形成了"纵向发包"与"横向竞争"的关系。随着经济社会

发展水平的不断提高，为了实现中央和地方利益的协调和平衡，中央通过一系列改革不断为分权制度注入新的内容，致力于解决地方政府和主政官员促进辖区发展的动机、目标和手段问题。在此过程中，中央政府和地方政府、同级地方政府之间以及不同层级地方政府之间的关系也悄然发生变化，并影响地方政府行为和企业创新活动。

首先，在分权体制下，地方政府拥有一定的决策权和自由裁量权，同时兼具经济人和政治人双重属性。从纵向来看，中央政府和地方政府之间本质上形成了一种"委托代理"关系，地方政府作为"代理人"，主要负责所辖地区行政事务。这种发包制在一定程度上降低了中央对地方的治理成本，不过由于委托代理双方有着不同的目标函数和利益诉求，导致两者在激励和行为方面存在明显差异，中央政府主要关注宏观经济运行以及整个社会的民生福利状况，地方政府则更关心辖区经济发展情况以及财政资源的多少，两者对企业创新也表现出不同的偏好和积极性。中央政府对企业创新高度重视，在五年规划和重要会议上不断提及创新，陆续出台了多项利好政策，通过设立技术创新基金、优化制度环境来鼓励企业开展研发活动。但是，与中央政府不同，地方政府更热衷于"铺摊子，上项目"，打造"形象工程""政绩工程"等短期效益明显的活动（吴延兵，2017）。从横向来看，强调经济增长和相对绩效考核的官员晋升机制则在地方政府之间嵌入了一种竞争关系，为了提高相对位次，各地方政府争相加大基础设施建设，出台优惠政策，不断优化招商环境，使政府经济性支出竞争激烈而短期经济效应不明显的财政支出显得格外短缺（刘珊珊、马志远，2017）。此外，中国政府系统作为一个多层级的纵向结构，从中央到基层县乡，不同层级的政府之间也存在标尺竞争，比如当一个经济增长目标经中央政府提出后，各级政府和主政官员为了在同级政府中掌握竞争优势，会提出更高的增长目标，导致经济增长目标沿着地方政府的层级而逐级加码，即出现所谓的"层层加码"（周黎安等，2015）。多层级政府竞争放大了地方政府追求经济增长的激励，并通过政府"有形之手"影响着辖区企业的生产经营活动。

其次，随着经济发展水平的提高，技术创新的重要地位逐渐凸显，中国已将实施创新驱动战略摆在了国家发展全局的核心位置。进一步地，为了保证创新驱动战略在各级政府组织得到有效落实，中央也对地方提出了一些刚性要求，并加强了对地方政府和官员在科技创新方面的考察，单纯以GDP增长速度评定政绩的偏向逐渐被淡化，取而代之的是环保、科技创新等体现经济发展质量的指标（卞元超、白俊红，2017）。同时，中央政府还向地方政府施加政治压力，一些上级政府已经将财政科技经费投入作为下级政府官员晋升的"一票否决"指标（卞元超、白俊红，2017）。例如，南京市2011年开始酝酿在党政考核方面淡化GDP总量的考核，建立科技创新创业重点任务督查考核体系，并将评估结果纳入市各有关部门和区县、开发区领导班子年度绩效考核[①]；2013年，湖南将在长株潭3市（长沙、株洲、湘潭以及下辖县市区）全面试行绿色GDP评价体系，并把评价指标纳入该省绩效考核，实施考评[②]。在此背景下，地方政府逐渐增加了对技术创新的投入，政府间对创新资源的争夺日益激烈，渐渐由从前"为增长而竞争"向"为创新而竞争"转变。

再次，行政分权和财政分权使地方政府及其官员对辖区经济拥有巨大的影响力和控制力，可以直接作用于辖区企业和其他市场参与者的投资行为（吴延兵，2017）。第一，地方政府在经济建设中具有强大的资源动员能力和行政干预能力，可以通过财政补贴、税收优惠和金融监管等方式左右企业创新投资的标的和方向。第二，地方政府可以直接干预国有企业的创新活动。地方国有企业高管的任命权通常掌握在政府手中，这为地方政府将自己的政治目标和社会任务转移给企

---

① 《科技创新纳入绩效考核》，央视网，http://news.cntv.cn/20110628/100017.shtml。
② 《绿色GDP评价指标长株潭将试行与政绩评价挂钩》，腾讯网，https://hn.qq.com/a/20120713/000007.htm。

业提供了便利条件，地方政府的短期倾向会深刻影响国有企业的投资决策。第三，地方政府可通过有效的公共治理机制引导创新资源流动，构建产学研用金深度融合的创新体系，从而推动企业创新活动的有序进行。

最后，为企业提供创新补贴，搭建产学研创新平台是政府构建以企业为主体的创新体系重要方式，但由于信息不对称，逆向选择和道德风险问题时有发生，阻碍了创新体系建设。本书以创新补贴和产学研利益分配为切入点，探讨了如何在现行体制下有效发挥政府在创新驱动发展中的职能。

本书的研究思路如图1-1所示。

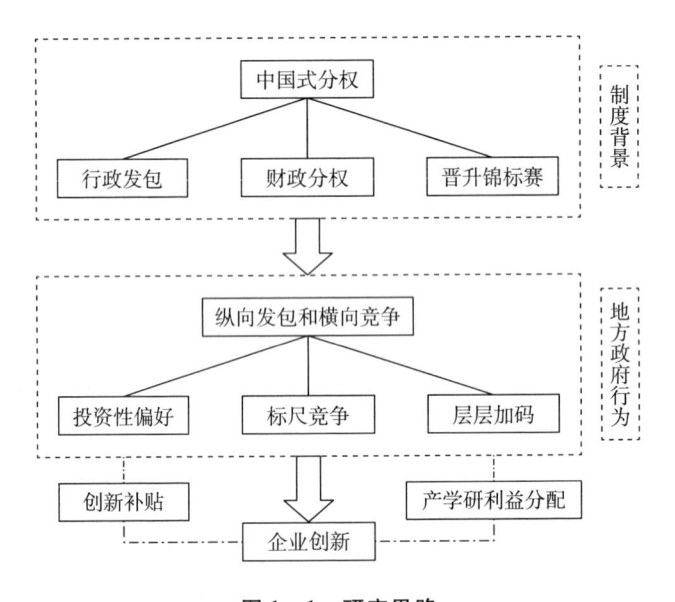

图1-1 研究思路

二 研究内容

遵循上述研究思路，本书的研究内容如下：

第一章：绪论。该部分主要介绍本书的研究背景、研究意义以及相关概念界定，在此基础上引出了本书的研究思路、主要研究内容与研究方法以及创新点和不足之处。

第二章：理论基础与相关文献评述。该部分主要介绍了本书写作的理论基础，并对现有文献进行总结和评述。在理论基础方面，首先介绍了创新理论的主要内容，包括 Schumpeter 创新理论、技术创新理论、制度创新理论以及国家创新理论。其次，回顾了分权理论的演化过程，从第一代财政分权理论到第二代财政分权理论，再到晋升锦标赛理论，最后到中国式分权理论。在文献综述部分，本书分为两个部分：①分权背景下的地方政府行为及其对中国经济社会发展的影响，主要从政府行为对中国经济增长的正面效应和负面效应两个方面对相关文献进行梳理；②企业创新的影响因素，具体包括内部环境和外部环境两个方面。

第三章：分权背景下地方政府行为对企业创新的影响机理。首先，介绍了地方政府的独特地位。其次，阐释了中国特殊的政府治理机制，包括行政发包制、财政分权以及晋升锦标赛，并总结了这一体制下的央地政府、同级地方政府、不同层级政府之间的关系，以及由此引致的地方政府行为——投资性偏好、标尺竞争和层层加码。最后，从整体上分析了地方政府行为对企业创新活动的影响。第四章到第六章分别详细阐述了地方政府偏好、地方政府科技支出竞争和"层层加码"对企业创新活动的影响。为了优化创新环境，政府进行了一系列改革，不断优化企业创新环境。第七章到第九章进一步考察了政策不确定性对企业创新活动的影响，如何提高政府创新补贴效率以及如何发挥政府在产学研协同创新过程中的作用。

第四章：中国式分权、政府偏好与企业创新。该部分考察了分权对地方政府偏好以及企业创新的影响。首先，通过建立中央政府、地方政府和企业的三层博弈，对分权背景下的中央政府、地方政府和企业的行为加以分析。根据均衡结果，进一步讨论财政分权对地方政府投资性偏好的影响，以及地方政府投资性偏好对微观企业创新活动的作用机制。然后，在理论分析的基础上，利用 2007—2016 年中国沪深 A 股上市公司、城市以及省级数据进行了计量检验，同时考察了官员绩效考核指标转变对分权影响地方政府偏好的调节作用以及企业异质性和地区异质性的影响。

第五章：中国式分权、地方政府竞争与企业创新。该部分考察了官员晋升、地方政府科技支出竞争和企业创新的关系，分为两个小节。第一节利用官员任期从政绩考核指标和绩效考核方式两个方面考察了晋升激励对地方政府科技支出的影响。首先，基于 2003—2016 年中国城市数据和官员特征数据，检验了官员任期和地方政府科技支出的关系。其次，使用空间自相关模型对地方政府科技支出互动形式进行检验，即验证地方政府科技支出竞争是否存在。最后，通过构建两区制空间杜宾模型进一步检验了地方政府科技支出竞争是否源于标尺机制。第二节考察了地方政府科技支出竞争对企业技术创新的影响以及其作用机制，并且区分不同城市、不同类型企业进行了详细讨论。

第六章：中国式分权、"层层加码"与企业创新。在"层层发包"的行政体制和多层级同时进行的官员晋升锦标赛下，"层层加码"现象广泛存在并深刻影响着地方政府行为和辖区企业的生产经营活动。该部分基于 2002—2018 年中国沪深 A 股上市公司和省级面板数据，实证检验了"层层加码"对企业创新的影响，并从企业融资约束和创新贡献度两个方面进行中介效应检验。

第七章：经济政策不确定性与企业创新。我国处于经济转型时期，为了给企业营造良好的经营环境，政府一直积极尝试和探索，出台了诸多利好政策，有效缓解了企业经营难题，但是这也提高了宏观经济政策的不确定性，加剧了宏观环境波动，从而为企业经营带来了巨大挑战。该部分从企业韧性角度探究了经济政策不确定性对企业创新活动的影响和作用机制，并运用 2008—2019 年中国沪深 A 股上市公司数据进行了计量检验。

第八章：基于契约理论的政府与企业创新补贴博弈分析。针对政府创新补贴背后的逆向选择问题，本书将创新补贴看作是政府为企业提供的"契约"，基于契约理论刻画了不同信息结构下政府和企业的行为和选择，同时得到了最优政府创新补贴系数和最优企业 R&D 投入水平。

第九章：基于政府视角的产学研利益分配机制研究。利益分配方式是产学研协同创新研究的关键问题之一。信息不对称和不合理的利益分配方式导致双边道德风险问题时有发生，严重影响了产学研协同创新发展。该部分运用委托代理理论、合作博弈和厂商模型，从政府视角对产学研利益分配机制进行研究。

第十章：主要结论与政策建议。该部分总结了分权背景下的地方政府行为对企业创新的积极作用和消极作用，探讨了如何调动地方政府的创新积极性，加大对企业创新活动的支持。在此基础上，为现行的科技创新体制、财政体制和官员晋升机制的进一步完善提出了相关政策建议。

三　研究方法

（一）文献研究与对比分析相结合

本书在对地方政府行为与企业创新相关的理论和文献进行梳理的基础上，总结了现有研究的理论实践意义和不足之处，立足于中国现实，寻找到本书研究的切入点与关键探索方向。

（二）制度经济学分析范式，即制度—行为—结果分析

本书从分权下政府之间关系出发，分析了影响企业创新活动的制度基础，详细探讨了我国特殊的政府治理体制如何塑造地方政府行为，进而作用于企业创新活动。

（三）数理分析与实证研究相结合

在研究中国式分权、政府偏好与企业创新的关系时，通过建立数理模型，将地方政府偏好和政府补贴纳入企业研发决策模型，从微观视角解读为何我国企业的研发投入不足；将财政激励和政治成本纳入地方政府的效用函数，分析了分权对地方政府投资性偏好的影响。在此基础上，选取中国沪深 A 股上市公司和城市数据以及省级面板数据

进行了实证检验，其中使用了固定效应、系统 GMM 和面板联立方程等方法。

在研究中国式分权、地方政府竞争与企业创新的关系时，首先，运用空间自相关模型和 GS2SLS 方法检验地方政府科技支出竞争的存在，使用了多种空间权重和 MLE 方法对模型进行稳健性检验。其次，使用两区制空间杜宾模型识别地方政府财政科技支出竞争是否源于标尺机制。最后，使用固定效应模型检验地方政府科技支出竞争与企业创新的关系，使用分位数回归进行了稳健性检验，运用中介效应模型检验了其中的作用机制。

在研究中国式分权、"层层加码"和企业创新的关系时，以省级政府制定的经济增长目标和中央政府提出的经济增长目标之差衡量"层层加码"程度，基于辖区企业创新活动数据，运用固定效应模型考察地方政府经济增长目标的"层层加码"对企业创新的影响。为了控制遗漏变量偏误，在模型中加入因变量的滞后项，并使用系统 GMM 重新进行估计。另外，在企业创新产出对"层层加码"的回归中，还使用了固定效应计数模型。

在研究经济政策不确定性对企业创新活动的影响时，运用共同因子模型测算了企业韧性，在此基础上，使用面板门槛模型检验了经济政策不确定性对企业创新活动的异质性影响。

针对政府创新补贴背后的逆向选择问题，将创新补贴看作政府为企业提供的"契约"，基于契约理论刻画了不同信息结构下政府和企业的行为和选择，同时得到了最优政府创新补贴系数和最优企业 R&D 投入水平。

从政府视角对产学研利益分配机制进行研究时，运用委托代理理论、合作博弈和厂商模型分析了不同信息结构下企业和科研机构的行为，讨论了双方的策略和社会福利。然后，将信息不对称下福利损失看作双方的信息租金进行二次利益分配，建立了政府主导的具有双边激励效应产学研利益分配机制。

第五节 创新点与不足之处

一 创新点

（1）外部环境是影响企业创新活动的重要影响因素，现有文献主要从融资环境、知识产权保护、市场化水平等方面来分析，对地方政府的作用还不够重视，更忽视了地方政府行为产生的制度基础。本书通过建立制度—行为—结果的分析范式，详细阐述了中国特殊的政府治理机制，将分权、地方政府行为和企业创新纳入统一框架之下，从宏观到微观，厘清了其中的作用机制，构建了完整的逻辑链条，是对现有研究视角的重要补充，同时也为政府行为的经济后果提供了新的微观证据。

（2）现有文献多从某一个角度分析地方政府行为对中国经济社会发展的影响，如行政分权、财政分权、官员晋升等，本书从分权下的政府关系入手，由纵向到横向，分别总结了中央政府和地方政府、地方政府之间、多层级政府之间的关系对地方政府行为的影响，并且重点分析了由此产生的地方政府投资性偏好、地方政府竞争、"层层加码"对企业创新的影响，深化了分权理论和地方政府行为相关主题的研究。以往文献多从实证角度分析财政支出分权对地方政府偏好的影响，本书通过构建央地政府博弈，从理论上证明了财政收支分权对地方政府投资性偏好的影响。除了财政分权，本书还关注了政治集权对地方政府科技支出的影响，并检验了地方政府科技支出竞争是否源于标尺机制。此外，学界关于政府竞争对中国经济发展的影响是促进还是抑制，尚未形成一致观点。本书以"层层加码"为切入点，阐释了多层级政府竞争对企业创新影响的理论机制，为理解中国式政府竞争及其经济效应提供了经验证据。既有文献多从线性角度考虑经济政策不确定性和企业创新活动的关系，且尚未形成一致结论，本书将企业韧性引入经济政策不确定性和企业创新活动的分析中，为理解二者关系提供了新视角、新解释，也丰富了该主题的研究。

（3）近年来，为了解决官员晋升激励造成的地方政府行为的异化，完善官员绩效考评制度，中央陆续出台了一系列文件。但是目前大多研究还是在"唯GDP"的官员晋升锦标赛理论下分析地方政府"为增长而竞争"的行为以及其对中国经济发展和微观企业的影响，本书关注到官员绩效考核指标的转变，考察了地方政府"为创新而竞争"的行为及其对企业创新的影响，这有利于更加全面地刻画实施创新驱动战略背景下的地方政府竞争行为。

（4）在实证研究方面，既有文献多使用省级数据进行分析，本书将研究扩展到城市层面和企业层面，同时考察了时间、空间和企业的异质性特征，得到了更加丰富的结果。另外，本书还建立了固定效应、面板联立方程、两区制空间杜宾和中介效应等多种模型进行实证分析，以保证实证分析的逻辑严谨、结果稳健。

二 不足之处与研究展望

地方政府行为对企业创新的影响是一个十分复杂的问题。本书基于中国式分权制度，结合中国特殊的政府治理机制，由政府关系出发，从纵向到横向，分析了地方政府投资性偏好、地方政府科技支出竞争、"层层加码"以及经济政策不确定性对企业创新活动的影响，取得了一些有益结论，但也存在不足之处，比如，对于分权背景下地方政府行为的其他特征，本书未能一一详尽阐述；在第四章构建的数理模型中，本书已尽量准确刻画企业、地方政府和中央政府的效用函数，但假定有些严苛，可能与实际存在出入；在实证分析中，鉴于数据的可获得性，本书对政府投资性偏好、"为创新竞争"、"企业韧性"等指标的衡量可能有不准确之处，对"层层加码"的衡量只涉及省一级，没有扩展至市县一级。这些不足之处都将是笔者未来研究的重要方向。

第二章

理论基础与相关文献评述

第一节 创新理论

Schumpeter 对创新的定义一直被沿用至今，并产生深远影响，其本人也因创新理论成为创新经济学领域的绝对权威。Drucker 曾预言 Schumpeter 会成为 21 世纪对世界经济发展影响最大的经济学家，Rosenberg 也预言 21 世纪的经济学将是 Schumpeter 的时代。随着学界对经济增长的关注，Schumpeter 的创新理论也被不断地扩展和延伸，并形成了技术创新理论和制度创新理论，这两个分支统称为 Neo-Schumpeterian Theory（新熊彼特理论）。20 世纪 70 年代石油危机爆发后，西方工业国家经济逐渐下滑，而日本、韩国等新兴国家经济快速发展，学者开始关注经济体增长差异问题，也由此产生了国家创新系统理论（韩振海、李国平，2004）。接下来，本书将详细梳理创新理论的发展演变过程，为后续研究奠定理论基础。

一 Schumpeter 的创新理论

Schumpeter 最早将创新思想引入经济学，提出创新是经济发展最重要的驱动力，并建立了以创新为核心的经济发展理论。他的创新理论从古典经济学包括马克思那里汲取了动态的观点，同时承袭了德国历史学派的历史主义传统，并运用新古典的研究方法来解释个人行动的相互作用以及如何推演至整个经济层面（代明等，2012）。Schumpeter 的创新理论主要包括以下几个方面：

（1）创新的界定。Schumpeter 认为，"创新"是将企业生产要素和生产条件的新组合引入生产体系，创造新的生产函数，进而形成新的生产力，获得新的利润。"新组合"主要包括引入新产品、引入新的生产方法、开发新市场、控制新的原材料的供应来源以及实现企业的创新组织五种形式。可见，按照 Schumpeter 的观点，创新是指生产要素和市场条件以一种新的方式进行结合，通过技术改进，利用新方法去生产新产品，从而得到供应商所提供的新的原材料和半成品，进而形成全新的组织和市场形式（梁琳，2019）。换句话说，创新就是用新事物代替旧事物以提高要素使用效率，实现资源的优化配置，最大化社会福利的过程。

（2）创新与发明。在 Schumpeter 看来，发明不等同于创新，发明属于科技行为，而创新属于经济行为。并且创新包含发明，但发明不一定是创新，只有改变了原有生产体系或带来经济利润的发明，才能称之为创新；反之不成立。另外，当不具备商业化的全部条件时，从发明到创新需要经历一个漫长曲折的过程。

（3）企业家职能。创新活动需要特定的人群来执行。在 Schumpeter 的创新理论中，企业家是唯一的创新执行者。企业家与发明家、资本家和股东等不同，资本家或者发明家只有把其资本或技术投入新的生产函数中，即运用于创新活动，他们才是企业家。此外，Schumpeter 强调获得潜在的创新利润是企业家进行创新活动的直接原因，但是对自我实现的追求是企业家更重要的创新动机，企业家应该拥有企业家精神（约瑟夫·熊彼特，1990）。这种精神包括建立自己的私人王国、极度渴望胜利、享受创新过程带来的喜悦、坚强的意志等（约瑟夫·熊彼特，1990）。企业家要实现创新，必须要克服心理和社会的阻力，坚持运用"新方法"产生"新的组合"，展现出对创新的实现力。

（4）经济周期。Schumpeter 的创新理论本质上是以创新为核心的经济理论，他利用创新阐释了经济周期的产生，提出经济由衰退走向繁荣是实施创新、模仿创新以及适应创新的结果。首先，企业为了获得潜在利润，开展创新活动，使用新组合带来新的生产方式，导致原来的经济轨迹被改变。其次，在开展创新活动的企业获得高额利润之后，会有更多的企业和投资者进入，形成创新风潮，进而引起整个经济体系的繁荣发展。最后，新产品的大量涌现会引起价格下跌，创新利润越来越少，直至消失，整个经济也会变得不景气，直至新的创新活动出现，打破旧结构，建立新结构，如此周而复始便形成资本主义的经济周期。

二 技术创新理论

20 世纪 50 年代之后，经济增长逐渐成为学界的研究热点，越来越多的学者关注到技术创新（或技术进步）对经济持续增长的作用，并先后出现以 Solow 为代表的新古典增长理论和以 Romer 为代表的新增长理论。Solow 在其 1951 年发表的论文——《在资本化过程中的创新：对熊彼特理论的评论》中提出技术创新成功的先决条件，即新想法的来源和未来实现路径。可见，在 Solow 看来，技术创新包括来源和市场化实现，是一个动态过程，这一观点也对后来技术创新概念的界定产生了重要影响。Solow 认为，促进经济增长的原因有两点，即要素数量的增加和技术水平的提高。他在 1956 年发表的论文——《对经济增长理论的一个贡献》中，基于道格拉斯生产函数，详细考察了资本（K）、劳动力（L）和技术进步（A）对经济产出（Y）的影响，提出了著名的索洛模型，即新古典经济增长模型。该模型在技术进步外生、储蓄全部转化为投资等假定下，得出经济增长的路径相对稳定、储蓄率的提高会通过改变资本存量进而提升产出水平、较高的人口增长率会降低稳定状态下的人均资本水平和人均产出水平等结论。索洛模型把技术进步看作影响资本长期稳定供给的外生变量，从资本投资的角度来解释了长期经济增长，虽然假设条件过于严苛，但是Solow等提出技术进步是比资本、劳动力更重要的经济增长的决定因素，这一思想却为后来的内生增长理论指明了方向。

1986年，Romer在其论文——《收益递增与长期增长》中提出收益递增增长模型。与索洛模型不同，该模型放松了规模收益不变的假定，把技术进步作为经济的内生变量，强调技术进步是知识积累的结果，知识也是经济增长的生产要素，因此，要实现经济增长必然要在知识上进行投资。Romer还进一步将知识分为一般知识和专业知识，二者的区别在于前者只能产生经济的外部性，让全社会都能获得规模效益，而后者是企业独有的，能够产生经济内部效应，使企业获得垄断利润。

1988年，Lucas发表论文《论经济发展的机制》，他认为新古典增长理论不能解释大量存在的不同国家发展水平的差异，国际贸易将导致国家间的资本劳动比和要素价格趋于相等的预期也与现实不符，故新古典增长理论不是经济发展的有效理论。Lucas将人力资本引入索洛模型，并探讨了人力资本积累对经济长期增长的影响。Romer和Lucas等的研究将经济增长理论带入了新的发展阶段，掀起了经济增长理论研究的热潮，逐渐形成"新经济增长理论"学派，因为模型中存在内生变量，所以新经济增长理论也被称为内生增长理论。

三　制度创新理论

美国经济学家Davis和North是制度创新理论的代表学者，两位学者在《制度变革与美国经济增长》一书中，系统分析了制度变迁对经济增长的作用。根据制度创新理论，经济增长并不是由技术进步决定的，技术进步只是伴随经济增长出现的一个现象或结果，制度创新才是经济长期增长和人类社会进步的原因。制度创新是指经济的组织形式或经营管理方式的革新，比如建立股份制、成立工会等，其需要有一个相当长的过程，而且存在一定的时滞问题。Davis 和 North 把制度创新的全过程分为五个阶段：形成"第一行动集团"、"第一行动集团"提出制度创新方案、"第一行动集团"对已提出的各种创新方案进行比较和选择、形成"第二行动集团"、"第一行动集团"和"第二行动集团"协作实施制度创新并将制度创新变成现实的阶段（李文涛、苏琳，2001）。

制度创新的主体包括个人、团体和政府，只要预期到制度创新的收益大于由此产生的成本，一项制度就会被创新。一般而言，政府的制度创新具有更大的优越性。North 特别强调产权制度的作用，认为产权制度可以保证创新者的收益，激励科技人员从事创新，进而促进整个社会的经济增长，因此，建议政府要加快产权制度创新，保证创新者可以得到最大的私人收益。

四　国家创新理论

20 世纪 80 年代后，国家创新体系的研究逐渐兴起，以 Freeman、Nelson、Pavitt 为代表的经济学家开始尝试从宏观角度来解释各国经济增长的差异。1987 年，英国经济学家 Freeman 在总结日本经济发展的经验后，出版了《技术和经济运行：来自日本的经验》一书，第一次明确提出国家创新体系的概念，即公共部门和私营部门中的各种组织机构以促进新技术启发、引进、改造和扩散为目的而构成的网络（李涛，2016）。Freeman 特别强调国家制度对技术创新的重要意义，他认为，英国、德国、美国、日本等国家成为技术领先国家不仅仅是技术创新的结果，也是国家创新体系演变造成的。正是公共部门、私有部门和各组织机构共同组织起来，形成了统一的管理系统，促进了新技术的发明和扩散、创新活动的开展和实施，最终使国家整体的技术创新水平得到大幅提升。为了提高国家竞争力，必须发挥政府、企业、大学和产业结构在国家创新系统中的作用，其中政府应根据技术创新的需求变化，及时对经济社会发展范式进行调整，推进企业之间的学习和合作网络建设。Freeman 还从技术创新与劳工就业关系角度研究经济长波，并提出了著名的长波理论，为西方政府制定科学技术政策提供了理论支撑。

美国经济学家 Nelson 在研究了美国和日本等国家与地区的制度体系后，将国家创新系统理论与制度创新理论结合在一起，先后出版了《作为演化过程的技术变革》和《国家（地区）创新系统：比较分析》两本著作，进一步推动了国家创新系统理论的发展。与 Freeman 强调技术创新的主导作用不同，Nelson 更加注重宏观制度的作用。他认为国家创新体系是一个复杂系统，政府部门、大学、企业以及相关机构相互影响，因此，需要通过相关制度安排来保证系统的平衡。虽然受到产业组织形式的影响，各国的国家创新体系不尽相同，但是国家创新体系的职能没有发生变化，均是优化创新资源，协调国家的创新活动。此外，由于技术创新活动具有不确定性，政府需要根据科学技术的发展特征调整宏观制度安排，以保证创新体系职能的发挥。

1994 年，经济合作与发展组织（OECD）对国家创新系统的相关项目进行了深入研究，相继发表《以知识为基础的经济》和《国家创新体系》两个报告，标志着对知识经济时代和国家创新系统概念的共识，关于国家创新系统的研究从理论分析进入各国决策层面（曾国屏等，2013）。报告中指出，知识、信息和技术在高校、科研机构、企业、中介机构和政府等主体之间的流动效率对创新过程具有重要影响。国家创新系统的作用是利用产业发展政策和相关职能优化，增强企业间、企业与科研机构、高校之间相互创新合作，以中介机构为桥梁，推进科学技术知识在国内的传递、扩散和发展（李涛，2016）。

第二节　分权理论

国家是一个大规模的层级制有机体，其有效运转需要借助基层组织来实现（刘承礼，2011）。所谓分权，就是中央政府将计划（或规划)、管理、税收征管、资源分配的责任转移给中央政府的各专门部门、下属部门或地方政府、半自治的公共机构或团体、广大地区或功能性权力部门、非政府组织或非营利组织（Rondinelli，1983；刘承礼，2011）。分权理论自20世纪50年代由Tiebout、Oates、Stigler等学者提出，经过钱颖一、周黎安等学者的发展和完善，已成为公共经济学的重要组成部分，常被用来研究地方政府行为和公共品供给效率问题。

一 第一代财政分权理论

鉴于国家权力或职责的多样性，分权的形式也多种多样，包括财政分权、政治分权、行政分权、政策分权、市场分权等，其中财政分权是财政权力在政府系统内自上而下发生转移或财政职责在层级制政府内进行分工，已成为世界各国的共同趋势（刘承礼，2011）。第一代财政分权理论主要关注公共品供给效率问题，认为地方政府是追求辖区内居民福利最大化的"守护人"，而且更了解辖区居民的偏好和需求，由地方政府提供辖区公共品可以提高资源配置效率。Tiebout在1956年发表的经典文章《地方支出的纯理论》中首次将分权和公共品供给联系起来，奠定了财政分权理论的基础。他认为"用脚投票"机制可以反映辖区居民的真实偏好，当居民不满地方政府提供的公共物品时，可以选择离开此处迁往其他地区。为了获得辖区居民的选票，地方政府会不断提高公共品供给效率并展开标尺竞争，因此，财政分权有助于促进地方政府提供与居民偏好相匹配的公共品和服务（Tiebout，1956）。Stigler（1957）从异质性的角度论证了地方政府的优势，认为中央在异质性公共物品供给上不如地方具备信息优势。Oates（1973）继承并发展了以上观点，在权衡分权和规模效应的基础上，提出了分权定理：当公共物品更具异质性并且在地区间没有很强的外溢性时，分权供给更加有效；当公共物品更具同质性并且在地区间有外溢时，分权供给会失去集中供给的规模效应。不过分权也会带来损失，比如分权引致的地方政府之间的税收竞争和公共品竞争难以发挥规模经济优势，并产生外部性成本；分权下的地方政府可能会被辖区利益集团俘获，滋生腐败，从而降低公共品供给效率。

总体来说，第一代财政分权理论主要围绕地方政府职能和公共品供给展开，强调分权相对集权带来的区域公共福利的提升。但是，该理论隐含了两个重要假设：一是地方政府的目标是追求辖区居民福利的最大化；二是辖区居民可以无成本地自由流动，而这两个假设忽视了政府的其他目标以及主政官员的激励，也忽视了户籍制度的存在，因此，对中国经济发展的指导意义有限。

二 第二代财政分权理论

第二代财政分权理论主张地方政府是追求自身利益最大化的"经济人"，强调分权向地方政府提供的经济激励（刘承礼，2011）。财政分权改变了地区间利益分配格局，地方政府为了获得更多的税收收入，更倾向于提供促进市场发展的公共物品。不过，分权制度在某种程度上弱化了中央权威，强化了地方政府竞争，为了有效约束地方政府行为进而促进地方经济增长，需要具备五个条件：①政府呈现分级态势，且每级政府拥有一定的独立自主权；②各级政府的相对自主权已经制度化；③地方政府对辖区经济运行承担主要责任；④地方政府要维护所在地区市场的正常运行；⑤地方政府面临的是硬约束（Weingast，2009）。

钱颖一和 Weingast（1998）从软预算约束的视角出发，对中国的分权问题进行了系统分析，提出"中国特色的联邦主义"假说。该理论认为，中国地方政府的激励来自两个方面：一是行政分权。自20世纪80年代以来，中央政府就陆续将很多经济管理权限下放给地方政府，使得地方政府拥有相对自主的经济决策权；二是财政分权。以财政包干制为主要内容的财政分权改革，使地方政府财政收入和地区经济发展密切相关，辖区经济发展水平越高，地方政府财政收入越高，地方政府留存的也越多（周黎安，2017）。正是相对自主的经济决策权和财政收入激励使地方政府有能力、有热情去维护市场，推动经济增长（仲伟周、王军，2010）。所以，"中国特色的联邦主义"假说也被称为"市场维护型联邦主义"。此外，该理论还提出，在财政联邦制下，跨地区的资源更容易流向财政支出效率更高的地区，地方政府为了吸引资源流入就会尽量减少救助效率低下的公司或浪费公共支出，即分权下的地方竞争有助于硬化地方政府的预算约束（Qian and Roland，1998）。

三 晋升锦标赛理论

"中国特色的联邦主义"假说特别强调中央和地方的行政、财政分权必须具有高度的稳定性才能发挥激励效应，而中国央地政府间的行政、经济管理权限和财政分配一直处于调整之中，但地方政府推动经济增长的热情却并未受到影响，这说明地方政府行为背后，除了财政分权，还隐藏着一种其他激励。而且"中国特色的联邦主义"假说难以回答中国和俄罗斯的分权绩效差异问题：中国的财政分权促使地方政府伸出"援助之手"，而俄罗斯的分权制度却使政府被地区利益集团俘获，成为"攫取之手"。以周黎安为代表的学者尝试寻找那些具有中国特色的支持经济增长的制度安排，并将研究视角投向地方官员的晋升激励。这些观点认为，财政激励虽然是地方政府行为的一个重要动力，但作为行政金字塔中的政府官员，除了关心地方财政收入之外，自然关心其在"官场"上升迁的机遇，而这种晋升激励在现实中可能是更重要的动机（周黎安，2007）。

锦标赛作为一种激励机制的特性最早由 Lazear 和 Rosen（1981）提出，主张竞赛的胜负由参与人的相对位次而不是绝对成绩决定，引导参与人为了赢得比赛而竞争，从而达到激励效果。周黎安（2007）提出的"晋升锦标赛"作为一种行政治理的模式，是指上级政府对多个下级政府部门的行政长官设计的一种晋升竞赛，竞赛优胜者将获得晋升，而竞赛标准由上级政府决定，它既可以是 GDP 增长率，也可以是其他可度量的指标。这一概念的核心在于，强调政府官员所处官场的竞争性质如何塑造官员的激励和行为，进而对经济和社会产生影响。政治锦标赛得以有效实施的前提包括：①上级政府的人事权力必须是集中的；②存在一种对于委托人和代理人都可衡量的、客观的竞赛指标；③参赛的主政官员的绩效是相对可分离的；④主政官员可以控制或影响最终的"竞赛成绩"；⑤官员之间不易形成合谋（周黎安，2007）。中国的"M"形经济结构、拥有集中人事权的中央政府、对辖区发展具有重大影响的地方政府以及相对封闭的政治劳动力市场等，这些独特的政治和经济条件使得晋升锦标赛模式对地方政府和主政官员产生了强大的激励效果。

在晋升锦标赛下，政府官员的晋升高度依赖于一些可测度的经济指标。在中国不同历史时期，官员绩效考核的侧重点不同，由此造成的官员激励和政府行为也有所差别。党的十一届三中全会后，全党工作重心从阶级斗争转向经济建设，经济改革和发展成为党和政府的头等大事，经济绩效也成为官员考核和晋升的主要指标之一（周黎安，2007；王贤彬等，2011）。在锦标赛体制下，地方官员非常热衷于任期内的 GDP 和相关经济指标排名，不仅会主动去竞争更多的经济资源，也会策略性安排政府财政支出以求在"晋升锦标赛"中获胜或实现任期内的利益最大化。正是官员的晋升激励以及由此引发的地方政府"为增长而竞争"的行为促成了中国经济的高速发展。一些学者分别运用中国省级和地级市数据验证了官员晋升和任期内经济增长的关系，发现地方官员的晋升概率和辖区 GDP 增长率呈正相关关系，为"晋升锦标赛"理论提供了一定的经验证据（Li and Zhou，2003；罗党论等，2015）。

总体来说，第二代财政分权理论聚焦于地方政府，假设地方政府是"经济人"，追求财政收入最大化，而晋升锦标赛理论将分析的焦点落在主政官员上，突出官员晋升激励的意义。在晋升锦标赛的理论框架下，所有影响官员晋升的因素都会使官员行为发生变化，进而影响地方政府政策的制定和实施。

四 中国式分权理论

从财政分权理论到"晋升锦标赛"理论，研究地方政府行为的视角越来越微观化（皮建才，2012）。前者强调财政分权驱动地方政府推动地区经济增长、提高财政收入，后者强调晋升激励促使地方官员拉动地区GDP。这两种理论的解释视角虽有所不同，但其逻辑路径又是统一的，可将二者纳入同一理论框架之下。同时，财政分权理论和晋升锦标赛理论侧重于分析分权体制对地方政府和官员的正向激励，对分权产生的负面激励涉及较少。而随着中国经济的高速发展，这些负面激励的影响日益凸显，包括城乡和地区间收入差距的持续扩大、地区之间的市场分割以及公共事业的公平缺失等。在这样的背景下，一些学者尝试结合财政分权理论和官员晋升机制来系统论述分权化改革带来的收益和成本，并逐渐发展成为"中国式分权"理论（王永钦等，2007）。该理论在阐释中国的粗放型增长模式时，仍沿用晋升锦标赛的逻辑，其主要观点是：在中国的分权制度下，中央政府主要依据可测度的经济指标考核任免地方官员，这种激励机制虽然促使地方官员为得到政治晋升，围绕着GDP增长展开激烈竞争，但也使地方官员只关心自己任期内辖区的短期经济绩效，形成了以重复建设、环境污染为代价的粗放增长（吴延兵，2017）。

第三节 政府参与创新活动的理论基础

一 市场失灵与政府干预

社会中的公共物品可分为公共物品、准公共物品和私人物品三类，其中私人物品具有排他性和竞争性，由个人和单个群体独自占有，比如房屋、衣服等；公共物品具有非排他性和非竞争性，由群体共同所有，比如空气、路灯、公园等；准公共物品介于公共物品和私人物品两者之间，在生活中最为常见，创新便具有准公共物品属性。具体来说，创新活动具有周期长、风险大和前期投入成本高等特征，同时创新产出具有较强的外部性，创新主体可能无法独享创新收益，尤其是在产权保护较差的地区和领域，技术剽窃、技术模仿等"搭便车"行为时有发生，而市场机制无法有效配置创新资源，导致企业等创新主体缺乏创新激励，社会创新资源投入难以达到合意规模（曾萍、邹绮虹，2014）。此时，需要政府进行适度干预，以补贴和税收优惠等形式弥补企业创新收益，将创新成果外部性内在化，激励企业等创新主体加大研发支出，使创新活动能够接近甚至达到比较合意的社会规模（杨思莹，2020）。

虽然政府是否应该干预创新活动以及政府在创新活动中的职能仍有争论，但可以看到，几乎所有的国家或地方政府都出台了很多创新政策以增强本国或地区企业自主创新能力，扶持产业发展，提升国家整体创新水平。改革开放以来，从"神舟飞天"到"嫦娥奔月"、从"北斗导航"到"量子卫星"、从"和平方舟"到"山东舰"，这一系列自主创新工程的圆满完成，彰显了中国强大的自主创新潜力，逐步形成了具有中国特色的国家创新体系。中国科技实力的迅猛发展，离不开企业家、科技工作者的辛勤付出，同样也离不开政府的规划、支持和引导，如"科技是第一生产力"的发展观、科教兴国战略、创新型国家建设战略目标以及创新驱动发展战略，乃至于供给侧结构性改革、《中国制造2025》等发展战略、模式和行动纲领（杨思莹，2020）。

中国的创新政策可分为四个阶段：第一阶段（1978—1994年）是中国科技创新政策的过渡期。1978年召开的"全国科学大会"标志着中国科技体系在改革开放后终于进入全面恢复阶段，邓小平在本次会议上首次提出了"科学技术是生产力"这一重要论断，象征了一个科技新时代的开始。本次大会还通过了《1978—1985年全国科学技术发展规划纲要》，对多个科技领域做出规划，提出了"洋为中用"的新思路。1982年召开的全国科学技术奖励大会进一步明确了"依靠、面向"的指导方针，并发布了《"六五"科技攻关计划》，这也是中华人民共和国成立后第一个被纳入国民经济和社会发展规划的国家科技计划。1992年，邓小平南方谈话的发表标志着中国改革开放和现代化建设事业进入了新篇章。此后两年，国务院陆续颁布了《中华人民共和国科学技术进步法》《关于进一步培育和发展技术市场的若干意见》等法律法规，为科技创新营造了更有利的法制环境。第二阶段（1995—2005年）是中国科技创新政策的探索期。1995年，中共中央和国务院做出了《关于加速科学技术进步的决定》，再次强调"科学技术是第一生产力"，将"科教兴国"战略正式作为国家战略，同年颁布的《"九五"全国技术创新纲要》更是首次提出要以企业作为创新主体。1999年，全国科技创新大会在北京召开，会上通过了《关于加强技术创新，发展高科技，实现产业化的决定》，提出全面落实邓小平同志关于"科学技术是第一生产力""高科技领域的一个突破，带动一批产业的发展""发展高科技，实现产业化"等重要思想，从体制、机制、政策等各方面，促进科技与经济的紧密结合，把我国的科技实力变成现实的第一生产力，使我国的综合国力迎头赶上国际先进水平。第三阶段（2006—2015年）是中国科技创新政策的发展期。2006年，中央再度召开全国科学技术大会，大会首次提出了"建设创新型国家"的宏伟目标，制定了全面实施自主创新的重大国家战略。国务院同年发布了《国家中长期科学和技术发展规划纲要（2006—2020年）》以及《实施〈国家中长期科学和技术发展规划纲要（2006—2020年）〉若干配套政策》。2012年，《关于深化科技体制改革加快国家创新体系建设的意见》出台，首次提出了"创新驱动、服务发展"的概念，强调加快国家创新体系建设的重要性。党的十八大又强调要坚持走中国特色自主创新道路、实施创新驱动发展战略，加快建设国家创新体系，着力构建以企业为主体、市场为导向、产学研相结合的技术创新体系。第四阶段（2016年至今）是中国科技创新政策的成熟期。经过多年探索，中国的科技人才队伍不断壮大，自主创新水平不断增强，已成为世界创新版图中的重要一极，这一阶段的主要任务为构建创新生态系统与加强建设创新型国家。2016年，国务院发布了《国家创新驱动发展战略纲要》，提出"三步走"的战略目标，即到2020年迈入创新型国家行列，到2030年跻身创新型国家前列，到2050年建成世界科技创新强国，并做出了坚持双轮驱动、构建一个体系、推动六大转变的战略布局，为今后中国科技创新事业提出了具体目标。《"十三五"国家科技创新规划》描绘了未来五年科技创新发展的蓝图，确立了"十三五"科技创新的总体目标。《关于深化人才发展体制机制改革的意见》《关于全面加强基础科学研究的若干意见》《关于支持国家级新区深化改革创新加快推动高质量发展的指导意见》等政策的出台，为促进创新要素流动、强化创新源头供给、营造良好创新环境提供了重要保障。

二　三螺旋创新理论

三螺旋创新模型由Etzkonwitz和Leydesdorff于1995年提出，是一种用来解释大学、企业与政府三者在创新活动中作用关系的创新模型，一经提出即在学界引起巨大反响，被认为是继国家创新系统理论之后的创新研究中的新范式。国家创新系统理论以企业或产业作为创新系统的主体，而三螺旋创新理论认为，政府、企业和大学等部门具有同样重要的地位和作用，都可作为创新主体，三者共同构成三重螺旋协同模式（Etzkowitz and Leydesdorff，1995；崔和瑞、武瑞梅，2012；张秀萍等，2015）。由于基础知识的直接经济效益较小，且外部性较强，导致企业缺乏研发动力，而大学则以基础研究为主，科技成果众多，面临科技成果转化困境，两者存在天然的合作空间，为了提升区域创新水平，政府往往非常欢迎这种合作创新模式，同时愿为双方提供必要的平台支持和制度保障，三螺旋协同模式由此形成。

在不同的创新系统中，政府、企业和大学起到了不同的作用。在政府力量较强的创新系统中，由地方政府主导三螺旋模式的前进方向，在大学或产业作用较强的创新系统中，则有大学或企业推动各种创新活动的开展。最理想的模式是政府、企业和大学三方协力促成基础研究和共性技术开发，走向开发创新与合作创新。

第四节 相关文献评述

一 分权背景下的地方政府行为及其影响

改革开放以来，中国经济保持了长时间的高速增长，被世人誉为"增长奇迹"。为揭开中国经济增长之谜，一些学者将研究视角转向中国特色政府治理体制，并将焦点落在地方政府发展经济的激励机制上。以经济分权和政治集权为特征的"中国式分权"制度赋予了地方政府政治人和经济人双重身份，地方政府在混合激励下的行为深深影响了中国经济社会的发展进程。既有文献对分权背景下的地方政府行为及其对中国经济发展的影响进行了诸多探讨，得到了很多有益结论，本小节将从地方政府行为对中国经济增长的正面效应和负面效应两个方面对相关文献进行梳理。

（一）地方政府行为对中国经济社会发展的正面效应

在经济分权和政治集权的模式下，中央政府用"标尺竞争"取代了对地方政府的政治说教（张军等，2007）。党的十一届三中全会后，全党工作重心由阶级斗争转向经济建设，经济改革和发展成为各级党委和政府的头等大事，经济绩效也随之成为官员考评和晋升的主要指标之一（周黎安，2007；王贤彬等，2011）。很多学者也从实证角度检验了官员晋升和任期内辖区经济绩效的关系，发现地方官员的晋升概率和辖区 GDP 增长率呈正相关关系（罗党论等，2015；Li and Zhou，2003）。在财政激励和晋升激励下，地方政府不遗余力地获取和控制要素资源，纷纷"为增长而竞争"，为中国经济的高速发展奠定了坚定基础。地方政府推动地区经济增长的途径主要包括：加大基础设施建设、招商引资、扩大对外开放等（余泳泽等，2017）。

1. 招商引资

地方政府为了在显性指标竞争中获得相对优势，必然会尽可能增加辖区的要素投入，提高辖区可控资源的使用效率。由于辖区间政府行为具有较强的外部性，为了增加要素投入，地方政府就必须为争夺流动性资源展开竞争（李永友、沈坤荣，2008）。而且相对于国内流动性资源，区外资本往往被当作地方政府主要的竞争标的，尤其是外商直接投资（FDI）格外受到地方政府青睐。自1992年起，中国吸引的外商直接投资规模就一直急剧上升，根据联合国贸易和发展会议2015年发布的《全球投资趋势报告》，2014年中国吸引外国直接投资1280亿美元，首次超过美国，成为全球外国投资第一大目的地国（汪立鑫、闫笑，2018）。杨晓丽和许垦（2011）、邓玉萍和许和连（2013）、冼国明和冷艳丽（2016）等学者的研究均表明，中国式分权这一制度安排是促使地方政府展开FDI竞争的重要原因。

FDI为地区经济发展注入大量的金融资本，同时在管理技术和生产技术方面产生正向溢出，有力地拉动了地区经济增长（杨帆、徐敏丽，2012）。然而也有学者指出，地方政府为吸引外资而竞相降低税率和环境监管标准的这种"竞争到底"的行为严重削弱了FDI的经济增长效应（余泳泽等，2017）。胡再勇（2006）认为，给予外资较高的税收优惠在一定程度上侵蚀了我国的税基，减少了财政收入。邓玉萍和许和连（2013）提出，日益激烈的区域恶性引资竞争使中西部地区经济增长陷入低效率的"纳什均衡陷阱"。

2. 加大基础设施建设

由于资源总是逐利的，这使地方政府为争夺资源，必会在两个层面做出响应：一是实施经济激励；二是改善内部投资环境（李永友、沈坤荣，2008）。为了改善内部投资环境，充分利用有限资源实现最大的经济和政治收益，地方政府就必须在财政支出上做出一定的选择，即将更多资源投入到有利于增加引资竞争力的项目上。在财政支出项目中，能直接增加其引资竞争力的项目就包括基础设施支出，而且改善基础设施本身对促进地区经济增长具有直接作用，且容易度量，能够满足地方官员的政绩需要，因此，加快辖区基础设施建设成为地方政府竞争的重要手段。可以看到，在过去相对短的时间里，绝大多数城市都完成了改造和重建任务，建立了高度发达的城市基础设施建设和跨区域的交通运输网络。

3. 扩大对外开放

在中国式分权下，地方政府不仅热衷于招商引资、改善基础设施，还会努力推进地区市场与国际市场接轨，扩大辖区对外开放程度（余泳泽等，2017）。首先，出口规模在一定程度上反映了地方经济运行质量和水平，外贸出口的高速增长是地方外向型经济快速发展的重要表现，而且在乘数效应作用下，出口可以显著促进辖区经济增长，因此，在唯GDP的官员绩效考评体系中，地方政府非常重视辖区对外开放，积极为出口企业提供各类优惠措施（任志成等，2015）。其次，支持出口企业发展可以扩大辖区财政收入。分税制改革使地方政府的事权远大于财权，在财政压力下，地方政府有强烈的动机扩大税源，增加财政收入。就预算内收入而言，地方政府的税收收入主要源于当地的制造业企业，同时随着国际制造业向发展中国家转移，出口导向型企业得到迅速发展，因此，地方政府有强烈的动机支持辖区企业出口，使其加入全球价值链的生产环节，进而带来丰厚的税基。王德祥和李建军（2008）的研究表明，财政分权显著提高了我国的外贸依存度。任志成等（2015）研究发现，财政分权和地方政府竞争都直接促进了中国省级出口增长。

（二）地方政府行为对中国经济社会发展的负面效应

中国式分权制度极大地调动了地方政府发展经济的热情，但是在考虑到分权所形成的委托代理关系以及政府活动的外部性问题后，地方政府行为对经济社会发展的负面影响逐渐凸显（李政、杨思莹，2018）。主要表现为：

1. 地方保护和市场分割

地方保护主义一直是困扰我国经济发展的重要问题,现有文献从财政分权和官员晋升两个角度对此进行了大量的分析。财政分权方面,沈立人、戴园晨、银温泉、才婉如、林毅夫等学者认为,财政包干制强化了地方利益和地方观念,各政府为了增加财政收入不惜"以邻为壑",盲目攀比,以致形成"诸侯竞争",最终造成区域分割和产业结构趋同(沈立人、戴园晨,1990)。官员晋升方面,周黎安(2004)认为,在以 GDP 为主的相对绩效考核机制下,地方官员既有充分的激励发展辖区经济,也有动机去"不择手段"地进行恶性竞争。徐现祥等(2007)进一步提出,地方官员选择地方市场分割还是区域一体化因条件而异,当存在负外部性时,地方政府官员为避免殃及自身经济增长以及相应的晋升可能性,会理性地偏好于区域间市场分割。综合而言,虽然市场整合是市场经济发展的必然,但在中国式分权的制度安排下,市场的自发扩展趋势受到了人为的干预,以致国内市场整合进程缓慢(皮建才,2008)。

2. 宏观经济波动

影响经济波动因素有很多,包括消费需求变动、产业结构调整、技术冲击等。既有文献除了从市场机制探寻中国经济波动的原因,中央和地方政府行为也是重要的研究视角,很多学者认为政府行为或制度性因素是造成中国经济波动的重要原因。在财政分权的体制下,地方政府在竞争过程中会产生投资冲动,采取外延型的增长模式,而中央为了平抑该冲动,不断采取相机的宏观调控政策,两种力量共同作用,最终引致经济波动(周业安、章泉,2008)。具体而言,一是财政激励和官员晋升激励极大地调动了地方政府吸引资本的积极性,而政府采取的各项优惠措施会诱发企业增加投资,造成投资过热,进而影响到宏观经济的稳定(郭庆旺、贾俊雪,2006)。二是分税制改革使得地方政府陷入事权和财权不匹配的困境,财政压力使地方政府加大了对银行信贷决策和行为的干预,这在一定程度上增加了金融资源存放流动的障碍，导致金融资源错配，影响金融体系的平稳运行，进而加剧了经济波动的可能性（林春、孙英杰，2019）。三是在晋升压力下，地方政府的财政投资往往具有短期倾向，这会造成产能过剩，引发地方债务危机，从而对经济稳定和协调发展产生负面影响，甚至造成经济波动。有学者研究发现中国经济波动的转折点基本发生在政府换届时间里，提出中国的经济周期本质上是政治经济周期（李猛、沈坤荣，2010）。

3. 公共品供给失衡

Tiebout（1956）提出，当居民可以自由跨区域流动时，中央向地方分权和"用脚投票"机制可以促使地方政府提供满足居民偏好的公共品。然而，反观我国的现实情况，分权体制并没有提供给地方政府这样的激励，也没有带来地方公共品供给效率的提高，地方政府在科学、教育、医疗卫生方面的财政支出远远不足。除了户籍制度对"用脚投票"机制的限制，一些学者认为，财政分权制度和官员绩效考评机制是导致我国非经济性公共品长期缺乏的制度性因素（傅勇和张晏，2007；傅勇，2010）。在财政分权下，地方政府为了尽快增加财政收入，会倾向于将有限的财政资源投入到短期经济效益明显的项目上。同时，由于GDP总量或增长率在官员绩效考评机制中占有重要地位，而公共服务尚未很好地纳入官员考核体系中，因此，官员的晋升激励又进一步强化了地方政府对GDP等硬性指标的追求。实证方面，傅勇和张晏（2007）基于1994—2004年的省级面板数据，检验了财政分区和政府竞争对地方政府支出结构偏向的影响，发现地方政府"重增长、轻人力资本和公共服务"的支出偏向会随着分权的深入和竞争的加剧进一步恶化。傅勇（2010）、林江（2011）等学者研究发现，财政分权对地方政府的义务教育供给起负作用。尹恒和朱虹（2011）基于2001—2005年2067个县的财政经济数据，发现县级政府具有生产性支出偏向。顾元媛和沈坤荣（2012）的研究表明，财权与事权的不匹配会促使地方政府减少创新补贴，进而抑制企业研发投入。

4. 城乡收入差距扩大

随着研究的深入，中国式分权和城乡收入差距的关系逐渐受到关注。既有文献从不同角度论证了财政分权、政府竞争和城乡收入差距的关系，多数学者认为地方政府为追求辖区经济增长而采取的城市偏向型财政再分配政策和由此衍生的一系列政府干预政策是城乡收入差距扩大的根本原因（邓金钱、何爱平，2017）。例如，马光荣和杨恩艳（2010）认为，分权和竞争促使地方政府采取倾向城市而漠视农村的经济政策，造成了城乡收入差距的逐渐扩大，且这一影响存在显著的跨时差异和地区差异。张建武等（2014）认为，经济增长的竞争压力促使仅有一定任期的地方政府有动机去进行最有利可图的投资，而政府间的投资竞争又加剧了城乡收入差距。孙华臣和焦勇（2017）重新审视了在贸易开放条件下地方政府竞争对城乡收入差距的影响机制，发现地方政府竞争显著扩大了城乡收入差距，而贸易开放会显著弱化这一影响。不过，对财政分权程度的度量差异可能会导致研究结论不同，例如，宋英杰等（2017）以财政自主度度量地区财政分权水平，则发现财政分权可以缩小城乡收入差距。

二　企业创新的影响因素

近年来，关于企业研发投入或创新效率的影响因素问题已经引起了众多学者的关注，考察的维度包括企业内部环境和外部环境两个方面，其中内部环境包括企业的规模、股权结构、产权性质、组织形式和管理模式等，外部环境包括市场竞争程度和行业特征、融资约束、政府行为等。本书将从这两个方面对企业创新影响因素的相关研究进行梳理。

（一）企业内部环境的影响

1. 企业规模

自从 Schumpeter（1942，1950）开创了企业规模与创新活动的相关性研究的先河之后，国内外学者运用多种研究方法和样本数据，从理论和实证方面对企业规模与研发投入的关系进行了诸多探索，但尚未形成统一结论，目前主要存在以下几种观点：

第一种观点认为，足够大的企业所具有的资源禀赋是创新的基本条件，企业规模越大，越有助于企业开展创新活动（Schumpeter，1942）。一方面，规模较大的企业更具有利用技术创新攫取超额利润的动机，而且可以负担创新活动所需的高额固定成本，为创新活动给予有力支持和保障；另一方面，创新活动周期较长且伴有较高风险，相对于小企业，大企业的抗风险能力更强。Schumpeter（1942）认为，研发活动和企业都具有规模效应，因此，规模较大的企业可以获得更高的创新产出。Soete 和 Luc（1979）以 20 世纪 70 年代末美国企业为样本，以研发支出作为创新活动的代理变量，发现创新活动与企业规模成比例增加。Braga 和 Willmorel（1991）基于巴西企业数据，把市场增加值作为企业规模的代理变量，研究发现企业规模和研发投入具有显著正相关关系。Booyens（2011）利用 2002—2004 年南非国家创新调查数据，比较了微型、小型和中型企业的创新效率，发现中小企业的创新效率略高于微型企业。周黎安和罗凯（2005）基于 1985—1997 年中国省级面板数据，也发现企业规模对创新具有促进作用，但这种促进作用只存在于非国有企业中。蔡绍洪等（2019）发现，企业规模与创新成果正相关，且企业规模会影响创新政策和政府研发补贴的实施效果。

第二种观点从创新投入强度和创新决策制订的角度考虑，认为企业规模并不是越大越好。一方面，由于小企业面临的生存压力较大，对创新投资更加谨慎，会竭力提高创新效率；另一方面，小企业的研发项目较少，研发投资也比较有限，内部沟通效率也通常高于组织结构复杂的大企业，使小企业具备"行为优势"。Zenger 和 Lazzarini（2004）指出，大规模企业研发项目的决策受公司内部和社会关系等多种因素影响，导致大企业在创新竞赛中并不具备优势。Laforet

(2013)、Ren 等（2015）的研究同样表明，中小型企业的创新动力更大，研发投资强度更高。赵洪江等（2008）以 2007 年中国 A 股上市公司数据为样本，研究发现公司规模和研发支出呈负相关。董晓庆等（2013）同样发现，与大企业相比，中小企业的技术创新能力更强。

还有一些学者认为创新与企业规模之间存在倒"U"形关系，即大企业确实存在规模优势，但这种效应是递减的。Scherer（1965）以美国企业数据为样本，发现企业规模和企业研发活动不是线性关系，两者之间主要表现为倒"U"形关系，规模适中更有助于企业开展创新活动。Acs 和 Audretsch（1987）认为，大企业和小企业的创新优势体现在不同的行业中，大企业在资本密集型、高度联合化的行业中具备优势，而小企业在人才密集型行业中更具优势。聂辉华等（2008）基于中国规模以上工业企业数据，也得到了类似的结论。还有一些学者也研究发现企业规模与技术创新之间更多地表现为一种非线性的递增关系（牛泽东等，2012；周方召等，2014）。

2. 股权结构

既有文献主要从两个方面分析股权结构对企业创新的影响，一是股权集中度：一些学者认为企业的股权集中度越高，企业的研发投入越少。当股权集中在少数股东手中时，这些大股东承担的经营风险也会随之上升，而对于风险较高的研发活动，股东出于风险规避的心理，往往会减少企业的研发投入（杨建君、盛锁，2007）。同时，大股东具有攫取控制权私有收益的倾向，由此产生的堑壕效应也会降低企业创新投资（郑毅等，2016）。Di Vito 等（2010）以加拿大制造业上市公司为样本，研究发现企业的股权集中度与研发投入为负相关关系。郝颖和李静明（2011）进一步考察了终极股东的现金流权和企业投资方向的关系，发现在股权集中的金字塔控制模式下，控制层级越多，终极股东越有动机增加固定资产、无形资产和股权并购上的自利性资本投入，并且削减研发投入。与此相反的是，一些学者主张股权集中对企业创新投入具有促进作用，因为当企业股权比较分散的时候，往往缺少对企业生产经营活动以及经营者的监督，造成企业倾向于进行短期投资，减少创新投入，而且这种现象在法律不健全的国家和地区更加普遍（Dechow and Sloan，1991；Francis and Smith，2004；Iturriaga and López – Millán，2016）。还有部分学者认为，股权集中度与创新之间的关系不是线性的。冯根福和温军（2008）研究发现，股权集中度与企业技术创新存在倒"U"形关系，当前五大股东的持股比例在45%左右时，企业的研发投入水平最高；文芳（2008）的研究则表明，控股股东持股比例与公司研发投入强度之间呈"N"形关系。

二是股权制衡度。虽然大股东的存在可以加强对公司经营者的监督，但由于股东的效用函数存在差异，大股东的决策可能并不符合全体股东的利益，因此，需要同时存在几个大股东，防止第一大股东对其他股东的利益侵害，提升公司整体价值（文芳，2008；La Porta and Shleifer，1999）。在此基础上，一些学者研究发现股权制衡度对公司的研发投入具有促进作用，如任海云（2011）以2004—2008年制造业上市公司为样本，发现适度的股权制衡有利于解决企业创新活动中的代理问题，激励企业增加创新投入；陈丽霖和冯星昱（2015）以2009—2013年信息技术行业上市公司为样本进行实证分析，发现股权制衡对企业创新投资有显著促进作用。

3. 产权性质

在中国目前的转轨经济中，存在中央国有企业、地方国有企业、民营企业、集体所有制企业和外资企业等多种所有制形式，由于经营目标、治理结构和政企关系等方面的差异，国有企业与非国有企业的创新行为也大相径庭（王砾等，2018）。

目前关于产权性质与企业创新的关系大致存在两种观点。一方面，部分文献认为非国有企业的创新能力更强。姚洋和章奇（2001）利用1995年工业普查的数据分析了中国工业企业技术创新效率，发现集体、私营、国外三资企业的技术效率分别要比国有企业高出13%—15%、42%—46%和9%—11%。张宗益和张湄（2007）认为，国有企业决策受政府目标影响，其需要承担扩大就业、增强社会稳定性等政策性负担，而不仅仅是追求利润最大化，因此，国有企业创新动力远低于非国有企业。Lin等（2010）运用2003年世界银行的企业调查数据研究发现，非国有企业比国有企业有更高的创新倾向。另一方面，部分学者持不同甚至相反的观点，如解维敏等（2009）基于2003—2005年中国上市公司研发数据，发现国有企业的研发支出略高于民营企业；吴延兵（2006）认为，国有企业拥有更多的创新资源和便利条件，其创新产出并不少于非国有企业；李春涛和宋敏（2010）研究发现，由于知识生产的不完全独占性导致知识生产不足的市场失灵，可以通过政府干预得到缓解，所以国有企业比非国有企业更具有创新性。

（二）企业外部环境的影响

1. 市场竞争程度和行业特征

市场竞争作为重要外部治理机制，对企业生产经营活动具有重要影响。随着市场竞争程度的提高，清算威胁所产生的倒逼机制会促使企业采取积极措施，提高治理水平。另外，根据信息假说，市场竞争越充分，企业信息披露的数量和质量越高，从而使企业经营者、股东和投资者之间的信息不对称问题可以得到有效缓解。沿此思路，一些学者认为，市场竞争有利于企业创新活动的开展。朱有为和徐康宁（2006）利用随机前沿生产函数对中国高技术产业的研发效率进行了测算，以企业数量度量市场竞争程度，发现高技术产业的市场竞争性越强，越有助于刺激企业研发效率的提升。朱磊等（2018）发现，行业竞争程度对企业双元创新投资会产生激励作用，且与开发式创新投资相比，探索式创新投资受到的影响更大。何玉润等（2015）研究也表明，市场竞争对企业研发强度具有促进作用，而且这种效应在非国有企业中更强。不过一些学者对此持相反态度，例如，闫冰和冯根福（2005）认为，如果行业中的企业数量较多，那么平均规模较小的企业可能就无法有效支撑资金需求量大、风险较高的创新活动，因此，行业竞争程度对企业创新绩效有消极影响；陈泽聪和徐钟秀（2006）通过测算我国各省市制造业行业的技术创新效率，发现企业数量与技术创新效率呈负相关。以 Aghion 为代表的学者认为，市场竞争程度与企业创新之间存在非线性关系，即适度的市场竞争会促进企业创新，在超过阈值后，企业创新的边际效益会随着竞争强度的增加而降低，此时的企业会减少创新活动（Aghion et al.，2013；Atallah and Gamal，2002；Devereux et al.，2008）。综合看来，由于学者对市场竞争程度的度量方式存在差异（有的是用企业数量，有的是用一个行业中企业的平均规模），学界关于行业竞争度与企业创新之间的关系还未形成一致结论，但市场竞争会显著影响企业创新水平的观点还是得到了学界广泛的认可。

另外，行业的创新模式会受到与行业技术相关变量的影响，不同行业之间的创新行为可能存在系统性差异。李强（2016）对中国不同制造业行业追赶绩效的差异进行了深入分析，发现行业技术水平越连续，行业中的企业越容易获取技术，进而也会有更多的机会去利用技术，即行业技术水平的连续性对提高企业的创新绩效有积极影响。许培源和章燕宝（2014）认为，知识产权保护的技术创新效应在不同行业间存在差异，高新技术行业对知识产权保护更加敏感。

2. 融资约束

在完美的资本市场中，企业的最优投资水平与资本结构无关，即企业内部融资成本与外部融资成本并不存在差异（Modigliani and Miller，1959）。然而，现实中的资本市场并不符合假设，企业与外部投资者之间存在严重的信息不对称，同时由于创新活动具有高度的不确定性，且涉及企业内部机密，外部投资者不可能完全了解企业创新活动，因此，企业很难获得外部投资。另外，由于创新产出基本属于企业的无形资产，不符合银行实物抵押的要求，导致企业难以通过银行贷款进行技术研发（Hall，2002）。

学者对融资约束与企业创新的关系进行了大量研究，一些学者认为，融资约束使企业没有足够的资金进行创新活动。Saviganc（2008）基于法国制造业企业数据，采用 Probit 模型估计了企业创新项目与融资约束的关系，发现高融资约束的企业的创新倾向更低。其他学者以英国、荷兰和葡萄牙企业数据为样本，也发现融资约束对企业创新活动具有显著的负面影响（Bond et al.，2005；Tiwari et al.，2007；Silva and Carreira，2012）。蔡地等（2012）考察了融资约束对民营企业研发投入的影响，发现融资约束的降低将有效提高企业研发投入强度，且这种影响在中小企业中更为明显。还有学者也实证检验了融资约束对民营企业和中小板上市企业的影响，得到了类似的结论（张杰等，2012；韩鹏、唐家海，2012）。不过也有一些学者认为融资约束的存在会迫使企业谨慎投资，放弃低收益的项目，从而使企业的创新效率得到保证。Almeida 等（2013）以美国企业为样本，发现融资约束和企业创新效率呈正相关。顾群等（2012）基于 2006—2010 年中国 A 股高新技术企业数据，同样发现融资约束较高企业的研发效率显著高于融资约束较低的企业。

总体来看，融资约束会在一定程度上抑制企业的研发投入，这种负面作用在民营企业和中小企业中体现得更加明显，但是融资约束的存在也迫使企业谨慎投资，一定程度上有利于企业创新效率的提高。

3. 政府行为

（1）政府创新补贴。由于技术创新存在较强的外部性，单纯依靠市场机制很难促使私人企业的技术创新水平达到社会的期望水平，因此，需要政府伸出"有形之手"对市场进行适当干预以纠正市场失灵（Arrow，1972；Dasgupta and Stiglitz，1980；曾萍、邬绮虹，2014）。创新补贴是政府支持企业创新活动的常用手段，政府创新补贴对企业创新活动的影响也成为学界研究热点之一。然而，他们的研究结论存在较大差异，形成了"促进论"和"抑制论"两种截然不同的观点。

"促进论"观点主要认为，创新补贴可以缓解企业资金压力，有助于企业开展创新活动。例如，Lach（2000）运用以色列制造业企业数据进行分析，实证结果表明，政府创新补贴显著促进了中小企业的创新投入。Almus 和 Czarnitzki（2003）、Goolsbee（1998）分别利用欧盟数据和美国数据进行实证分析，也得到了类似的结论。白俊红（2011）研究发现，政府的创新资助显著地促进了企业的技术创新，而且企业自身的知识存量、企业规模、行业技术水平及产权类型等因素均会对资助效果产生不同程度的影响。王刚刚等（2017）认为，政府创新补贴能够帮助企业获得市场投资者的信用认可，拓宽企业融资渠道，解决企业创新面临的融资约束问题。

考虑到创新补贴背后的委托代理问题后，政府创新补贴的激励效果会大打折扣，主张"抑制论"的研究认为，创新补贴对企业私人研发投入具有"挤出效应"。Michael 和 Pearce（2009）认为，由于政府缺乏对企业创新活动的有效监督，直接提供创新补贴的方式是无效的，政府应通过制度、税收和法律程序等间接方式来支持企业创新。Wallsten（2000）的研究结果也显示，政府每增加一单位的创新补贴将导致企业相应减少一单位自身的研发投入，即政府创新补贴与企业研发投入存在替代关系。Boeing 等（2016）基于 2001—2006 年的中国企业创新补贴数据进行实证分析，发现政府创新补贴抑制了企业研发投入。

除了"促进论"和"抑制论"，还有研究认为政府创新补贴与企业研发投入具有倒"U"形关系，在初始阶段，政府创新补贴对企业研发的作用表现为"激励效应"，在超过最优补贴率后，则表现为"挤出效应"（刘虹等，2012）。

（2）官员晋升激励。鉴于地方政府和主政官员对辖区资源配置的巨大影响力，官员晋升对企业创新的影响也是学界研究的热点问题之一。郑威和陆远权（2018）基于省级面板数据考察了官员晋升、金融分权和企业创新的关系，研究发现，地方官员激励显著抑制了企业的创新投入，并且在金融分权程度越高的地区，这种抑制效应越显著。王砾等（2018）利用2000—2012年A股上市公司和地级市官员变更数据，考察了地方官员的晋升压力对企业创新活动的影响，研究结果表明，在地方官员晋升前期，企业创新数量和质量都会显著降低。李莉等（2018）基于委托代理理论分析了国有企业中政治晋升与创新投资的关系，并利用2007—2015年国有上市公司高管变更数据进行实证检验，发现政治晋升对企业创新投资具有抑制作用。

（3）"寻租"和政治关联。在发展中国家的市场中，政府行为对投资者来说是不可忽略的潜在风险（Acemoglu and Verdier，1996）。企业通过与地方官员建立"寻租联系"，不仅可以获得信贷支持，还可以节约获取许可证和办理相关手续的等待时间，规避官僚体制中的繁文缛节（李后建和张剑，2015；Zheng，2015）。余明桂等（2010）研究发现，与地方政府建立政治联系的民营企业可以获得更多的财政补贴。黄玖立和李坤望（2013）研究发现，企业招待费支出越多，企业越容易获得政府订单和国有企业订单。沿此思路，一些学者提出"寻租"腐败活动可以为企业带来更多"政策包"，如政策庇护、税收优惠以及融资便利等，这有助于弥补市场制度的不足，进而促使企业增加研发投入。刘锦和王学军（2014）利用世界银行提供的中国企业调查数据，实证分析了企业腐败支出与其研发投入之间的关系，发现二者呈正相关。

也有研究认为"寻租"对企业创新投入具有抑制作用。一方面，"寻租"活动会挤出企业研发投入资金。谢家智等（2014）认为，企业为了迎合地方政府短期的政治和社会目标，可能需要压缩研发投资的规模，即"寻租"对企业创新活动具有显著的消极影响。Waldemar（2012）利用2005年世界银行在印度的企业调查数据，同样发现腐败活动会导致企业寻租成本增加，进而降低企业新产品数量。另一方面，"寻租"可能会替代企业生产活动，降低企业创新积极性。Su等

(2009)指出,当企业能够依靠非市场方式获得竞争优势时,企业提升内部管理水平和开展技术创新的动力就会缺失。王健忠和高明华(2017)分析了反腐败对企业创新的影响,认为反腐败增加了企业家寻租的成本和难度,使企业将更多地配置到生产领域,进而促进企业增加创新投入。与这些研究结论不同,李后建和张剑(2015)认为,贿赂等腐败活动与企业创新之间存在一种倒"U"形的曲线关系,即较低程度的腐败是企业创新的"润滑剂",但更高程度的腐败则是企业创新的"绊脚石"。

(4)官员更替和政策不确定性。在中国式分权制度下,地方政府官员有权力和动机干预企业的生产经营活动,以推动地区经济增长获得晋升优势(王全景、温军,2019)。作为常态化的政治活动,地方主政官员的更替所引起的政治生态环境的变化会直接影响企业日常的生产运营(杨海生等,2014)。就企业创新而言,地方官员更替引致宏观政策的调整,会提高企业经营环境的不确定性,增加新产品推广、销售和盈利的难度,导致企业和外部投资者会暂缓投资。何山和李后建(2014)结合2005—2007年中国工业企业和省级地方官员更替的相关经验数据,考察了地方官员异地更替对辖区企业创新行为的影响,发现地方官员异地更替会降低企业创新投入,且这一影响对国有企业、高新技术企业更加明显。郭华等(2016)基于2012年世界银行关于中国企业运营的制度环境质量调查数据,也发现随着政策不确定性程度的增加,企业会减少研发投入。王全景和温军(2019)运用2005—2015年中国A股上市公司和市级官员数据对该问题进行检验,结果表明,市委书记变更或者市长变更会提高企业融资约束、降低创新对业绩的贡献度,进而降低企业专利申请数量和研发投入强度。

还有一些学者采用Baker等提出的经济政策不确定性指数度量政策不确定性,并检验了其对企业创新的影响,同样发现政策不确定性对企业创新具有负面影响。例如,Kalamova等(2012)基于OECD

国家数据,研究发现,当政策不确定性增加时,国家整体的专利申请数量会明显降低;郝威亚等(2016)使用1998—2009年中国工业企业数据,运用实物期权理论分析了经济政策不确定性对企业创新的影响机制,研究结果表明,经济政策不确定性的增加会造成企业推迟研发投入决策,减少创新投入。

与经济政策不确定性抑制企业创新活动的已有结论不同,顾夏铭等(2018)学者提出,经济政策不确定性会对企业创新产生激励效应和选择效应,经济政策不确定性正向影响了上市公司创新投入和专利申请量,且这一效应会受到政府补贴、金融约束、企业所有权性质、行业特征等因素的影响。

三 对现有文献的一个简单评述

虽然大量文献证实了分权对地方政府行为的影响,并据此提出建立财权事权相匹配的财政制度,完善官员考核体制,但是大多数文献的讨论至此便戛然而止,鲜有文献从制度层面进一步研究分权下的地方政府行为对微观企业的影响。而且在论及中国经济转型困难、原始创新和集成创新能力不足时,中国式分权理论侧重于地方政府的粗放式投资行为,未对造成企业等市场微观主体技术创新动力不足的机制进行清晰阐释。但是,中国传统的要素驱动型增长,不仅是政府粗放式投资的结果,更主要是作为市场微观主体的企业甚至整个社会粗放式投资的结果(吴延兵,2017)。而现有文献在解释我国企业创新动力不足的原因时,对地方政府在企业创新中扮演的角色不够重视,主要集中在政府补贴、官员晋升和政企关联等方面,忽视了分权这一特殊行政体制对地方政府行为(尤其是异化的地方政府行为)的影响。要完整地理解我国地方政府和企业缺乏创新动力,完善创新发展政策,实现创新驱动增长,还需要构建分权下地方政府(及政府官员)行为与企业行为之间的逻辑链条。

第三章

分权背景下地方政府行为对企业创新的影响机理

第一节 地方政府的独特地位

中国高度集中的行政体制容易给人造成一种假象：在中央集权之下，作为中央政府的代理人，地方政府只是中央政策和命令的执行者，不享有什么特殊地位。事实上，无论是在过去的计划经济体制时期，还是如今的市场经济体制时期，地方政府都在中国经济发展中扮演了重要角色，甚至根据地方政府的独特地位，可以把中国政治分为中央政府、地方政府和民众"三层"（崔之元，1998）。具体地，从政府财政收支状况便可以看出中国地方政府的独特地位：

图 3-1 和图 3-2 分别给出了地方政府财政收支和中央政府财政收支占 GDP 的比重。从图 3-1 可以看出，地方政府财政收入占 GDP 比重大致呈现先下降再上升的态势，从 1978 年的 26% 一直下降到 1994 年的 5%，分税制改革后，地方政府财政收入占比开始缓慢回升，近些年稳定维持在 11%—12%。地方政府财政支出占 GDP 比重总体上是上升的，1997 年后更是出现了较大幅度的上涨，2013 年后已经超过了 20%。与此同时，中央政府财政收入占比在分税制改革之后出现大幅度提升，2007 年之后一直保持在 10% 以上，而中央政府财政支出占比在整体上却是下降的，如图 3-2 所示。可见，虽然

中国市场化进程不断推进,但地方政府并未从市场中大规模退出,并且对中国经济保持较高影响力。而且在分税制改革后,中央政府和地方政府之间的财政资源分配发生了巨大变化,地方政府面临严重的财权和事权不匹配,地方的财政支出占 GDP 比重远远高于财政收入占 GDP 比重。

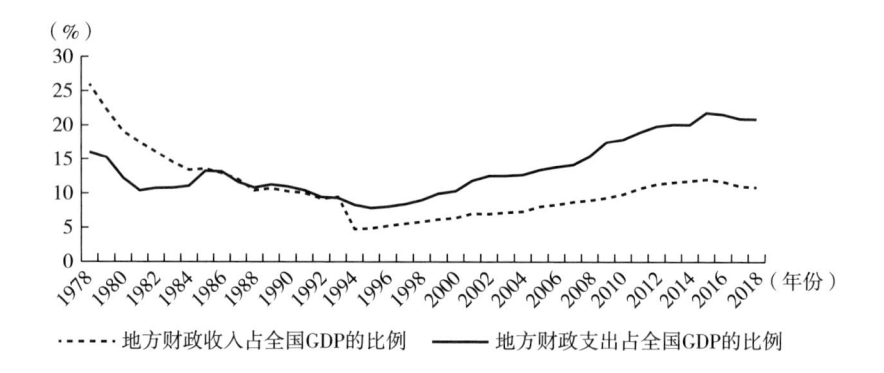

图 3-1 地方政府财政收支占全国 GDP 比重

资料来源:历年《中国统计年鉴》。

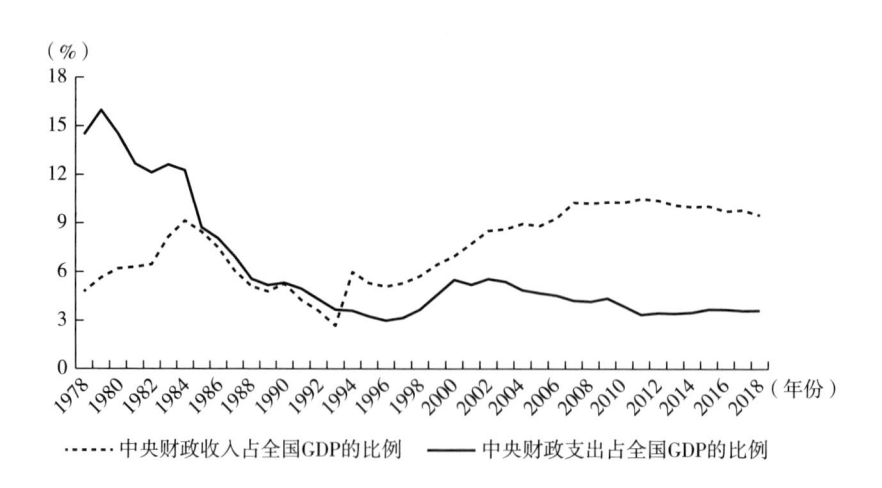

图 3-2 中央政府财政收支占全国 GDP 比重

资料来源:历年《中国统计年鉴》。

第二节　分权背景下的政府治理与地方政府行为

一　中国特色政府治理机制

（一）行政发包制

在许多人的直观印象中，中国的政府治理体制是高度集权的。从秦朝的三公九卿，到唐朝的三省六部、宋朝设三司使，再到明清时期的行省制度，中国的政府体制在高度集权的皇权统治下建立了分工协作严密的官僚体系，并保持了高度的延续性（李芮，2015）。在官员选拔制度方面，中国经历了先秦时期的选士、养士制，两汉时期的察举制和魏晋南北朝时的九品中正制，定型为隋唐及后期的科举制，建立了人类历史上最早的文官制度。从整个政府治理体系和制度安排看，中国的行政体制非常接近马克斯·韦伯提出的"科层制"。然而，有学者指出，"科层制"所要求的合理性预设、法令严格控制的职权以及行政工具集中化等条件并不适用于中国，享有独特地位的中国地方政府也与科层制中下级政府的角色不符。也就是说，中国的政府治理结构只是具备"科层制"外在的表征（周黎安，2017）。

中国是一个拥有广袤土地和众多人口的大国。为了解决大一统国家和地方多样性的冲突，行政管理事务从中央层面被层层下放，直至县乡一级的基层政府，上级政府在保留人事任免等重要权力的前提下，赋予下级政府一定的自由裁量权（李芮，2015）。周黎安借鉴企业理论中发包制和雇佣制的概念，将这种政府内部的委托代理关系总结为"行政发包制"。具体来说，"行政发包制"由"行政"和"发包"组成，"行政"的核心是通过一系列管控机制、激励机制和官僚机制来约束"发包制"在政府内部可能造成的伤害，某种程度上，"行政"和"发包"是替代关系（周黎安，2017）。"行政发包制"的治理模式和纯粹的"科层制"存在以下几个维度的差异：首先，在行政权的分配上，发包方（上级政府）拥有正式权威和剩余控制权,将执行权和一定的自由裁量权交给承包方,而"科层制"下各级政府的职权均由法令严格控制。其次,在经济激励方面,"行政发包制"下的发包方和承包方属于财政分成关系,承包方拥有剩余索取权,面临强激励,其预算支出能力依赖于自身筹集财政收入的能力,而"科层制"中,各级政府必须实行严格的预算管理。最后,在内部控制方面,"行政发包制"是一种结果导向的、人格化的责任分担,"科层制"则强调规制、程序和法理约束(周黎安,2017)。

值得指出的是,"行政发包"的治理模式并非近现代以来的产物,而是一直潜藏于中国两千多年来的政治体制中。自秦汉以来,中央和地方一直保持如下基本模式:朝廷无所不管,一切政令条例皆出自朝廷,地方政府负责执行,中央政府和基层政府之间的各种监督机构负责传递和贯彻中央的指令(周黎安,2017)。在地方政府建制中,只有州县一级的官员是管事的,在此之上的官员都是管人的,这说明上下级政府之间不是分工协作的关系,而是"层层发包"和逐级监督的关系。中华人民共和国成立后,虽然对这种属地化的行政发包模式进行了多次改造,但是仍然可以看到它们的印记。

(二)行政分权和财政分权

在"行政发包制"下,发包人(上级政府)主要通过行政权分配、经济激励和考核控制来监督和约束承包人(下级政府)。行政分权赋予了承包人必要的行动空间,财政分权为承包人提供了强大的经济激励,结果导向的考核机制让承包人为实现目标而"不择手段",三个维度内在一致相互协调,共同构成了一个强大的激励系统,促使承包人为了完成发包任务而努力(周黎安,2017)。

1. 行政分权

中华人民共和国成立之初,我国引入了苏联的高度集权的行政和经济管理体制,中央拥有一切重大决策权力和对地方政府决策的否决权,同时,省级和市级领导的任免也由中央政府决定。该体制严重限制了地方政府的自主行动空间,地方纷纷要求中央下放一些权力。直到毛泽东提出要发挥中央和地方"两个积极性"的重要观点后，中央开始逐渐向地方下放人事、财务及企业生产等方面的权力。然而，由于地方分权和中央计划之间的深刻矛盾，1958—1980年，中国经济管理体制经历了数次"放权—收权"循环（周黎安，2017）。改革开放以后，随着减政放权的推进，中央又陆续向地方下放各种行政和经济管理权限。1982年颁布的《中华人民共和国宪法》更是赋予了地方政府较为清晰的行政和立法权限：一是对各级地方政府的事权进行了明确界定，同时扩大了地方政府职权；二是确立"四级立法体制"，使地方政府可以制定地方性法规；三是人事任命方面，"下管两级"体制变为"下管一级"体制，即中央政府只负责任命中央各部委和省自治区一级的领导，省级政府负责地级市一级领导干部的任免。另外，为了避免"一刀切"，在放权的过程中，中央还进行了倾斜式分权改革，给予局部地区"先行先试"的裁量权和优惠政策，例如设立经济特区、沿海开放城市、计划单列市等。

2. 财政分权

"行政发包制"的另一关键维度是政府间的财政分成制，中国的财税体制发展大致可以分为三个时期，具体如下：

（1）1950—1979年的高度集中的财政管理体制。这一时期的财政体制整体上呈现高度集中、统一管理的特征，文献中常用"统收统支"或"大锅饭"体制来概括（周黎安，2017）。为了适应大规模经济建设的需要，1950年开始，我国实行了"统收统支"的财政管理体制，几乎所有的财政收入都集中到中央，一切地方支出均需要获得中央核准才能实施，这一体制使地方收支完全脱节，严重抑制了地方发展经济的积极性。中央政府很快意识到这一体制的弊端，并在1951年推行了新的财政制度，包括建立三级财政、明确划分中央地方财政收支范围以及下放部分国营企业管理权限等。"划分收支，分级管理"的财政体制加强了对地方政府的财政激励，赋予了地方一定的财源和财权，鼓励地方增收节用。然而，在"条条专政"下，地方的经济权限和自主决策空间依然很小。1954年，在邓小平"六条方针"的指引下，财政预算管理体制调整为"支出包干，以支定收，结余不上交"，但这一调整只是进一步划分了中央地方的财政收支范围，并没有改变中央高度集权的状况。直到1956年，毛泽东在《论十大关系》中提到"要扩大一点地方的权利，给地方更多的独立性，让地方办更多的事情"。此后两年，中央陆续出台了一系列文件，开始向地方下放企业、商业和财政管理权限（谭明智、周飞舟，2016）。1958年，中国财政管理体制又进行了重大调整，过去的"以支定收，一年一变"改为"以收定支，五年不变"，至此，地方政府终于获得了比较完整的财政自主权，这次调整也被视为改革开放前财政体制改革最为彻底的一次。此后，我国的财政体制又因政治和经济形势经历数次调整：1961年，中央收回了部分下放的经济管理权限，如地方政府对税收的减免权；1966—1967年，主要采用"收支挂钩，全额分成"的办法；1971—1973年，中央对地方实行"定收定支，收支包干"；1974—1975年，一些地区试行"财政收入固定比例留成"办法；1976年，调整为"定收定支，收支挂钩，总额分成，一年一定"。

（2）1980—1993年的财政包干制。1980年，国务院颁发《关于实行"划分收支、分级包干"的财政管理体制的暂行规定》，标志着我国财政管理体制由"大锅饭"过渡到"财政包干"。根据包干的不同形式，这一时期又可划分为三个阶段：一是1980—1984年的包干制试行阶段。中央首先对15个省份实行了"划分收支、分级包干"的财政体制，先根据行政隶属关系明确划分中央地方的财政收支范围，然后以1979年的收入确定包干基数，在此基础上确定地方上缴和留存比例，这一比例原则上五年不变。但是，随着中央财政收入的下降，这一模式逐渐被舍弃，到1983年，15个省份的财政管理体制全部恢复为"总额分成"。二是1985—1987年的包干制过渡阶段。这一阶段的包干体制可以概括为"划分税种，核定收支，分级包干"，收入分成比例、上交和补助数额固定下来五年不变。三是1988—1993年的包干制全面推行阶段。这一阶段就是彻底的"分灶吃饭",全国不同地区实行了多种包干形式,包括"总额分成""收入递增包干""上缴额递增包干""定额上缴或定额补助"等。

(3) 1994年至今的分税制。财政包干制与改革之前的财政体制相比有了重大进步,但是也存在很多问题。在财政包干制实行后,中央无法有效集中地方的财政收入,中央财政收入占GDP比重持续下降,这严重制约了中央政府的宏观调控能力。加上当时的经济形势和政企关系问题,中央政府决定重新调整财税体制。此次改革的主要内容包括:一是划分中央和地方的事权和支出。中央负责国家安全、外交、中央级行政管理费、中央直属企业的技术改造和新产品试制费等,地方负责地方行政管理费、公检法支出、科教文卫事业费支出、地方企业的技术改造和新产品试制费等。二是以税种划分中央和地方的收入。中央税主要包括关税、消费税、中央企业所得税、中央企业的上缴利润等;地方税包括营业税、地方企业所得税、个人所得税等;中央和地方共享税包括增值税、资源税和证券交易税。这一划分形式极大地增加了中央财政收入,是改革最直接的效应。而且,将增值税划分为共享税,有助于切断地方政府和企业之间的属地关联,让地方政府不再"偏袒"地方企业。三是设立两套税务机构,实行分别征税,中央税和共享税由国税局征收,地方税由地税局征收。国税局的成立不仅可以确保中央的税收利益,还有助于中央税收政策在地方的贯彻落实,是中国财政体制的重大变革,同时也拉开了中央垂直化收权的序幕(周黎安,2017)。四是实行税收返还和转移支付制度以调节地区间的财力分配。

(三) 政治锦标赛

政府治理的核心便在于如何设计合理的激励机制,阻止官员的自由裁量权变成合法伤害权,将政府"攫取之手"转化为"扶持之手",实现官员个人利益和政府治理目标的激励兼容(周黎安,

2017)。政治锦标赛一直是我国官员治理的一个核心激励机制。所谓的政治锦标赛就是同一级别的政府官员为了获得晋升而展开的博弈，其中的晋升竞赛规则和胜出标准由上级政府制定。官员考核指标的设置体现了当时的经济社会发展目标，不同时期的政治锦标赛也具有不同的内涵。党的十一届三中全会后，全党工作重心从阶级斗争转向经济建设，实现四个现代化。1979年9月召开的全国组织工作座谈会，便提出"组织工作的根本任务，就是保证党的政治路线的贯彻执行，适应和保证党的工作着重点的转移，推动四个现代化的进程"。近些年来，为了进一步敦促地方政府落实创新驱动战略，地方政府科技创新等相关指标则越来越多地被纳入官员绩效考核体系。

在考核方式方面，为了保证锦标赛的公平性，上级政府不仅要考察官员的绩效，还要参考前任官员的平均绩效和临近地区政府的表现，即使用相对绩效考核方式来识别官员真正的能力。在退出机制方面，从中华人民共和国成立到80年代初，党和国家对领导干部的任期没有明确规定，几乎为终身制，直到《关于建国以来党的若干历史问题的决议》正式提出废除领导干部职务的终身制。进一步地，《中华人民共和国地方各级人民代表大会和地方各级人民政府组织法》规定地方各级人民政府每届任期5年，《党政领导干部职务任期暂行规定》规定党政领导职务每个任期为5年。

整体来看，在分权制度下，地方政府和主政官员获得了大量的事权和自由裁量权，掌握了大量经济和行政资源，并且居民和企业不能直接影响政府官员的任免，地方政府官员主要面临上级政府的监督和制约（王砾等，2018）。在此背景下，如果上级政府采用弱激励的方式，或者用模糊和主观的方式评价官员的表现，势必会导致官员的不作为，而"政治锦标赛"将地方官员置于强激励下，让官员晋升和辖区发展息息相关，可谓中央政府在治理目标和治理成本间进行精心权衡与选择的结果。

二 政府间关系和地方政府行为

为了实现既定的政府治理目标，中央政府通过一系列改革不断为行政放权、财政分权以及官员晋升注入新的内容，致力于解决地方政府和主政官员促进辖区发展的动机、目标和手段问题。在此过程中，中央政府和地方政府、同级地方政府之间以及不同层级地方政府之间的关系也悄然发生变化，并对地方政府行为和中国经济发展产生了深远影响。

（一）央地政府关系和地方政府偏好

中国虽然是一个政治上高度集权的国家，但是在行政放权和财政分权的过程中，中央政府和地方政府的关系逐渐演变为一种"委托代理"关系（江孝感、王伟，2004；周黎安，2017）。一方面，逐级发包的行政事务中，除了国防和外交，几乎所有的事务均需要地方政府具体实施，由此中央政府和地方政府之间便形成了一种合作和利益制衡机制；另一方面，在财政关系安排上，财政收入的划分也就是对地方政府财政激励强度的调整，如同委托代理关系下对代理人激励强度的制定（周黎安，2017）。进一步地，政治锦标赛制度又将政府官员的个人利益和政府治理目标紧密联系起来，使中央政府可以通过绩效评估、职位流动以及政治升迁有效控制这一支代理人队伍，从而确保了中央政策在地方的贯彻实施（陈家喜，2018）。

党的十一届三中全会后，全党工作重心从阶级斗争转向经济建设，经济绩效成为官员考核和晋升的主要指标之一，地方官员为了政治仕途，便展开了以经济增长为导向的"晋升锦标赛"。同时，中央政府通过财政分权制度确定了政府之间的财力分配，赋予地方政府组织收入的激励和配置财政资源的权力。在这一特定的制度安排下，地方政府具有经济参与人和政治参与人的双重身份。在经济激励和政治激励的作用下，地方政府的热情被极大地调动起来，突破原有体制约束，大力试验，相互竞争，形成了一个"创造性破坏"的制度建设过程，带来了巨大的制度性红利（姚洋、席天扬，2018）。比如，20世纪90年代以来席卷全国的"经营城市"运动，中国各地区基础设施投资显著增长，大多数城市能在短时间内完成改造和重建任务并不是偶然的，在很大程度上得益于财政上从中央向地方的分权和地方政府的治理转型。但是，由于双方的目标函数、利益诉求和信息存在较大差异，中央向地方的分权下也产生了一系列"委托代理"问题。

如前所述，分权下的地方政府具有独特的地位，对辖区经济发展具有重要影响。一方面，相比于中央政府，地方政府更了解辖区企业和居民的偏好，这些私人信息可以提高地区公共品供给效率；另一方面，分权使地方政府具有利益主体意识，导致政策执行上不可避免地掺杂了地方政府和主政官员的偏好，且在一定程度上决定了政策执行的方向、力度和效果。GDP导向的政治锦标赛促使地方政府为了推动地区经济增长，竭尽所能地获取对经济增长有利的要素资源，但是由于基础设施建设、外商投资、财税收入等硬指标才是官员晋升的关键，缺乏短期增长效应的项目难以帮助地方官员获得晋升优势，从而导致地方政府具有明显的投资性偏好，倾向于将资源分配到"短平快"的生产性项目中。

（二）地方政府之间的"标尺竞争"

根据Tiebout、Salmon的研究，标尺竞争是指选民会比较自己所在辖区和其他辖区的政府执政效率，以此来决定自己手中的选票，在此过程中，其他辖区政府的表现就是选民的标尺，被用来评价自己所在辖区的政府（周业安、宋紫峰，2009）。在"用脚投票"机制下，各地方政府官员为了获得连任，就需要展开标尺竞争。在中国，虽然户籍制度限制了"用脚投票"机制的发挥，使地方政府之间并不存在这种基于选民投票的自下而上的标尺竞争，但是由于政治锦标赛制度的存在，我国地方政府或官员之间依然被嵌入了类似的标尺机制。具体而言，为了尽量避免官员绩效评估上的偏误，保证官员政绩考核的公平性和可比性，上级政府主要采用相对绩效的方式对官员进行评估，即综合考察官员在整个地区的相对位次。在此情况下，地方官员为了提高相对位次，获得晋升优势，自然会关注邻近地区的政府政策，并且会通过手中的行政权力作用于辖区政府政策的制定和实施，一些学者将这种中国式地方政府竞争称为"自上而下的标尺竞争"。

随着我国经济发展方式的转变以及官员考核指标的变化，地方政府竞争的形式和内容也在发生变化。改革开放以来，中国推行了以经济增长为导向的政治锦标赛，地方官员晋升概率与任期内辖区的经济增长呈正相关。这一模式极大地调动了地方官员发展经济的积极性，使地方官员成为发展型官员，中国地方官员那种招商引资、谋求地区经济发展的热情世所罕见。为了保证辖区 GDP 的高增长，吸引更多要素流入本地时，地方官员竭尽所能动用手中的资源，扩大基础设施等经济性公共品的支出，缩减短期经济效益不明显且存在一定外部性的公共支出，这导致地方政府之间基础设施建设等经济性支出竞争激烈，而科教文卫、环保等支出则相对短缺。

唯 GDP 官员绩效考核体系所带来的激励扭曲问题逐渐引起了中央政府的重视，反对以 GDP 论英雄、加强对科技创新和环保的考核成为中央领导讲话和官方文件的主要观点。比如，习近平总书记在 2013 年全国组织工作会议上指出：干部考核"再也不能简单以地区生产总值增长率来论英雄了"。党的十八届三中全会上，习近平总书记再一次强调不能以 GDP 论英雄。《关于全面深化改革若干重大问题的决定》中明确指出："完善发展成果考核评价体系，纠正单纯以经济增长速度评定政绩的偏向，加大科技创新、安全生产、新增债务等指标的权重。"2013 年 12 月，中组部印发《关于改进地方党政领导班子和领导干部政绩考核工作的通知》，明确规定不能仅仅把地区生产总值作为官员绩效考核的主要指标，要加强对科技创新、教育文化、环境保护等方面的考核。2014 年 1 月，新华网也发表了不要进行 GDP 竞赛的文章。为了进一步敦促地方政府落实创新驱动战略，中央政府还向下施加政治压力，省级和市级政府纷纷加大了对下级政府科技创新方面的考察，例如，南京市 2011 年开始酝酿在党政考核方面淡化 GDP 总量的考核，建立科技创新创业重点任务督查考核体系，并将评估结果纳入市各有关部门和区县、开发区领导班子年度绩效考核；2013 年，湖南在长株潭 3 市（长沙、株洲、湘潭以及下辖县市区）全面试行绿色 GDP 评价体系，并把评价指标纳入该省绩效考核，实施考评。随着技术创新逐渐成为新的竞争标尺，在向上负责的体制下，地方官员为了获得晋升优势，纷纷加大创新投入，致力于提高辖区创新水平，由此，地方政府竞争也渐渐出现了"为创新而竞争"的趋势。

（三）多层级政府竞争与"层层加码"

所谓"层层加码"，是指一个经济社会发展指标经中央政府提出后，会沿着地方政府的层级而逐级加码和放大，即各级地方政府会竞相提出更高的发展指标（周黎安等，2015）。"层层加码"的出现与中国独特的集权—分权体制密切相关。首先，属地化的逐级行政发包相当于把复杂的行政管理事务从中央层层发包，按照地域逐级分解给下级政府，在此过程中，发包方（上级政府）拥有正式权威和剩余索取权，承包方（下级政府）获得部分决策权和一定的自由裁量权。这种行政发包模式具体体现为政府管理中的目标责任制——上级政府把总的目标任务进行逐级分解，转换成下级政府具体的分目标，并通过目标责任书的签署、统计、监督、考核等手段，确保目标任务的完成（姜佳莹等，2017；侯祥鹏，2018）。其次，财政分权又提供给地方政府一定的行动空间，让拥有财政自主权的地方政府可以自己选择如何完成目标任务。同时，由于这种"政治集权—经济分权"的央地关系在不同层级政府间复制，使每一层级的地方政府都处于竞争中，下级政府和官员一定会竭尽全力提前地、超额地完成这个已经加码的目标任务（侯祥鹏，2018）。最后，在中国，地方官员之间的政治锦标赛是在多层级、多区域同时进行的。对于处在相对封闭的"内部劳动力市场"的政府官员来说，从基层政府开始的晋升之路如同逐级淘汰赛，为了保证晋级下一轮，必须要在本轮胜出，一旦"出局"就意味着未来机会的彻底丧失（周黎安，2007）。因此，在强调经济增长和相对绩效的考核机制下，地方官员往往会主动提高任务目标，同时在下级官员中组织经济竞争，以确保交出比同级官员更好的"成绩单"，从而获得晋升。

第三节 地方政府行为对企业创新的影响

根据经济学理论，公共物品的外部性会引起市场失灵，此时需要政府对资源配置进行必要的干预。技术创新活动具有投入大、周期长、风险高等特征，研发成果又具有公共品属性，企业无法独享全部收益，这些因素导致在市场机制下的企业缺乏创新动力，研发投入远低于社会理想水平，因此，需要政府进行有效干预，以提高资源配置效率（佟爱琴、陈蔚，2016）。一方面，政府可以出台相关知识产权保护的法律法规，推动公平竞争市场制度落实，保障创新主体权益，为企业创新构建良好的外部环境；另一方面，政府的创新补贴和税收减免，可以填补企业资金缺口，缓解企业融资约束，进而促进企业创新水平的提升。相较于市场制度比较完善的发达国家，转型国家中的政府是管理政策的制定者，对资源发挥着主导作用，对企业生产经营和研发创新活动的影响更大。在中国，政府主导下的资本投资一直是经济增长的主要推动力，作为社会资源配置的微观基础，企业的投资规模、方向不仅会受到企业所有权控制模式和资产属性的影响，而且还会受到其所处的政治生态环境的影响（陈德球等，2016）。

中国独特的分权体制赋予了地方政府巨大的经济社会管理权限，使其对辖区经济发展具有重要影响，同时，财政分权和政治锦标赛制度也深刻影响了地方政府对于技术创新的态度。首先，在现行财政科技投入体制下，中央政府主要负责国家战略层面的基础研究、应用研究、技术攻关等方面的科技投入以及中央所属科研院所、企业的科技投入，地方政府主要负责促进本地区经济社会发展的科技投入以及地方科研院所、企业的科技投入，在这样的科技事权划分下，地方政府承担了更大的科技支出责任（张明喜、朱云欢，2016）。另外，根据《中华人民共和国企业所得税法》第三十条规定，企业因开发新技术、新产品、新工艺发生的研究开发费用在计算应纳税所得时可加计扣除，企业研发投入的增加无疑会对地区税负造成负向影响（谢乔昕、宋良荣，2015）。因此，在财政压力较大的情况下，地方政府往往会减少对创新活动的支持。其次，分权体制下，地方政府承受了较大的经济增长压力，为了推动辖区经济，地方政府会通过财政支出等手段在市场上吸引要素流入，导致政府生产性支出竞争激烈而短期经济效应不明显的财政支出显得格外短缺（刘珊珊、马志远，2017）。最后，在唯GDP的政绩考核体系下，基础设施、外商投资、财税收入等硬指标成为官员晋升的关键，而缺乏短期增长效应的项目难以帮助地方官员获得晋升优势，从而导致地方政府具有明显的生产性偏好，倾向于将资源分配到"短平快"项目中。尽管科技创新对实现地区经济的长期可持续发展具有重要影响，但由于研发活动具有周期长、经济产出滞后的特征，不符合地方政府的支出偏好，因此，企业创新活动通常难以获得地方政府支持（谢乔昕、宋良荣，2015）。但是，随着我国经济发展模式由资源消耗型向技术创新型的转变，科技创新方面的指标被越来越多地纳入官员绩效考核体系，地方政府对技术创新越发重视，地方政府之间的引资竞争也逐渐演变为人才竞争，地区间财政科教文卫支出的竞争也日益激烈。

在分权制度下，地方政府对创新活动的态度通过强有力的"有形之手"深刻影响着企业的创新行为以及其他市场参与者的行为。第一，地方政府拥有多种干预市场资源配置的经济和行政权力，包括财政补贴、税收优惠、经营许可证发放权、投资限制等，凭借这些权力，地方政府可以设置市场进入和退出壁垒，影响企业投资（吴延兵，2017）。第二，地方政府还会通过产业政策影响企业创新标的和方向。如果企业所在行业受到政府产业政策支持，那么企业完全可以利用其所在行业的政策支持优势专注于行业内发展，而不必承担风险以涉足其他行业（蔡庆峰、田霖，2019）。特别是在中国，政府推行的各种各样的产业政策，实际上是以政府官员的判断和选择来代替市场机制（江飞涛、李晓萍，2010）。在这种背景下，企业不论是出于获取政策优惠还是"蹭政策热点"、建立政治关联的目的，都有强烈的动机将资金投入有政策支持的行业中。第三，地方政府可以通过采取特定的财税措施来为企业创新提供政策支持和财税保障，进而激励企业投入更多的资源来从事研发创新活动（台航等，2018）。第四，地方政府行为还会通过各类指令、政策、规划、方案影响各类企事业单位和社会组织的生产经营活动（吴延兵，2017），将资源要素引导至政府期望的领域，影响企业创新环境。

综上分析，分权体制深刻影响了地方政府对创新的态度，甚至造成地方政府创新动力不足，后者又通过"有形之手"影响企业创新行为。为了进一步廓清其中的内在逻辑和作用机制，本书将基于分权下的各级政府关系，从地方政府投资性偏好、地方政府竞争和"层层加码"三个方面系统分析分权、地方政府行为和企业创新的关系。同时，从经济政策不确定性、政府创新补贴和产学研协调创新的利益分配三个方面探究如何进一步发挥政府在企业创新活动的积极作用。

第四章

中国式分权、政府偏好与企业创新

纵向发包和横向竞争构成了中国特色的政府治理模式（周黎安，2017）。接下来，本章将从纵向发包的角度，重点分析财政分权制度对地方政府偏好的影响，以及地方政府偏好的微观效应。首先，通过构建中央政府、地方政府和企业三层博弈，从理论层面阐释分权—地方政府偏好—企业创新之间的关系；在此基础上，运用企业、城市和省级相关数据进行实证检验。

第一节 问题的提出

与资本投资不同，技术创新投入的周期较长、不确定性较高，企业对创新活动均持有谨慎态度，其决策不仅要考虑自身规模、财力，也要兼顾所处的政治环境（张杰等，2012；Munari et al.，2010；原毅军、郭然，2018）。特别是在实行政府主导型市场经济发展模式的中国，地方政府作为重要的制度力量，对企业经营活动的影响尤为突出，企业创新决策必须要考虑政府的政策导向和态度（陈德球等，2016）。

长期以来，以经济分权和政治集权为特征的"中国式分权"制度作为协调中央政府和地方政府关系的制度安排，深刻影响了地方政府行为和中国经济发展。众多学者研究发现，分权制度极大地调动了地方政府发展经济的积极性，地方政府为了推动地区经济增长，采取招商引资、修建基础设施、提供优惠政策等措施，竭尽所能获取对经济增长有利的要素资源，这种"为增长而竞争"的行为为中国经济高速增长奠定了重要的物质基础（任志成等，2015；张梁梁等，2016）。但是，唯 GDP 的政绩考核体系也强化了地方政府和主政官员对短期经济增长的追求，倾向于将资源引导至市政建设、基础设施等生产性领域，减少对短期经济增长无直接贡献的"非经济公共物品"的财政支出，如科技、教育、医疗、环保等，此时地方政府经济行为表现为强烈的投资性偏好①（张军等，2007；傅勇、张晏，2007；傅勇，2010；Kyriacou et al.，2015；Zhao，2010；尹恒、朱虹，2011；亓寿伟、胡洪曙，2015；后小仙、郑田丹，2017）。这就引出一个问题：地方政府的这种投资性偏好会对企业创新产生怎样的影响？

此外，中国的行政体制是层层"纵向发包"和"横向竞争"的有机体。在纵向上，中央政府按照属地原则将事务发包给地方政府，赋予地方一定空间的自由裁量权；在横向上，中央政府通过手中对地方官员的任命权，在地方政府之间嵌入竞争机制，从而保证中央政策在地方的贯彻实施（周黎安，2007）。近年来，中央政府对企业创新越发重视，在五年规划和重要会议上不断提及创新，陆续出台了多项利好政策，通过设立技术创新基金、优化制度环境来鼓励企业开展研发活动（吴延兵，2017）。同时，中央政府陆续出台了一系列文件以完善官员绩效考评机制，单纯以 GDP 增长速度评定政绩的偏向逐渐被淡化，取而代之的是环保、科技创新等体现经济发展质量的指标。由此便引出另一个问题：为什么在中央政府三令五申情况下，分权下地方政府的创新积极性依然有限？官员绩效考核指标的改变能否影响地方政府的投资性偏好？

---

① 已有文献对政府偏好没有统一的定义。丁菊红和邓可斌（2008）将政府偏好定义为政府对于公共品供给的偏好，即政府供给的规模和结构等，包括政府自身和其所提供的一系列公共品及服务。张宇（2013）用政府生产性支出和保障性支出比重反映地方政府财政支出结构偏好。后小仙和郑田丹（2017）将政府偏好定义为政府投资性支出与服务性支出之比，采用聚类分析的方法，根据参数的排序，分为投资性偏好、服务性偏好和平衡性偏好。本书对政府偏好的界定便是借鉴了他们的研究。

厘清这些问题，不仅有助于理解中央政府、地方政府以及企业的互动关系，更有助于完善政府创新发展政策，推动企业增强自主创新能力。

鉴于此，本书基于中国式分权的分析框架，重点从财政分权视角探讨了地方政府和企业创新动力不足问题。首先，通过建立中央政府、地方政府和企业的三层博弈，对分权背景下的中央政府、地方政府和企业的行为加以分析。其次，根据均衡结果，进一步讨论财政分权对地方政府投资性偏好的影响，以及地方政府偏好对微观企业创新活动的作用机制。最后，在理论分析的基础上，利用2007—2016年中国沪深A股上市公司和城市数据进行了计量检验。

与已有文献相比，本书可能的贡献在于：①本书遵循中国式分权研究框架，阐释了财政分权如何影响地方政府偏好，进而作用于企业创新的机理，有助于构建财政分权、地方政府行为与企业创新之间完整的逻辑链条，是对现有文献的重要补充。②本书通过构建央地政府博弈，从理论上证明了财政收支分权对地方政府投资性偏好的影响，并基于城市面板数据进行了实证检验。现有文献主要从实证角度来研究财政分权和政府偏好的关系，且计量指标选取多基于财政支出分权角度，但是已有学者的研究表明，财政收入分权和财政支出分权会对地方政府产生不同的激励，因此，有必要区分不同的分权形式对地方政府偏好的影响。③近年来，为了解决唯GDP官员绩效考评机制带来的激励扭曲问题，中央政府一直在进行各种各样的尝试，文章分析了官员绩效考核指标转变对分权影响政府偏好的调节作用，这对于完善中国官员绩效考评制度具有重要的启示意义。

第二节　理论分析与研究假说

一　博弈的基本环境

（一）参与人与博弈顺序

博弈中有三个参与人，即中央政府、地方政府和企业，且它们均是理性和风险中性的。中央政府作为纵向结构的委托人，受资源和监督成本的限制，必须授权地方政府去管理辖区事务（周黎安，2007）。在行政发包的过程中，中央政府负责制定政策，包括企业的税率、对地方政府的分权程度和形式以及地方政府或官员的绩效考核等。地方政府负责辖区事务，面临经济利益和政治利益的权衡，形成了不同的政府偏好，并影响着辖区内稀缺资源的分配。企业是辖区内唯一的生产单位，在给定税率、地方政府偏好的条件下，决定企业的研发投入强度。

（二）企业的效用函数

为了提高产品的竞争力以及企业的长期持续发展，企业理应开展研发活动，增加研发投入。但是在中国特色的政企关系下，不论是受到地方政府压力驱使，或是不堪重负转嫁的政治目标，还是主动迎合地方政府和官员的投资性偏好，抑或是两者兼之，企业很可能会为了追求短期产出而削减投入高、周期长、风险高的创新投入（王砾等，2018）。换句话说，面对有限的资源，企业需要在短期产出和长期利润之间进行权衡。参考田伟（2007）的研究，假设企业的效用函数为：

$$U = U(y, \pi) = a(1-t)y + (1-a)\pi \qquad (4-1)$$

其中，a 为地方政府的投资性偏好，代表地方政府对硬公共品的关注，也反映了其对辖区短期发展的重视程度；$(1-a)$ 表示地方政府对软公共品的关注，反映了其对辖区长期均衡发展的重视程度（丁菊红和邓可斌，2008；胡洪曙和亓寿伟，2015）；t 表示企业的生产税率；y 表示企业的产出，π 表示企业的利润。

参考 Romer（1989）的研究，假设企业的研发投入只体现在人力资本投入 h 上，而非物质资本 k 上。企业将有限资源投入到研发活动，必然会减少物质资本的投入，而且研发活动周期较长，过程充满不确定性，因此，研发活动的短期产出效应为负。不过，长期来看，一旦研发成功，企业便可以获得新技术和新知识，开发出满足市场需求的新产品，进而获得更多利润（顾元媛和沈坤荣，2012）。因此，企业的短期生产函数和长期利润函数可以表示为：

$$y = A\left(\frac{k}{h}\right)^{\alpha} \tag{4-2}$$

$$\pi = (\ln m + \ln h)\tau C - (1-\sigma)h - k \tag{4-3}$$

式（4-2）中，α 表示物质资本 k 和人力资本 h 的投入弹性。为了简化计算，这里进一步将企业产出函数取自然对数，有 $\ln y = \ln A + \alpha \ln k - \alpha \ln h$。式（4-3）中，$(\ln m + \ln h)$ 表示企业研发成功的概率，是企业研发投入或人力资本投入 h 的单调增函数，且 $1 \leq mh \leq e$；τ 表示企业所占的市场份额，C 表示消费者总支出；σ 表示政府对企业创新活动的补贴系数（$0 < \sigma < 1$），与企业 R&D 投入正相关。

综上所述，在给定税率和政府偏好的条件下，企业的效用函数为：

$$U = U(y, \pi) = a(1-t)(\ln A + \alpha \ln k - \alpha \ln h)$$
$$+ (1-a)[(\ln m + \ln h)\tau C - (1-\sigma)h - k] \tag{4-4}$$

（三）地方政府的效用函数

随着中国的财政体制逐步由传统的"统收统支"演变为"包干制""分税制"，地方政府成为有着独立经济利益和主体意识的机构，兼具"经济人"和"政治人"双重属性（汪利娜，2014）。作为"经济人"，面临财政预算约束，它也有自身的利益诉求。在央地政府财政权力分配的博弈中，地方政府获得来自中央的税收分成，同时，需要承担辖区部分公共事务支出。因此，假设地方政府的经济利益函数为：

$$\gamma_1 ty - \gamma_2 \sigma h \tag{4-5}$$

其中，γ_1 表示地方政府获得的税收分成比例，衡量了财政收入分权程度；$\gamma_2 \sigma h$ 为由地方政府所承担的创新补贴，γ_2 表示地方政府承担的财政支出比重，是对支出分权程度的度量。

作为"政治人"，地方政府行为要符合地方官员的利益诉求，在晋升锦标赛下，以 GDP 增长为核心的政治晋升利益构成了地方政府的核心利益（贾俊雪、应世为，2016）。为了敦促地方政府落实创新驱动战略，中央政府近些年还将技术创新指标作为衡量地方政府官员绩效的重要参考，如果地方官员一味通过加大投资拉动经济，达不到中央对科技创新的考核要求，可能会产生一定的政治成本，影响地方官员晋升（高鹤，2006；卞元超、白俊红，2017），在此引入政治成本 $c(a)$ 来衡量地方政府投资性偏好对官员晋升的负面影响，用 $-c(a)$ 衡量技术创新对官员晋升的正向影响。因此，在"向上负责"的体制下，地方政府的政治利益为：

$$\lambda y - (1-\lambda)c(a) \qquad (4-6)$$

其中，λ 和 $(1-\lambda)$ 分别表示在地方政府政绩考评中经济产出和技术创新所占的比重；$c(a) = \dfrac{(a-b)^2}{2}$ 为地方政府行为的政治成本（高鹤，2006），b 表示中央政府对地方政府科技创新的考核要求（$b < a$），地方政府的投资性偏好越大，越关心短期经济增长，其对创新政策的执行越会偏离中央政府的要求，政治成本也就越高。

综上所述，假设地方政府的效用函数为：

$$V = V(a, \sigma) = \beta \left[\lambda y - (1-\lambda)\dfrac{(a-b)^2}{2} \right] + (1-\beta)\left[\gamma_1 ty \quad \gamma_2 \sigma h \right] \qquad (4-7)$$

其中，β 和 $(1-\beta)$ 分别表示地方政府对政治利益和经济利益的重视程度。

（四）中央政府的效用函数

在事权和财权发包的过程中，中央政府最大化自己的利益，同样面临经济短期增长和长期持续发展之间的权衡取舍。企业在地方政府偏好的影响下，重视物质资本投入反而减少研发投入的行为，在短期内可以带来经济的高速增长，为地方政府和中央政府带来充足的税收收入，但是长期来看，粗放式投资严重扭曲了资源配置、降低了要素使用效率，而由此引发的后果需要中央政府来承担，故将中央政府的效用函数设定为：

$$\varphi = \varphi(t, \gamma_1, \gamma_2, b) = (1-\gamma_1)ty - (1-\gamma_2)\sigma h - f(k) \quad (4-8)$$

其中，$(1-\gamma_1)ty$ 表示中央政府在给予地方政府税收分成后的收入；$(1-\gamma_2)\sigma h$ 表示中央政府负担的公共支出；$f(k)$ 表示粗放式投资带来的社会成本，可以看作企业物质资本投入的函数。

二 博弈的均衡

为分析参与人的最优行为和选择，本书运用逆向归纳法来求解该动态博弈。根据博弈的顺序，首先分析企业在给定地方政府偏好、税率和创新补贴情况下的选择。通过对式（4-4）求 k 和 h 的最优一阶条件，即可得到企业的最优物质资本投入和人力资本投入。

$$h^* = \frac{(1-a)\tau C - a(1-t)\alpha}{(1-a)(1-\sigma)} \quad (4-9)$$

$$k^* = \frac{\alpha a(1-t)}{(1-a)} \quad (4-10)$$

通过对式（4-9）进行分析，即可得到如下命题：

命题 4-1：地方政府的投资性偏好越强，企业的最优物质资本投入 k^* 越大，最优人力资本投入 h^* 越小，即地方政府的投资性偏好对企业研发投入具有抑制作用。

证明：

$$\frac{\partial h^*}{\partial a} = \frac{[-\tau C - (1-t)\alpha][(1-a)(1-\sigma)] + [(1-a)\tau C - a(1-t)\alpha](1-\sigma)}{[(1-a)(1-\sigma)]^2} =$$

$$\frac{-(1-t)\alpha - a(1-t)\alpha}{[(1-a)(1-\sigma)]^2} < 0 \quad (4-11)$$

$$\frac{\partial k^*}{\partial a} = \frac{\alpha(1-t)}{(1-a)^2} > 0 \quad (4-12)$$

地方政府了解到企业的选择，其面临的规划为：

$$\max_{\sigma,a} \beta \left[\lambda(\ln A + \alpha \ln k^* - \alpha \ln h^*) - (1-\lambda)\frac{(a-b)^2}{2} \right]$$

$$+ (1-\beta)[\gamma_1 t(\ln A + \alpha \ln k^* - \alpha \ln h^*) - \gamma_2 \sigma h^*] \quad (4-13)$$

s.t. (IR)　$U(y, \pi) = a(1-t)(\ln A + \alpha \ln k^* - \alpha \ln h^*) + (1-a)$
$[(\ln m + \ln h^*)\tau C - (1-\sigma)h^* - k] > 0$ 　　　　　(4-14)

(IC)　$h^*, k^* \in \mathrm{argmax} U(y, \pi)$ 　　　　　　　　　(4-15)

式（4-14）表示企业的参与约束，即企业投入生产的前提是所获得期望效用必须大于零；式（4-15）表示企业的激励相容约束，即企业的生产决策是在给定中央和地方政府行为条件下的最优选择。

对式（4-13）求 a 的一阶条件，得：

$$\beta\left[\lambda\left(\frac{\alpha}{a} - \frac{\alpha(-\tau C - (1-t)\alpha)}{(1-a)\tau C - a(1-t)\alpha}\right) + (1-\lambda)(a-b)\right]$$
$$+ (1-\beta)\left[\gamma_1 t\left(\frac{\alpha}{a} - \frac{\alpha[-\tau C - (1-t)\alpha]}{(1-a)\tau C - a(1-t)\alpha}\right) + \frac{\gamma_2 \sigma \alpha(1-t)}{(1-a)^2}\right] = 0$$
(4-16)

对上式进行求解，即可得到地方政府的最优投资性偏好 a^*。这里重点分析财政分权形式和程度对地方政府偏好 a^* 的影响，将 a^* 分别看作是 γ_1 和 γ_2 的隐函数，对式（4-16）中的 γ_1 和 γ_2 求导得：

$$\frac{\partial a^*}{\partial \gamma_1} = -\frac{M + \frac{2}{1-a}}{N} < 0 \tag{4-17}$$

$$\frac{\partial a^*}{\partial \gamma_2} = \frac{1}{\gamma_2\left(N + \frac{2}{1-a}\right)} > 0 \tag{4-18}$$

其中，$M = \frac{2(1-\beta)t}{\beta\lambda + (1-\beta)\gamma_1 t}$，$N = \frac{1}{u} + \frac{\tau C + (1-t)\alpha}{(1-a)\tau C - a(1-t)\alpha} + \frac{1-\lambda}{a-b}$。由此得到如下命题：

命题 4-2：中央政府对地方政府的财政收入分权程度越大，地方政府的投资性偏好越小；中央政府对地方政府的财政支出分权程度越大，地方政府的投资性偏好越大。

中央政府了解到地方政府的选择，假定地方政府的保留效用为 $\overline{V}$，中央政府面临的规划为：

$$\max_{t,\gamma_1,\gamma_2,b} (1-\gamma_1)t(\ln A + \alpha\ln k^* - \alpha\ln h^*) - (1-\gamma_2)\sigma h^* - f(k^*) \quad (4-19)$$

$$\text{s. t. (IR)} \quad V(\sigma, a) \geq \bar{V} \quad (4-20)$$

$$(IC) \sigma^*, a^* \in \arg\max V(\sigma, a) \quad (4-21)$$

其中，（IR）和（IC）分别表示地方政府的参与约束和激励相容约束。由上述问题很难求出 t^*、γ_1^*、γ_2^*、b^* 的显示解，而且这里主要关注的是地方政府在给定最优参数下的反应，因此，没有进一步讨论最优税率和最优财政分权程度的形成机理。

第三节 研究设计

一 实证模型与变量定义

为了验证前文提出的假设，本书建立了如下计量模型：

$$R\&D_{it} = \alpha_0 + \alpha_1 Prefer_{it} + \sum Controls + u_i + \lambda_t + \epsilon_{it} \quad (4-22)$$

$$Prefer_{it} = \gamma_0 + \gamma_1 FD_{it} + \sum Controls + u_i + \lambda_t + \epsilon_{it} \quad (4-23)$$

式（4-22）为企业研发投入模型。$R\&D_{it}$ 为企业的研发投入，借鉴现有文献，用企业研发支出占营业收入的比重来衡量。$Prefer_{it}$ 为地方政府投资性偏好，张宇（2013）、后小仙和郑田丹（2016）、亓寿伟和胡洪曙（2015）、王媛（2016）的做法，本书用市政固定资产投资占政府财政支出的比重来衡量[1]。参考翟胜宝等（2018）、王全景和温军（2019）的研究，本书在回归中加入了如下控制变量：其中企业层面的控制变量包括①政府补贴（$Subsidy$），以企业获得的政府补贴占企业营业收入比重衡量。②企业规模（$Size$），以期末总资产取

---

[1] 既有研究对政府偏好的衡量多采用省级数据，而本书使用的是市级数据，限于数据的可得性，本书采用了《中国城市建设年鉴》给出的市政投资数据，该数据包括了预算内外投资在内的多种资金来源，且行业类型涵盖了供水、燃气、集中供热、公共交通、道路桥梁、排水、防洪、绿化、市容环境等，与世界银行（1999）定义的经济性公共品的内涵相近，本书认为其可以体现地方政府对短期经济增长的追求和财政支出偏向。

对数度量。③企业的经营能力（$Opera$），以总资产周转率表示。④企业的盈利能力（Roa），以息税前利润和期末总资产的比值衡量。⑤企业的偿债能力（Lev），以资产负债率表示。⑥企业的成长性，用 $Tobin\ Q$ 值度量。⑦企业的股权集中度（$Top1$），等于第一大股东的持股比例。⑧企业的年龄（Age），等于企业的成立年限。地区层面的控制变量包括：①经济发展水平，以人均 GDP 的对数（$Rgdp$）表示。②对外开放水平（FDI），等于外商直接投资额与地区 GDP 的比值。u_i 为不随时间变化的个体固定效应，λ_t 为不随地区变化的时间效应，ϵ_{it} 为随机扰动项。

式（4-23）为政府投资性偏好模型。FD_{it} 表示地区财政分权水平，借鉴既有文献，用城市本级财政收入/（城市本级财政收入+省本级财政收入+中央财政收入）度量地区财政收入分权程度，用城市本级财政支出/（城市本级财政支出+省本级财政支出+中央财政支出）度量地区财政支出分权程度。参考王媛（2016）、后小仙和郑田丹（2016）的研究，模型中加入了如下变量：①经济发展水平（$Rgdp$），使用人均真实 GDP 的对数来衡量城市经济发展水平。②预算外收入（$Land$）。预算外收入可以缓解地区财政压力，进而影响到地方财政支出。长期以来，土地出让收入都是地方预算外收入的主要来源，这里以土地出让收入占 GDP 比重来表示地级市预算外收入。③产业结构（$Indust$）。产业结构也会影响政府财政支出结构，这里用第一产业增加值占 GDP 比重来衡量。④政府规模（Gov），用卫生、社会保险、社会福利业、公共管理和社会组织从业人员数除以地区年末总人口衡量政府规模。⑤人口密度（$Density$），等于城市年末人口数比上城市面积。⑥官员特征，包括市委书记和市长的任期、年龄、是否为本科以上学历、籍贯是否为本省。

二 样本选择与数据来源

本书的研究涉及企业和城市两个层面的变量，基本思想是以企业数据样本为基准，再根据城市 ID 将二者匹配。其中，选取 2007—2016 年中国沪深 A 股上市公司为初始研究样本，并经过以下筛选程序：①剔除样本期内经过 ST、ST* 以及退市的公司；②剔除金融类上市公司；③剔除样本期内研发支出和专利数据缺失严重的公司样本；④剔除财务数据异常的公司样本，包括资产为负值、总资产小于流动资产或无形资产、负债为负值等样本。最终得到分布在 210 个城市中的 2099 家公司—年度样本。为了减少极端值的影响，增强结论的可靠性，本书对所有企业数据进行上下 1% 的缩尾处理。企业数据来自 CSMAR 数据库、CCER 经济金融数据库以及中国国家知识产权局网站。

城市经济数据来自《中国城市统计年鉴》《中国城市建设统计年鉴》《中国区域经济统计年鉴》《中国国土资源统计年鉴》以及各省统计年鉴。地方官员数据取自官员简历，简历主要来自人民网、中国经济网、各地方政府官网、百度百科等网站，整理得到官员上任时间、离任时间、年龄、学历、籍贯等信息。将城市经济数据和官员数据进行匹配时，遵循现有文献做法，如果一个地级市在同一年内曾更替多位官员，则将任职时间最长的那位作为地级市当年的地方官员。所有名义变量均以各省 GDP 价格指数进行平减，基期为 2007 年。表 4-1 报告了主要变量的描述性统计。

表 4-1　　　　　　　　主要变量的描述性统计

变量名称	变量符号	变量定义	样本量	均值	标准差	最小值	最大值
企业研发投入	R&D	研发投入占营业收入比重（%）	8256	4.159	4.024	0	24.232
政府投资性偏好	Prefer	市政固定资产投资占政府财政支出的比重（%）	8214	18.67	15.230	0.718	75.741
企业经营能力	Opera	总资产周转率（%）	8256	69.930	41.540	14.031	252.912

续表

变量名称	变量符号	变量定义	样本量	均值	标准差	最小值	最大值
企业成长性	Tobin Q	Tobin Q	8025	2.990	2.013	0.947	11.697
企业年龄	Age	企业成立年限	8256	12.99	5.432	2	26
企业偿债能力	Lev	资产负债率（%）	8256	36.670	20.001	3.376	82.821
企业规模	Size	资产取对数（亿元）	8256	21.750	1.196	19.812	25.728
财政收入分权	FD_income	城市本级财政收入/（城市本级财政收入+省本级财政收入+中央财政收入）（%）	2100	0.356	0.686	0.013	7.521
财政支出分权	FD_pay	城市本级财政支出/（城市本级财政支出+省本级财政支出+中央财政支出）（%）	2100	1.270	1.755	0.140	16.782
地区经济发展水平	GDP	人均真实GDP	2100	25545	17604	4346	266926
产业结构	Urban	第一产业比重（%）	2100	12.060	8.034	0	84.012
预算外收入	Land	土地出让收入占GDP比重（%）	2082	4.556	4.152	0	84.201
人口密度	Density	人口密度（人/平方公里）	2100	486.441	340.643	4.820	2648
对外开放水平	FDI	FDI与GDP之比	2100	2.998	1.846	0	13.161

第四节 实证结果及分析

一 政府投资性偏好与企业创新

（一）基准回归

Hausman检验结果显示，所有回归均在1%的显著性水平下拒绝随机效应的原假设，故采用固定效应的方法对模型进行估计。表4-2为企业研发投入模型的回归结果，可以看到，无论是否控制企业的内部环境和外部环境因素，地方政府投资性偏好的估计系数都在1%

水平下显著为负。在地方政府比较追求短期产出的环境下,相对于企业建造和购置固定资产等短期经济效益明显的投资,企业的创新类投资不被地方政府偏好的概率较大。这会扩大企业研发创新活动的不确定性和成本,造成企业前期的研发投入无法获得应有的支持和市场回报,进而抑制了企业的研发投入,促进了企业的短期投资。

大部分控制变量的估计系数符合预期。政府创新补贴（Subsidy）、企业规模（Size）、经营能力（Opera）、盈利能力（Roa）和成长性（Tobin Q）的提高都能促进企业创新水平的提升；资产负债率（Lev）较高的企业,研发投入通常较低；随着企业成立年数（Age）的增加,其创新投入亦有所提升。地区的经济发展水平（GDP）和对外开放水平（FDI）越高,辖区企业的创新投入水平也越高。

表4-2　　　地方政府投资性偏好对企业研发投入的影响

变量	（1）	（2）	（3）	（4）
投资性偏好	-0.024*** (0.004)	-0.015*** (0.004)	-0.023*** (0.004)	-0.021*** (0.004)
政府补贴		0.176*** (0.018)		0.177*** (0.018)
总资产周转率		0.010*** (0.001)		0.010*** (0.001)
资产负债率		-0.020*** (0.003)		-0.020*** (0.003)
企业规模		0.520*** (0.088)		0.518*** (0.088)
资产收益率		0.045*** (0.008)		0.045*** (0.008)
股权集中度		-0.003 (0.005)		-0.003 (0.005)
Tobin Q		0.036** (0.018)		0.036** (0.018)

续表

变量	(1)	(2)	(3)	(4)
企业年龄		0.102 (0.071)		0.103 (0.073)
经济发展水平			0.413*** (0.123)	0.622*** (0.241)
对外开放水平			0.051* (0.027)	0.113 (0.052)
常数项	4.081*** (0.525)	15.865*** (2.003)	4.437*** (1.625)	17.409*** (2.375)
时间固定效应	控制	控制	控制	控制
企业固定效应	控制	控制	控制	控制
样本量	6877	6669	6877	6669
R^2	0.243	0.310	0.344	0.411

注：括号中的数字为回归系数的稳健标准误。***、**和*分别表示1%、5%和10%的显著性水平。下同。

(二) 稳健性检验

首先，替换企业研发投入指标。考虑到企业专利申请量和企业的研发投入密切相关，文中分别使用企业专利 (*Patent*)、发明专利 (*Invent*)、外观设计 (*Design*) 和实用新型 (*Utilit*) 申请量的对数来度量企业的创新水平，而且由于专利申请具有时滞性，因此在回归中均滞后一期。估计结果见表4-3列 (1) 至列 (4)，主要结论与前文基本一致。其次，虽然模型中已经严格控制了个体和年份固定效应，一定程度上可以避免遗漏变量带来的内生性问题，但是为了进一步控制遗漏变量偏误，本书在模型中加入了因变量的滞后项，并使用系统GMM重新进行估计，结果如表4-3列 (5) 所示。可以看出，地方政府投资性偏好的估计系数依然在1%的置信水平下显著为负，说明在控制了可能的遗漏变量后，回归结果依然显著，命题4-1得到进一步证实。

表 4-3　　　　　　　　　　稳健性检验

变量	(1) 专利	(2) 外观设计	(3) 发明专利	(4) 实用新型	(5) 研发投入
投资性偏好	-0.013*** (0.002)	-0.009*** (0.002)	-0.001*** (0.002)	-0.007*** (0.003)	-0.017*** (0.001)
L.R&D					0.613*** (0.006)
其他变量	控制	控制	控制	控制	控制
样本量	4544	4544	4544	4544	5463
R^2	0.492	0.423	0.384	0.353	
AR(1)					-19.041
AR(2)					-0.993

注：包含了截距项、地区层面以及企业层面控制变量的估计结果，未予报告。所有回归中均控制了企业和时间固定效应。下同。

(三) 异质性检验

以上对政府投资性偏好与企业创新的关系进行了基准分析，考虑到企业产权性质、与地方政府的关系以及所处的市场环境都具有差异性，政府偏好对创新的影响效应也会不同，因此，本书进行了进一步的讨论。首先，将样本分为国有企业和非国有企业两个子样本，分别进行了回归，回归结果见表4-4列（1）和列（2）。可以看出，政府投资性偏好对国有企业和非国有企业的创新均具有抑制作用，但这种抑制作用在国有企业样本中更加明显。在我国，地方政府对国有企业具有超强的控制能力，政府投资行为大多会通过国有企业来运作和实施，同时，积极响应政府号召也是国有企业天然的主导逻辑，因此，地方政府的投资性偏好对国有企业创新的抑制作用自然更加明显。其次，本书考察了政府投资性偏好对企业创新的影响是否因企业存在政治关联而有差异。参考陈德球等（2016）的研究，根据公司董监高人员是否具有政府背景或经历将样本分为有关联企业和无关联企业，回归结果见表4-4列（3）和列（4）。结果显示，相比较无关联企业，政府投资性偏好对有关联企业的研发投入的影响更强。最后，依据樊纲等学者编制的《中国分省份市场化指数报告（2016）》，按照各省份2008—2014年的市场化指数平均值将样本分为市场化水平较高地区和市场化水平较低地区。列（5）和列（6）结果显示，在市场化水平较高的地区，政府投资性偏好虽然也抑制了企业创新，但是影响并不显著，而在市场化水平较低的地区，政府投资性偏好对企业创新的负面效应则十分显著。

表4-4 异质性检验

变量	（1）国有企业	（2）非国有企业	（3）有关联企业	（4）无关联企业	（5）市场化水平较高地区	（6）市场化水平较低地区
投资性偏好	-0.027*** (0.006)	-0.011* (0.006)	-0.017*** (0.005)	-0.010 (0.008)	-0.005 (0.006)	-0.026*** (0.007)
其他变量	控制	控制	控制	控制	控制	控制
样本量	2120	4549	3836	2833	2839	3830
R^2	0.462	0.418	0.429	0.224	0.335	0.476

二 财政分权与政府投资性偏好

（一）基准回归

表4-5为地方政府偏好模型的回归结果。从中可以看出，在不同的财政分权形式下，地方政府对生产性支出表现出不同的偏好。财政收入分权对政府投资性偏好具有明显的抑制作用，当财政收入分权提高1%，地方政府的投资性偏好会下降约0.5%。财政支出分权对地方政府投资性偏好具有促进作用，财政支出分权提高1个标准差，地方政府的投资性偏好会提高约2.4%，命题4-2得到证实。这是由于在财政收入分权较大的情况下，地方政府能够获得相当程度的财政收入自主权，可以使用多种竞争策略来发展辖区经济，如提供优惠政策来招商引资、增加教育投入以培养人才优势等；而在财政支出分权

较大的情况下,地方政府的决策空间被压缩,官员晋升压力会迫使其采用短期经济效益明显的竞争策略来拉动经济,如修建公路、飞机场等,此时地方政府行为表现为"为增长而竞争"。分样本回归结果表明,财政收支分权对地方政府投资性偏好的影响在中西部地区和普通地级市样本中更加明显,即分权效应会随着地区经济发展水平的提高而降低。

表4-5　　　　　　　财政分权对政府投资性偏好的影响

变量	(1)全样本	(2)东部地区	(3)中部地区	(4)西部地区	(5)直辖市、省会城市副省级城市	(6)普通地级市
财政收入分权	-0.492*** (0.131)	-0.635 (0.504)	-0.735*** (0.175)	-0.678* (0.348)	0.719 (0.606)	-0.309*** (0.121)
财政支出分权	2.012*** (0.694)	3.589** (1.927)	3.096*** (0.934)	4.747** (2.009)	2.668** (1.322)	3.173*** (0.671)
经济发展水平	-3.355*** (1.115)	-2.622 (2.119)	-5.220*** (1.590)	-2.407 (3.035)	-16.911*** (4.150)	-1.502 (1.102)
产业结构	-0.377*** (0.055)	-0.187** (0.076)	-0.223** (0.099)	-0.442** (0.212)	-0.319*** (0.121)	-0.246*** (0.073)
预算外收入	0.375*** (0.084)	0.204 (0.154)	0.620*** (0.096)	0.157 (0.278)	-0.341 (0.291)	0.376*** (0.081)
人口密度	0.000 (0.001)	0.000 (0.002)	0.001 (0.002)	0.020*** (0.004)	0.001 (0.004)	-0.000 (0.001)
政府规模	86.575 (59.376)	106.792 (79.913)	-257.019* (143.493)	1048.131*** (257.483)	-144.167 (145.231)	76.774 (70.411)
常数项	-277.660*** (60.144)	-408.667*** (149.557)	-496.836*** (79.895)	-431.594** (178.974)	-313.032*** (112.018)	-123.440*** (58.491)
官员特征	控制	控制	控制	控制	控制	控制
城市固定效应	控制	控制	控制	控制	控制	控制
时间固定效应	控制	控制	控制	控制	控制	控制
样本量	2073	864	861	348	317	1756
R^2	0.526	0.408	0.358	0.493	0.470	0.559

(二) 官员绩效考核指标转变的影响

如前所述，唯 GDP 的官员绩效考核机制和财政分权制度是地方政府投资性偏好形成的重要原因，前者为地方政府的短期行为提供了动机，后者为地方政府短期行为的实现提供制度基础。随着中国经济发展方式的转变，中央政府对官员的绩效考核方式也在发生变化，尤其是在 2012 年后，经济增长指标逐渐被淡化，体现质量、效益、可持续的经济发展指标越来越成为官员考核评价的重要内容。那么官员绩效考核的改变是否会影响分权下的地方政府行为？本书以 2012 年为官员绩效考核变革的分界点，设置了 $after_{2012}$ 虚拟变量，并引入交互项 $FD\_income \times reform$ 和 $FD\_pay \times reform$，结果如表 4-6 所示。整体来看，FD_income 的估计系数依然显著为负，FD_pay 的估计系数依然显著为正，交互项 $FD\_income \times reform$ 和 $FD\_pay \times reform$ 的估计系数显著为负，说明官员绩效考核变革强化了财政收入分权对地方政府投资性偏好的抑制作用，弱化了财政支出分权对地方政府投资性偏好的促进作用。

表 4-6   官员绩效考核指标转变的影响

变量	(1) 全样本	(2) 东部地区	(3) 中部地区	(4) 西部地区	(5) 直辖市、省会城市副省级城市	(6) 普通地级市
财政收入分权	-0.498** (0.248)	-0.956 (0.871)	-0.638** (0.273)	-0.651** (0.263)	-0.067 (0.210)	-0.279* (0.146)
财政支出分权	2.782** (1.358)	3.430 (2.025)	4.811*** (1.557)	2.753** (1.138)	2.773 (1.788)	3.676*** (1.405)
$after_{2012}$	-42.408*** (15.009)	40.380 (27.067)	-52.435*** (12.657)	-47.771* (24.904)	28.247 (18.817)	-32.446** (15.313)
$FD\_income \times reform$	-0.426*** (0.162)	-0.089 (0.635)	-0.630*** (0.179)	0.117 (0.354)	-0.694 (2.325)	-0.507*** (0.156)

续表

变量	(1) 全样本	(2) 东部地区	(3) 中部地区	(4) 西部地区	(5) 直辖市、省会城市副省级城市	(6) 普通地级市
$FD\_pay \times reform$	-3.379***	-2.229	3.054**	-2.359***	-5.387*	-3.315***
	(1.174)	(1.420)	(1.253)	(0.722)	(2.898)	(1.168)
其他变量	控制	控制	控制	控制	控制	控制
样本量	2073	864	861	348	317	1756
R^2	0.588	0.415	0.567	0.529	0.475	0.621

第五节 政府偏好与区域创新：基于省级面板数据的再检验

前文从微观层面分析了分权对地方政府偏好以及企业创新的影响，结果表明：财政收支分权会显著影响地方政府投资性偏好，而政府投资性偏好对企业创新具有负面影响。为了进一步验证该结论在区域层面是否成立，本节使用中国省级面板数据，对分权、政府投资性偏好和企业创新的关系进行了再次检验。

一 模型、变量与数据

（一）模型与变量

为了验证前文命题 4-1 和命题 4-2，类似地，本书建立了如下计量模型：

$$R\&D_{it} = \beta_0 + \beta_1 Prefer_{it} + \sum Controls + u_i + \lambda_t + \epsilon_{it} \quad (4-24)$$

$$Prefer_{it} = \theta_0 + \theta_1 FD_{it} + \sum Controls + u_i + \lambda_t + \epsilon_{it} \quad (4-25)$$

式（4-24）中，$R\&D_{it}$ 表示区域企业研发投入强度，用辖区企业当年研发投入占主营业务收入的比重来衡量。$Prefer_{it}$ 为政府投资性偏好，定义为投资性支出与当年财政支出之比，投资性支出包括基本建设、能源勘探、交通运输等。参考已有文献，在模型中，还控制了如下因素：企业获得的政府补贴（用政府提供给企业的创新补贴占企业主营业务收入的比重衡量）、企业规模（资产取自然对数）、营业利润率、总资产贡献率和资产负债率、地区产权保护程度（用人均专利授予量表示）、科技人员数量（用地区科学研究、技术服务和地质勘查业城镇单位就业人员占城镇单位就业人员比重表示）以及要素市场发育程度。

式（4-25）中，FD_{it} 为政府财政分权程度，文中用省本级人均财政收入（支出）比上其与中央人均财政收入（支出）之和来表示财政收入（支出）分权程度。在模型中，也控制其他影响政府偏好的因素，包括地区经济发展水平、预算外收入、城镇化水平、政府规模和人口密度。

（二）数据来源

本节选取1999—2017年中国31个省级行政区可观测面板数据为样本。数据来源包括《中国统计年鉴》《中国财政统计年鉴》《中国科技统计年鉴》《中国分省份市场化指数报告》以及各地区统计年鉴等。所有名义变量均使用以1999年为基期的各省GDP价格指数进行平减。

值得说明的是，由于《中国科技统计年鉴》对企业以及研发活动的统计口径发生变化，文中使用1999—2007年各地区大中型工业企业科技活动经费筹集总额来自企业的资金、2008年各地区规模以上工业企业科技活动经费筹集总额来自企业的资金、2009—2017年各地区规模以上工业企业研发活动经费筹集总额来自企业的资金表示企业当年研发投入。2007年实行政府收支分类改革，政府收支分类科目中不再单独列示基本建设支出，本书依据《2006年政府预算收支科目》与《2007年政府收支分类科目》中的解释近似地加以衔接，政府投资性支出在2007年后主要包括交通运输和资源勘探电力信息等事务支出。

二 实证结果分析

(一) 基准回归

在用面板模型分析之前,本书考察了变量之间的方差膨胀因子(VIF),结果显示,VIF的最大值不超过10,进一步排除了多重共线性的可能。Hausman检验结果显示,所有回归均在1%的显著性水平下拒绝随机效应的原假设,故采用固定效应的方法对上述模型进行估计,同时为消除异方差和序列相关的影响,模型中均使用稳健标准误。

表4-7为企业研发投入模型的回归结果。可以看到,无论是否控制企业的内部环境和外部环境因素,地方政府偏好的估计系数都显著为负。假如地方政府的投资性支出比重提高1个标准差,辖区企业的研发投入将会下降0.2%—0.4%,与平均水平约为1%的企业研发投入强度相比,这一影响是不可忽视的。

表4-7 地方政府偏好对企业研发投入影响:省级面板估计结果

变量	(1)	(2)	(3)	(4)
政府偏好	-0.032*	-0.074***	-0.047***	-0.084***
	(0.017)	(0.012)	(0.018)	(0.014)
政府补贴		0.408***		0.394***
		(0.044)		(0.056)
企业规模		0.142**		0.173**
		(0.065)		(0.076)
资产负债率		-0.022**		-0.015
		(0.010)		(0.010)
总资产贡献率		0.017		1.620
		(1.616)		(1.713)
要素市场发育程度			0.083***	0.075***
			(0.026)	(0.027)

续表

变量	(1)	(2)	(3)	(4)
地区产权保护程度			0.010* (0.005)	0.011** (0.004)
科技人员数量			0.131 (0.084)	0.169* (0.086)
常数项	1.102*** (0.167)	0.395*** (0.094)	1.369*** (0.084)	1.485*** (0.167)
省份固定效应	控制	控制	控制	控制
时间固定效应	控制	控制	控制	控制
样本量	552	368	384	291
$\overline{R^2}$	0.207	0.709	0.402	0.729

注：括号中的数字为估计系数的稳健标准误值，下同。

表4－8为地方政府偏好模型的回归结果。从中可以看出，在不同的财政分权形式下，地方政府对投资性支出表现出不同的偏好。财政收入分权对政府投资性偏好具有明显的抑制作用，当财政收入分权提高1%，地方政府的投资性偏好约下降0.7%；财政支出分权提高1个标准差，地方政府的投资性偏好约提高1%。实证结果稳健地支持了命题4－2。

表4－8　财政收支分权对地方政府偏好的影响：省级面板估计结果

变量	(1)	(2)	(3)	(4)
财政收入分权	-0.172*** (0.032)	-0.673*** (0.295)		
财政支出分权			0.123*** (0.025)	1.431*** (0.174)
地区特征变量	不控制	控制	不控制	控制
省份固定效应	控制	控制	控制	控制
时间固定效应	控制	控制	控制	控制
样本量	589	248	589	248
R^2	0.004	0.826	0.013	0.225

(二) 稳健性检验

1. 考虑统计口径不一致带来的影响

如前所述，式（4-24）中使用的企业研发投入数据包括不同规模企业以及不同性质的研发活动。为了消除统计口径不一致带来的影响，本书使用2009—2017年各地区规模以上工业企业R&D活动经费筹集总额来自企业的资金表示企业当年研发投入，对模型1重新估计，实证结论与前文保持一致，结果如表4-9列（1）所示。

2. 动态面板模型

虽然本书已经尽可能控制了其他能够影响企业研发投入的因素，但仍然可能存在遗漏变量问题，导致估计结果不一致。因此，本书构建了包含被解释变量一阶滞后项的动态面板模型，并使用系统GMM方法对该模型进行估计，发现前一期的研发投入显著促进了当期企业研发投入，地方政府的投资性偏好则对企业研发产生了负影响，结果如表4-9列（2）所示。

3. 地方官员能力的异质性

鉴于地方官员的个体特征也可能对地方政府和企业行为产生影响，导致上述模型估计存在偏误。为了更准确地识别财政分权、政府偏好以及企业研发投入之间的关系，本书在两个模型的基准回归基础上引入省委书记和省长的个体特征变量，包括年龄、年龄是否超过55岁、在任年数以及受教育水平等，模型的估计结果仍然支持前文的结论，具体如表4-9列（3）和列（4）所示。

表4-9　　　　　　　　　　稳健性检验

变量	（1）企业研发投入	（2）企业研发投入	（3）企业研发投入	（4）地方政府偏好
地方政府偏好	-0.043*** (0.005)	-0.043*** (0.013)	-0.043*** (0.006)	
L. R&D		0.312*** (0.033)		

续表

变量	(1) 企业研发投入	(2) 企业研发投入	(3) 企业研发投入	(4) 地方政府偏好
财政支出分权				1.220*** (0.106)
财政收入分权				-0.613*** (0.203)
官员特征			控制	控制
其他变量	控制	控制	控制	控制
地区固定效应	控制	控制	控制	控制
时间固定效应	控制	控制	控制	控制
常数项	0.712 (0.354)	0.154 (0.306)	1.860** (0.047)	0.339 (0.518)
样本量	182	289	282	247
$\overline{R}^2$	0.646		0.641	0.684

(三) 内生性讨论

政府补贴和政府偏好可能存在内生性问题，即企业研发投入越高的地区，政府投资性偏好越弱。同时，文中企业研发投入和政府偏好变量均使用的省级面板数据，对模型单独估计可能会忽略扰动项之间潜在的相关性，导致估计系数不一致。为解决该问题，本书将企业研发投入和政府偏好作为内生变量，构造了面板联立方程组，并运用三阶段最小二乘方法（3SLS）进行估计，面板联立方程组如下：

$$\begin{cases} R\&D_{it} = \beta_0 + \beta_1 Prefer_{it} + \sum Controls + \epsilon_{it} \\ Prefer_{it} = \theta_0 + \theta_1 FD_{it} + + \theta_2 R\&D_{it} + \sum Controls + \epsilon_{it} \end{cases} \quad (4-26)$$

表4-10报告了三阶段最小二乘估计结果。从Panel A可以看出，在全国和中部地区，政府投资性偏好显著抑制了企业研发投入。这一结论与前面的估计结果保持一致。在东部地区，政府偏好的估计系数通过了10%的置信水平检验。这可能是由于东部地区拥有经济最发

达和科技资源最密集的经济圈,创新环境领先于全国,企业本身的创新意愿较强,政府在创新活动中主要发挥引导作用,导致政府对企业创新的态度或者偏好对企业研发投入的影响有限。在西部地区,受经济发展水平限制,企业本身对科技创新的认识或者进行技术研发的能力都会落后于其他地区,使政府偏好对企业研发投入不会产生显著影响。从 Panel B 可以看出,辖区企业研发投入虽然对政府偏好具有负影响,但在统计上不显著,可认为政府投资性偏好与辖区企业研发投入没有逆向因果关系。

表4-10 三阶段最小二乘估计结果

Panel A:企业研发投入模型				
变量	全国	东部地区	中部地区	西部地区
政府偏好	-0.170***	-0.052*	-0.136**	-0.110
	(0.039)	(0.030)	(0.066)	(0.076)
Panel B:政府偏好模型				
变量	全国	东部地区	中部地区	西部地区
企业研发投入	-0.226	-0.697	-1.340***	-0.388
	(0.582)	(0.964)	(0.459)	(0.478)

注:这里仅列示了主要解释变量的回归结果。

第六节 小结

我国地方政府和企业创新动力不足是困扰学界和实务界的难题,也是国家创新体系建设必须破解的课题。本章首先通过构建中央政府、地方政府和企业的三层博弈,阐释了分权如何影响地方政府投资性偏好,进而作用于企业研发活动的机理,并运用中国沪深 A 股上市公司数据、城市数据和省级面板数据进行了实证检验。研究发现,财政收入分权会抑制地方政府投资性偏好,财政支出分权会强化地方政府投资性偏好，官员绩效考核的变革会弱化分权对地方政府偏好的影响；政府投资性偏好对企业创新具有负面影响，表现为企业研发投入和专利申请量的下降，且这种抑制作用在国有企业、有政治关联企业和市场化水平较低地区的企业中更加明显。

实施创新驱动发展战略是党和国家的基本国策，政府作为国家创新体系中制度创新主体，应该为企业营造市场化和法治化的创业创新生态，然而分权制度对地方政府的激励弱化了其对企业创新的重视，为了早日成为创新强国，一方面中央政府要积极引导地方政府适当改变支出偏好，按照高质量发展的要求，更大力度实施创新驱动发展战略。同时，在今后的财政改革中，合理界定中央政府和地方政府的财权和事权，给予地方政府更大的能力去发挥其对企业创新的正向影响。另一方面要弱化传统以 GDP 为导向的考核标准，增强对技术创新的刚性要求，激励地方政府和官员改变竞争策略。

诚然，地方政府投资性偏好或财政支出偏好是一个十分复杂的问题，受很多因素影响，本书从分权下央地政府关系出发，通过建立中央政府、地方政府和企业的三层博弈，分析了地方政府投资性偏好的形成以及对微观企业的影响，得到了一些有益结论。受研究方法的限制，本书没有详细分析地方官员个人特征和地区资源禀赋对政府偏好的影响，而这些都是值得进一步研究的重要议题。

第五章

中国式分权、地方政府竞争与企业创新

第四章讨论了分权制度尤其是财政分权制度如何影响地方政府投资性偏好，进而降低企业创新水平。除了纵向发包，分权制度还在地方政府之间嵌入了竞争关系，其也对地方政府财政支出具有重要影响。接下来，本章将在中国式分权框架下，重点考察晋升激励如何影响地方政府科技支出，检验地方政府科技支出竞争形式，识别地方政府科技支出标尺竞争。在此基础上，进一步分析地方政府科技支出竞争对企业创新的影响及其作用机制。

第一节 官员晋升、标尺竞争与地方政府科技支出

一 问题的提出

当前，我国经济已由高速增长阶段转向高质量发展阶段，"重视数量"到"提升质量"的转化必然要求新的发展方式，亟须实现从"要素驱动"向"创新驱动"的根本转变。地方政府是科技创新的引导者和推动者，政府科技投入对于地区乃至国家技术进步具有重大影响。第一，政府创新补贴可以降低企业研发成本，缓解企业融资约束，进而弥合企业私人收益和社会收益的差距（Guan and Yam，2015）；第二，政府科技拨款一直是高校和科研机构科研经费的主要

来源，这种稳定且持续的科技投入对基础研究的应用推广尤为重要（张明喜、朱云欢，2016；张梁梁等，2016）；第三，政府科技资助具有导向功能，有利于吸引更多的外部私人投资，开创万众创新局面（Cumming and Macintosh，2000）。

但是在中国式分权背景下，拥有一定财权事权的地方政府有强烈动机扩大基础设施等经济性公共品的支出，缩减短期经济效益不明显且存在一定外部性的公共支出（谢乔昕、宋良荣，2015；傅勇，2010）。科技创新虽然是推动地区经济发展的重要引擎，但是具有投入高、风险大、周期长的特征，属于"非经济性"公共品，减少科技支出却是地方政府的"理性行为"。统计数据表明，2007—2017年，地方政府生产性财政支出占总财政支出的比重为21.22%，科技支出占比只有2.27%[①]。政府财政科技支出占比过低，无法形成有力的市场创新带动效应，整体上抑制了技术创新步伐（吴延兵，2019）。如何激励地方政府增强科技投入已成为当前政界和学术界面临的重要课题。

梳理现有文献，学者们从财政分权角度对政府科技支出进行了诸多分析。由于财政分权指标选取的不同，得出的结论莫衷一是。不过多数文献认为科技创新活动风险较高，政府为了辖区经济增长，保证更多的财政收入，在财政支出分权较大的情况下会减少对科技公共品的投入，但对于财政自主度较高的地区，政府财政实力较强，会增加对科技创新的支持。但是，这些研究都忽略了"中国式分权"体制的另一特征——政治集权。作为具有主体意识和独立经济利益的机构，地方政府兼具"经济人"和"政治人"双重属性，财政分权并不能完全解释地方政府行为（汪利娜，2014）。除了财政激励外，地

[①] 根据历年《中国统计年鉴》数据计算。参考吴延兵（2019），生产性支出包括：农林水支出、交通运输支出、资源勘探电力信息等事务支出、商业服务业等事务支出以及金融监管等事务支出。

方政府行为和财政支出还受到官员晋升激励的影响。较多文献发现在GDP为主的政绩考核指标下，地方官员为了获得政治晋升，会不遗余力地发展辖区经济，甚至扭曲地方政府的财政支出结构（彭冲、汤二子，2018）。因此，作为重要的公共财政支出，科技支出很可能受到官员晋升的影响。然而，相应的经验证据十分有限。地方官员会不会为了晋升而改变地方财政科技支出？这是本节要探讨的第一个问题。

此外，Li和Zhou（2003）研究表明，为了加大激励效果，中央政府是在按照相对经济增长绩效的指标来提拔官员。如果GDP为主的政绩考核指标会扭曲地方官员或政府对科技支出的偏好，那么晋升机制或绩效考核方式也可能对地方政府科技支出产生影响。较多研究发现在分权治理结构和相对绩效考核的双重作用下，地方官员为了获得晋升优势，努力争取稀缺资源，导致政府的基建支出存在明显的竞争或者互动（李涛、周业安，2009）。但是，具体到政府科技支出竞争的研究并不多见，而且这些文献并未验证政府策略互动行为的形成机制（张梁梁等，2016），而这对于我们深层次理解地方政府行为是至关重要的。因此，本节要探讨的第二个问题便是在晋升激励下，地方政府科技支出是否存在竞争或者攀比，强调相对绩效考核的标尺竞争机制是否能够解释这种竞争。

为了回答以上问题。首先，本书基于2003—2016年中国城市数据和官员特征数据，利用官员任期从政绩考核指标和绩效考核方式两个方面考察了晋升激励对地方政府科技支出的影响，研究发现官员任期和地方政府科技支出呈"U"形关系，说明地方官员在晋升激励的影响下，会策略性"安排"政府科技支出。其次，使用空间自相关模型检验了地方政府科技支出互动形式。估计结果显示，在不同的空间权重下，科技支出空间滞后项的估计系数均显著为正，验证了地方政府科技支出竞争的存在。在此基础上，通过构建两区制空间杜宾模型进一步识别了地方政府科技支出竞争的形成机制，发现官员第一任期时的地方政府科技支出反应系数明显高于官员第二任期时的地方政府科技支出反应系数,说明在相对绩效考核的晋升机制下,官员会围绕科技创新展开自上而下的标尺竞争。也就是说,如果竞争对手或者邻区政府增加了科技支出,地方官员为了获得晋升,也会增加辖区的科技支出,并且在官员晋升激励较强时,这种竞争会更激烈。

相比以往研究,本书的边际贡献体现在以下三个方面:第一,考察了官员晋升激励对地方政府科技支出的影响,除了分析地方官员"想做什么",也关心地方官员"何时去做"。现有文献主要从财政分权视角分析地方政府科技支出,较少文献关注中国式分权体制的另一重要特征——政治集权对地方政府科技支出行为的影响。同时,以往关于晋升激励的研究多聚焦于唯GDP考评机制下官员"为增长而竞争"的行为,但是,随着中央政府逐步加大对地方政府和官员科技创新绩效的考评力度,地方官员的晋升策略势必会发生改变,而鲜有文献涉及。本书基于晋升锦标赛理论和官员任期制度,构建了官员晋升与地方政府行为之间的逻辑链条,考察了地方官员在弹性任期和多维绩效考核下如何策略性安排财政科技支出,深化了相关主题的研究。第二,将实证研究扩展到城市层面。卞元超和白俊红(2017)分析了省级官员任期对省级政府科技支出的影响。但是,在政府结构中越高层的职位,其晋升机制越复杂,其政治色彩越浓厚,个体官员特征对政府行为的影响也相对有限。相较于省级官员,地级市官员承担的经济发展责任要大一些,对辖区经济发展的影响也更明显,官员的任期后政治生涯轨迹受到的干扰因素相对更少(罗党论等,2015)。因此,本书以地级市面板数据作为研究样本,可以更有效说明官员晋升激励对地方政府支出行为的影响。同时,本书还考察了任期效应的时空异质性特征,得到了更加丰富的结果。第三,从政府财政支出竞争的研究来看,大量文献验证了地方政府财政支出总量或者某一类支出存在竞争,但是具体到科技支出方面的研究却不多见,而且这些文献并没有进一步验证政府策略互动行为的形成机制。李涛和周业安、张梁梁等虽然验证了地方政府科技支出竞争的存在,但未能进一步检验地方政府间的互动行为源于标尺竞争，而非受到财政政策外溢效应和财税竞争的影响。本书在验证地级市政府科技支出存在竞争的基础上，运用两区制空间杜宾模型识别了这种策略互动源于标尺竞争机制，弥补了现有研究的不足。

二 理论分析

（一）官员任期与地方政府科技支出

改革开放以来，中国经济保持了长时间的高速增长，被世人誉为"增长奇迹"。为解释中国经济增长之谜，一些学者将研究视角转向中国特色政府治理体制，并将焦点落在地方政府发展经济的激励机制上。最有影响力的是钱颖一和Weingast（1989）提出的"中国特色的联邦主义"理论，认为中央政府向地方政府的行政分权和财政分权是中国经济高速增长的制度基础（Maskin et al.，2000）。但是该理论特别强调中央和地方的行政、财政分权必须具有高度的稳定性才能发挥激励效应，而我国央地政府的行政、经济管理权限和财政分配一直处于调整之中，地方政府推动经济增长的热情却并未受到影响，这说明地方政府行为背后，除了财政分权，还隐藏着一种其他激励。以周黎安为代表的学者将这一答案锁定为地方官员的晋升激励。这些观点认为，财政激励虽然是地方政府行为的一个重要动力，但作为行政金字塔中的政府官员，除了关心地方财政收入之外，自然关心其在"官场"上升迁的机遇，而这种晋升激励在现实中可能是更重要的动机（周黎安，2007）。以经济增长为核心的"晋升锦标赛"模式又将关心仕途的地方官员置于强激励下，使各级官员为了晋升，不遗余力地发展辖区经济。Li和Zhou（2003）、罗党论等（2015）分别运用中国省级和地级市数据验证了官员晋升和任期内经济增长的关系，发现地方官员的晋升概率和辖区GDP增长率呈正相关关系，为官员晋升激励的存在提供了一定的经验证据。不过，"晋升锦标赛"模式在将中国经济推上了高速发展之路时，也附带产生了一系列问题，如财政支出结构失衡（吴延兵，2017）、环境规制的"逐底竞争"（张华，2016）等。

《中国共产党章程》规定党的地方各级委员会的每届任期为5年，但是中国地方官员的变动是非常频繁的，官员晋升通常出现在上任的第3—4年（罗党论等，2015）。由于固定任期制度并未严格执行，官员职务随时可能被调整，形成类似"试用期"的任职，处于随时考核的压力下的官员只能一上任便利用手中的资源"大干快上"，而且不会轻言放弃，直到下轮职务调整（耿曙等，2016；李后建、张宗益，2014）。而一项科技创新成果从研发设计到投入应用至少需要3—5年，对经济增长的作用周期较长，且这一过程伴随较高风险（卞元超、白俊红，2017）。因此，在"弹性任期"和GDP至上的"晋升锦标赛"模式下，地方官员为了追求短期内的经济增长，自然对于投资规模大、税收高、周期短的生产性项目具有强烈的行为偏好，并且会通过行政权力的行使，将这一偏好施加在地方政府身上，使地方政府不断扩大生产性支出，减少短期经济效益不明显的科技支出（郑威、陆远权，2018）。随着任期的增加，地方官员可以根据经验法则和私有信息判断出自己的大致任期，对剩余时间的贴现率较低，不急于收割政绩，因此，此时的地方官员可能会重新调整晋升策略，规划最佳的政绩投入方案（耿曙等，2016）。

近年来，中央陆续出台了一系列规范性文件，将技术创新绩效等指标纳入了官员考评体系，同时加强了对地方政府的技术创新活动的监督考核。在"向上负责"的体制下，地方政府和官员为了增添政治筹码，自然会积极响应中央政府的科技创新政策，竞相扩大对创新活动的支持力度，至于如何配置有限的财政资源将取决于经济增长和科技创新在绩效考评中的权重（卞元超、白俊红，2017）。而一些学者的研究表明，当前GDP指标依然是地方官员考核的主线，地方官员的创新激励有限（李政、杨思莹，2018；罗党论等，2015）。综合考虑，本书认为，在"弹性任期"和多维绩效考核下，理性的地方官员为了获得晋升优势，在上任初期会专注于生产性项目，在达到一定任职年限后，将会逐渐增加科技投入。

（二）标尺竞争与地方政府科技支出

为了消除评估误差，加大激励效果，中央政府还采用相对绩效评估的方式来选拔官员，即地方官员晋升不仅与辖区绩效相关，还要兼顾邻区政府绩效。于是，在政治集权和相对绩效考核方式下，地方政府之间便形成了一种"自上而下的标尺竞争"（王永钦等，2007）。对地方政府而言，如何吸引更多要素流入辖区，从而制作地域内更大的GDP"蛋糕"，成为能否在"晋升锦标赛"中力压群雄的关键。以周黎安为代表的学者详细考察了官员晋升激励对地方政府间策略互动进而对经济增长的影响，认为地方官员的晋升竞争是推动我国经济增长的动力源泉（Li and Zhou，2003；周黎安，2007）。

从竞争方式来看，地方政府不仅提供补贴以提高本地区的要素价格，从而激励更多的要素流入，还通过完善基础设施等措施为流入要素创造外部经济，其中财政支出竞争无疑是非常重要的手段（李涛、周业安，2009）。已有研究也验证了我国地方政府在财政支出总量、经济性支出、教育支出等方面存在明显竞争（周亚虹等，2013）。随着我国经济发展方式的转变，地方政府对要素的争夺必然转移到新技术和高端人才等方面，地方政府科技支出竞争也将日益激烈。同时，面对官员绩效考核变革和中央政府施压，地方政府也可能扩大财政科技支出，围绕技术创新开展标尺竞争。

三 实证策略

（一）实证模型

首先，为了考察官员任期对地方政府科技支出的影响，参考 Guo（2010）、吴敏和周黎安（2018）的研究，本书构建了如下模型：

$$Y_{it} = \alpha_0 + \beta_1 \cdot tenure_{it} + \beta_2 \cdot tenure_{it}^2 + \sum Controls + \mu_i + \gamma_t + \epsilon_{it} \quad (5-1)$$

在式（5-1）中，Y_{it} 是被解释变量，表示城市 i 的科技支出。解释变量 $tenure_{it}$ 表示官员任期，$tenure_{it}^2$ 为官员任期平方。根据理论分析的结果，本书预期 β_1 估计系数为负，β_2 估计系数为正。$\sum Controls$ 代表一组控制变量，包含两类：①城市层面的控制变量。包括经济发展水平、财政分权程度、地区科研人员从业人数、产业结构、政府规模。②官员个体特征。包括官员的年龄、学历、籍贯。μ_i 表示城市固定效应，用来控制不随时间变化的城市特征。γ_t 表示时间固定效应，用来控制不随城市变化的时间特征。ϵ_{it} 表示随机误差项。

其次，由于地方政府间存在竞争，地方政府科技支出可能受到其他地区的影响。参考周亚虹等（2013）的研究，本书在式（5-1）的基础上构建了空间自相关模型对地方财政科技支出互动形式进行检验，模型如下：

$$Y_{it} = \alpha_0 + \lambda \cdot W_{ij}Y_{jt} + \beta_1 \cdot tenure_{it} + \beta_2 \cdot tenure_{it}^2 + \sum Controls + \mu_i + \gamma_t + \rho \cdot W_{ij}\epsilon_{jt} + v_{it} \tag{5-2}$$

在式（5-2）中，W_{ij} 表示空间权重矩阵，$W_{ij}Y_{jt}$ 表示空间滞后项，表示除城市 i 之外所有城市科技支出的加权平均和。λ 表示地方政府科技支出的反应系数，如果 λ 显著不为 0，意味着地方政府间存在策略互动行为；$\lambda > 0$，表明地方政府在科技支出上采取的是互补性策略；$\lambda < 0$，表明地方政府采取的是替代性策略。

如何构建空间权重矩阵对空间计量模型的估计至关重要。为了保证模型统计推断的可靠性和稳健性，本书设定了 5 种空间权重矩阵：①Queen 型相邻矩阵（W_1）。当城市 i 和城市 j 属于同一省份，且相邻时，矩阵元素 w_{ij} 取值为 1，否则取值为 0。②地理距离矩阵（W_2）。根据各地级市人民政府位置的经纬度计算得到城市 i 和城市 j 之间的欧式距离 d_{ij}[①]，如果城市 i 和城市 j 属于同一省份，且 $d_{ij} < 500$ 千米，

---

① 地级市人民政府位置的经纬度信息来自百度 API。

则矩阵元素 $w_{ij}=1/d_{ij}^2$，否则取值为 0。③经济地理距离矩阵。根据标尺竞争理论，相似性地区更容易出现策略模仿行为，因此同时考虑城市的地理距离和经济距离可能更符合现实情况。参照现有文献（彭冲、汤二子，2018），本书设定了 3 种经济地理距离矩阵 W_3、W_4、W_5 来衡量不同城市在地理和经济上的邻近程度。$w_{ij}=[1/|econ_i-econ_j+1|]\times e^{(-d_{ij})}$，其中 $econ_i$ 表示样本期间内城市 i 人均 GDP、FDI、财政自主度的平均值。为了使空间滞后项具有加权平均的解释，所有空间权重矩阵均进行了行标准化①。

最后，为了检验地方政府科技支出的策略互动是否源于标尺竞争，参考 Elhorst 和 Frére（2009）、金刚和沈坤荣（2018）的研究，本书构建了两区制空间杜宾模型：

$$Y_{it}=\alpha_0+\lambda_1 d_{it}\cdot W_{ij}Y_{jt+1}+\lambda_2(1-d_{it})\cdot W_{ij}Y_{jt}+\beta_1\cdot tenure_{it}+\beta_2\cdot tenure_{it}^2+\sum Controls+\mu_i+\gamma_t+\rho\cdot W_{ij}\epsilon_{jt}+v_{it} \quad (5-3)$$

其中，d_{it} 为二元指示变量，若市委书记处于第一任期，$d_{it}=1$，否则 $d_{it}=0$。λ_1 和 λ_2 分别刻画了不同任期下的官员对于其他地区科技支出行为的反应。如果官员的任期已满一届，那么其晋升激励将会大幅度减小，源于标尺机制的竞争行为也将会减少。因此，如果地方政府科技支出互动行为源于标尺竞争机制，那么应观察到地方官员在第一任期时，城市间的策略互动要强于第二任期。也就是说，λ_1 和 λ_2 的估计系数在统计上应存在差异；如果不存在标尺竞争机制，则 λ_1 和 λ_2 的估计系数在统计上没有差异。

（二）变量选取

1. 地方政府科技支出（Sci）

由于各地级市经济发展水平和财政规模存在差异，参考周克清等（2011）的研究，本书用地级市政府预算内科学技术支出占财政支出的比重作为衡量指标，并在研究中取自然对数。同时，考虑到新任官

---

① 为了完成行标准化，文中指定距离最近的城市作为"孤岛城市"的邻居。

员对当期财政预算的调整有限以及可能存在反向因果问题,在回归中使用地方政府科技支出的一期滞后。

2. 官员任期(Tenure)

在官员任期的计算上,本书参照王贤彬和徐现祥(2008)的做法,如果官员是在1—6月上任,任期就从当年计算,如果是7—12月上任,则从次年开始计算。这样计算的好处在于保证每个官员的任期都是整数,而且方便和经济数据匹配。

3. 控制变量

参考周克清等(2011)、王媛(2016)的研究,模型中还加入了如下变量:①经济发展水平($Rgdp$)。通常经济发展水平较高的地区会更加重视科技创新的作用,地方政府也会扩大财政科技支出。本书使用人均真实GDP来衡量城市经济发展水平。②财政分权程度。通过整理现有文献,本书构建了3种财政分权指标。财政收入分权(FD_1)=地级市预算内财政收入/(地级市预算内财政收入+省级预算内财政收入);财政支出分权(FD_2)=地级市预算内财政支出/(地级市预算内财政支出+省级预算内财政支出);财政自主度(Own)=地级市预算内财政收入/地级市预算内财政支出。③预算外收入($Land$)。预算外收入可以缓解地区财政压力,进而影响地方财政支出。长期以来,土地出让收入都是地方预算外收入的主要来源,这里以土地出让收入占GDP比重来表示地级市预算外收入。④产业结构($Indust$)。产业结构也会影响到地区科技创新发展,通常第一产业发达的地区,政府科技支出会比较少。这里用第一产业增加值占GDP比重来衡量。⑤地区科技人员数量($Scient$)。科技人员是推动地区科技进步的重要力量,本书用每万人科研、技术服务和地质勘查业从业人员数来衡量。⑥政府规模(Gov)。由于政府财政支出科目之间此消彼长的关系,政府规模越大,行政公务费用越多,其他公共支出无疑会被削减(江克忠,2011)。本书用卫生、社会保险、社会福利业、公共管理和社会组织从业人员数除以地区年末总人口衡量政府规模。⑦官员特征，包括官员年龄（Age）、是否为本科以上学历（Edu）、籍贯是否为本省（$Ispro$）。

（三）数据与统计描述

本书选取2003—2016年中国278个地级市数据作为样本①。地级市官员数据取自官员简历，简历主要来自人民网、中国经济网、各地方政府官网、百度百科等网站，整理得到官员上任时间、离任时间、年龄、学历、籍贯等信息②。城市经济数据主要来自《中国城市统计年鉴》《中国城市建设统计年鉴》《中国区域经济统计年鉴》《中国国土资源统计年鉴》以及各省统计年鉴。将地级市经济数据和官员数据进行匹配时，遵循现有文献做法，如果一个地级市在同一年内曾更替多位官员，则将任职时间最长的那位作为地级市当年的地方官员（吴敏、周黎安，2018）。这样，便为每个地级市每年匹配一位官员③。所有名义变量均采用以2003年为基期的各省GDP价格指数进行平减。

表5-1报告了主要变量的描述性统计。地方政府科技支出的均值约为1.21%，标准差约为1.30%，表明我国政府财政科技支出比重总体上仍然较低，而且地区间存在较大差距。地级市的市委书记平均任期约为3.34年，最短任期不足一年，最长为11年。虽然党章规定官员每届任期5年，但实际上官员平均在第3—4年便会出现更替。市委书记平均年龄约为53岁。可初步判断，随着市委书记年龄的增加，其面临的晋升激励很可能会发生变化。财政收入分权均值约为0.43，财政支出分权均值约为0.46，财政自主度均值约为0.49，虽然经过多次财税改革，但地方政府仍然面临较大的财政压力，很多地区预算内财政收入仅达到财政支出的一半。第一产业比重均值约为

---

① 由于部分变量数据在2003年以前缺失严重，因此本书选择2003年作为样本时期起点。278个城市包括北京、上海、天津、重庆4个直辖市，但在文中统一称为地级市。

② 中国历来有"一把手"负责制，地级市的市委书记主要负责地级市的党务工作和决策地方重大社会事务，因此，本书在基准回归中只分析市委书记任期对地方政府科技支出的影响。

③ 如果主要变量出现缺漏值，则用前后两期平均值补齐。

14.6%，说明中国经济结构正在发生变化，第二、第三产业已成为经济发展的主动力。地级市土地出让收入波动较大，均值约为3.75%，反映出一些地区对土地财政的依赖度较高。

表5-1 主要变量的描述性统计

变量名称	符号	样本量	均值	标准差	最小值	最大值
科技支出	Sci	3614	0.012	0.013	0	0.207
官员任期	$Tenure$	3892	3.339	1.745	0	11
官员年龄	Age	3892	53.010	3.840	38	70
财政收入分权	FD_1	3892	0.431	0.174	0.052	0.906
财政支出分权	FD_2	3892	0.464	0.129	0.110	0.902
财政自主度	Own	3892	0.489	0.224	0.055	1.541
人均GDP（元）	$Rgdp$	3892	91721	8326	45951	146758
产业结构	$Indust$	3892	0.116	0.090	0	0.850
预算外收入（%）	$Land$	3892	3.753	3.640	0	84.250

表5-2报告了主要变量的相关系数。从检验结果可知，地方政府科技支出和官员任期之间存在显著的负相关关系，这为后续实证分析提供了初步检验。主要解释变量之间的Pearson系数较低，基本排除了存在严重多重共线性问题的可能。

表5-2 主要变量的相关系数

变量	科技支出	官员任期	官员年龄	官员学历	财政收入分权	人均GDP	产业结构	预算外收入
科技支出	1							
官员任期	-0.063**	1						
官员年龄	-0.162***	0.272***	1					
官员学历	0.011	-0.097***	-0.136***	1				

续表

变量	科技支出	官员任期	官员年龄	官员学历	财政收入分权	人均GDP	产业结构	预算外收入
财政收入分权	0.418***	0.038**	0.172***	0.050***	1			
人均GDP	0.480***	-0.014	0.189***	0.041**	0.564***	1		
产业结构	-0.442***	-0.040**	-0.183***	0.028*	-0.664***	-0.481***	1	
预算外收入	0.313***	0.061***	0.036**	0.036**	0.236***	0.155***	-0.215***	1

注：***、**和*分别表示1%、5%和10%的显著性水平，下同。

四 实证结果及分析

（一）官员任期与地方政府科技支出

1. 基准模型

Hausman检验结果显示，所有回归均在1%的显著性水平下拒绝随机效应的原假设，故采用固定效应方法对模型进行估计，同时为消除异方差和序列相关的影响，模型中均使用稳健标准误。

表5-3报告了模型5-1的估计结果。可以发现，官员任期与地方政府科技支出具有显著的非线性关系，任职时间短的官员往往伴随相对少的科技支出，而达到一定任职年限的官员会伴随更多的科技支出。这一发现与卞元超和白俊红关于省委书记任期与地方政府创新补贴关系的研究一致。本书还考察了官员任期和地方政府生产性支出的关系，发现官员任期和地方政府生产性支出呈倒"U"形关系。[①] 这一结果为前文提出的假说进一步提供了证据，说明GDP指标在当前官员绩效考评体系中的地位依然稳固，理性的官员最优的晋升策略是在任期开始便不断增加生产性投资，以获取晋升优势（徐业坤、马光源，2019）。而随着任期的增加特别是超过平均提拔年限时，主政官员的短期化倾向下降，不急于收割政绩，会策略性安排最佳的"表现组合"，扩大科技创新领域的财政支出（耿曙等，2016）。

---

① 地方政府生产性支出以市政投资衡量，数据来源于《中国城市建设年鉴》。

表5-3　　　　官员任期影响政府科技支出的面板估计结果

变量	(1)	(2)	(3)	(4)	(5)	(6)	(7)
官员任期	-0.012***	-0.061***	-0.063***	-0.061***	-0.063***	-0.062***	-0.061***
	(0.004)	(0.015)	(0.015)	(0.014)	(0.014)	(0.014)	(0.015)
官员任期平方		0.006***	0.006***	0.006***	0.006***	0.006***	0.006***
		(0.002)	(0.002)	(0.002)	(0.002)	(0.002)	(0.002)
财政支出分权	-0.241	-0.225	-0.219	-0.394*	-0.402*		
	(0.232)	(0.232)	(0.232)	(0.238)	(0.238)		
财政收入分权						1.226***	
						(0.171)	
财政自主度							0.548***
							(0.105)
人均GDP				0.000***	0.000***	0.000***	0.000***
				(0.000)	(0.000)	(0.000)	(0.000)
产业结构				-1.031***	-1.061***	-0.810***	-0.368
				(0.295)	(0.296)	(0.296)	(0.301)
预算外收入				0.010***	0.010***	0.008***	0.009***
				(0.003)	(0.003)	(0.003)	(0.003)
科研人员数量				0.001	0.001	0.002*	0.003***
				(0.001)	(0.001)	(0.001)	(0.001)
政府规模				-8.227*	-8.407*	-10.938**	-7.996
				(4.498)	(4.501)	(4.458)	(4.892)
官员年龄			0.001		0.002	0.002	0.001
			(0.003)		(0.002)	(0.002)	(0.003)
官员是否本科以上学历			0.079		0.093*	0.098**	0.085*
			(0.051)		(0.050)	(0.050)	(0.051)
官员籍贯是否为本省			0.014		0.015	0.014	0.014
			(0.021)		(0.020)	(0.020)	(0.020)
时间固定效应	控制	控制	控制	控制	控制	控制	控制
城市固定效应	控制	控制	控制	控制	控制	控制	控制
常数项	-4.384***	-4.311***	-4.478***	-5.083***	-5.313***	-5.643***	-5.200***
	(0.132)	(0.133)	(0.202)	(0.166)	(0.223)	(0.190)	(0.184)
样本量	3612	3612	3612	3612	3612	3612	3612
$\overline{R^2}$	0.686	0.687	0.687	0.706	0.706	0.710	0.698

注：括号中的数字为估计系数的稳健标准误，下同。

控制变量的系数符号基本符合我们的预期。不同的财政分权形式对地方政府行为产生了不同影响，财政支出分权显著降低了地方政府科技支出，财政收入分权提高了地方政府科技支出，财政自主度与地方政府科技支出呈正相关。与周克清等学者将科技支出作为经济性公共品，进而得到财政支出分权会促进地方政府科技支出的结论不同。本书认为科技创新活动虽然对地区经济发展至关重要，但是在地方政府承担较多事权时，面对巨大的财政压力，地方政府还是会优先考虑行政管理等经常性支出，相反如果地方政府拥有较大的财政收入自主权，地方政府促进经济增长或开展竞争的策略空间将会变大，可能会扩大财政科技支出。这与贾俊雪和应世为（2016）在论证财政收支分权对企业有效平均税率具有非对称影响的逻辑是一致的。经济发展水平与地方政府科技支出具有正相关关系，表明随着经济发展水平的提高，地方政府会愈加重视科技创新的作用，进而扩大科技支出，但是当经济发展水平较低时，地方政府更倾向于增加基础设施建设等生产性支出。目前科技创新主要集中在第二、第三产业，所以在第一产业发达城市，政府会相应地减少对科技创新的支持。预算外收入会增加政府科技支出，这似乎与"预算内收入保民生，预算外收入搞建设"不符，但其实这与财政收入分权促进了政府科技支出的原因是一样的，土地出让收入缓解了政府财政压力，让地方政府有能力去扩大科技投入，完善创新服务体系。官员的受教育程度与政府科技支出存在正向关系，可能学历较高的官员对科技作用的认可度更高，改革创新精神更强，进而引导政府加强对科技创新的支持力度。其他变量在统计上不显著，但是为了避免遗漏变量偏误，本书在模型中还是加入了这些变量。

2. 稳健性检验

本书主要采用以下几种方法来检验估计结果的稳健性。第一，以地级市的市长作为样本，再次进行回归。研究发现，市长任期与地方政府科技支出依然存在"U"形关系，其他变量的估计系数基本与前文一致，结果见表5-4列（1）和列（2）。通过系数的比较可以看出，政治晋升对市委书记和市长存在不同程度的激励，对前者更强一些，不过二者的政治诉求都会影响到地方政府科技支出。第二，考虑党代会的影响。在模型5-1中加入省党代会召开前一期和省党代会召开当期两个虚拟变量，结果显示，地方政府科技支出也存在党代会周期效应，见表5-4列（3）和列（4）。在党代会召开前期和当期，各级人事变动比较频繁，地方政府在此阶段要确保工作平稳过渡，会减少风险较高的科技支出。第三，为了控制转移支付等中央政策的影响，在模型中加入年份×省份固定效应，模型结果基本保持不变，见表5-4列（5）和列（6）。

表5-4　稳健性检验

变量	（1）	（2）	（3）	（4）	（5）	（6）
官员任期	-0.013*** (0.005)	-0.014*** (0.004)	-0.056*** (0.019)	-0.048** (0.020)	-0.067*** (0.017)	-0.064*** (0.017)
官员任期平方	0.001*** (0.001)	0.001*** (0.001)	0.007*** (0.002)	0.006*** (0.002)	0.007*** (0.002)	0.007*** (0.002)
财政支出分权	-0.092 (0.242)		-4.409*** (0.193)		-1.097*** (0.151)	
财政收入分权		1.383*** (0.173)		3.895*** (0.194)		1.377*** (0.115)
党代会前一年			-0.270*** (0.024)	-0.253*** (0.024)		
党代会当年			-0.102*** (0.025)	-0.085*** (0.026)		
其他变量	控制	控制	控制	控制	控制	控制
时间固定效应	控制	控制	控制	控制	控制	控制
城市固定效应	控制	控制	控制	控制	控制	控制
省份×年份效应					控制	控制
常数项	-4.683*** (0.218)	-5.298*** (0.184)	-6.780*** (0.143)	-6.598*** (0.145)	-5.462*** (0.161)	-5.543*** (0.156)
样本量	3598	3598	3612	3612	3612	3612
$\overline{R^2}$	0.696	0.702	0.412	0.390	0.740	0.746

3. 异质性讨论

在现行财政科技投入体制下，中央政府主要负责国家战略层面的基础研究、应用研究、技术攻关等方面的科技投入以及中央所属科研院所、企业的科技投入，地方政府主要负责促进本地区经济社会发展的科技投入以及地方科研院所、企业的科技投入（张明喜、朱云欢，2016）。在这样的科技事权划分下，地方政府承担了更大的科技支出责任，地方财政科技支出与地区经济发展水平息息相关，于是出现了明显的地区差异（李成威、赵伟，2016；樊轶侠、余贞利，2016）。为了考察上文得出的结论是否存在地区异质性，本书将总体样本分为东部、中部、西部地区，分别进行回归。结果显示，官员任期对地方政府科技支出的非线性影响主要出现在西部地区，而在东部和中部地区为负影响，详见表5-5列（1）至列（3）。比较三个地区的任期效应，发现东部地区最小，中部地区次之，西部地区最大。这可能是由于东部地区有着更完善的市场环境和更前沿的科学技术，地方政府和企业也都比较重视科技创新的作用，导致官员短期倾向对政府科技支出的抑制作用有限。此外，考虑到直辖市、省会城市以及副省级城市的官员任免区别于普通城市，财政自主权也优于普通城市（李政、杨思莹，2018），本书将样本又分为直辖市、省会城市及副省级城市和普通地级市两个子样本进行回归，结果如表5-5列（4）和列（5）所示。可以看出，任期较短的官员通常都倾向于减少科技支出，而达到一定任职年限的官员会伴随较多的科技支出，不同的是，这种任期效应在普通地级市样本中更加显著。

2006年，国家做出了建设创新型国家的重大战略决策，2012年党的十八大明确提出要实施创新驱动发展战略，在此背景下，中央政府和地方政府也在逐渐加大科技投入力度。为了考察在不同时期官员任期对地方政府科技支出的影响是否存在异质性，本书将样本分为2003—2006年、2007—2012年和2013—2016年三个子样本进行回归，结果如表5-5列（6）至列（8）所示。在前两个样本中，官员任期和地方政府科技支出依然存在显著的"U"形关系，而在2013—2016年，官员任期对政府科技支出的影响不再显著。而且，比较官员任期的估计系数，可以发现，官员任期对政府科技支出的影响在渐渐下降，任期转折点也由5年降为3年。之所以如此，可能原因是：一方面，随着经济发展水平的提高，地方官员通过粗放投资获取短期晋升优势的路越来越行不通，生产性支出对科技支出的挤出效应也随之下降；另一方面，中央政府逐步加强了对地方政府和官员在科技创新方面的考核，一定程度上降低了地方官员的短期化倾向，提高了地方官员对科技创新的积极性，从回归结果来看，任期超过3年的地方官员便会将较多的财政资源分配到科技创新领域。不过，当技术创新指标尚未成为绩效考核的刚性指标时，地方官员的创新激励依然有限，不会一上任就扩大科技支出。

表5-5　　　　　　　　　　　异质性检验

变量	(1)东部	(3)中部	(2)西部	(4)直辖市、省会城市以及副省级城市	(5)地级市	(6)2003—2006年	(7)2007—2012年	(8)2013—2016年
官员任期	-0.015* (0.009)	-0.053** (0.026)	-0.094*** (0.025)	-0.046* (0.027)	-0.060*** (0.017)	-0.050* (0.026)	-0.030** (0.014)	-0.005 (0.039)
官员任期的平方	0.000 (0.003)	0.004 (0.003)	0.008*** (0.003)	0.004 (0.003)	0.006*** (0.002)	0.007** (0.003)	0.006* (0.002)	0.001 (0.005)
财政支出分权	1.234*** (0.431)	-2.130*** (0.398)	1.643*** (0.474)	-1.510** (0.599)	-0.059 (0.265)	-0.672 (0.733)	0.166 (0.257)	2.128*** (0.770)
其他变量	控制	控制	控制	控制	控制	控制	控制	控制
时间效应	控制	控制	控制	控制	控制	控制	控制	控制
城市效应	控制	控制	控制	控制	控制	控制	控制	控制
常数项	-5.888*** (0.362)	-4.287*** (0.442)	-5.599*** (0.381)	-3.633*** (0.551)	-4.844*** (0.241)	-4.731*** (0.523)	-4.247*** (0.254)	-5.826*** (0.739)
样本量	1512	740	1560	429	3183	1110	1668	834
$\overline{R}^2$	0.743	0.665	0.702	0.885	0.669	0.754	0.686	0.552

(二) 地方政府间的科技支出竞争与形成机制

在前文研究的基础上,本书进一步考察地方财政科技支出是否存在竞争。在空间面板模型估计方法选取上,目前文献主要采用极大似然法 (MLE) 和广义空间两阶段最小二乘法 (GS2SLS)。由于 MLE 方法要求扰动项服从独立同分布的正态分布,才能得到一致估计量,而 GS2SLS 方法不受扰动项分布假设的限制,便能得到渐进一致估计量,因此本书采用 GS2SLS 方法对地方政府科技支出竞争模型 [式 (5-2)] 进行估计。此外,空间滞后模型和空间误差模型的 LM 和 Robust LM 检验均在 1% 的显著性水平下拒绝了"无空间自相关"的原假设,表明选择 SAC 模型是必要的。

表 5-6 汇报了 GS2SLS 方法的估计结果①。在 5 种空间权重下,所有科技支出空间滞后项的系数估计值均大于 0 且都拒绝 $\lambda=0$ 的原假设,表明地方政府科技支出存在明显的策略互动,并且表现为策略互补。比较行政相邻、地理距离和经济地理距离三类权重下的空间滞后项的估计系数,可以发现,行政相邻和地理距离空间权重下的回归结果比较相近,且系数估计值要高于经济地理距离空间权重的系数,说明地方政府科技支出竞争主要发生在同省份内部,但是也会受到经济相近地区的政府行为的影响②。具体地,当其他地区加权平均科技支出提高 1%,地方官员为了在晋升考核中不处于劣势,辖区的科技支出也将提高 0.66%—0.97%。其他主要解释变量的估计结果基本与前文保持一致。

如前所述,地方政府间的策略互动有三种形成机制:财政政策外溢效应机制、财政竞争机制、标尺竞争机制(郭庆旺、贾俊雪,2009)。基于式 (5-3),通过比较官员在不同任期下政府科技支出的

---

① 在空间面板模型估计中,对于所有变量的缺漏值,均用前后两期平均值补齐。
② 使用 MLE 方法对模型进行估计,发现地方政府科技支出的空间滞后项的估计系数仍然显著为正。

表5-6 不同空间权重下地方政府科技支出竞争模型的GS2SLS估计结果

变量	(1) W_1	(2) W_2	(3) W_3	(4) W_4	(5) W_5
$W \times$科技支出	0.977*** (0.020)	0.956*** (0.027)	0.664*** (0.046)	0.664*** (0.046)	0.667*** (0.046)
官员任期	-0.041*** (0.013)	-0.041** (0.013)	-0.034** (0.015)	-0.035*** (0.015)	-0.034** (0.015)
官员任期平方	0.004*** (0.002)	0.004* (0.002)	0.005** (0.002)	0.004** (0.002)	0.005** (0.002)
其他变量	控制	控制	控制	控制	控制
样本量	3614	3614	3614	3614	3614
LM Lag (Robust)	128.379	126.343	785.727	800.822	787.471
LM Error (Robust)	522.169	438.116	1187.882	1095.630	1199.451
Log L	-1512.607	-1399.622	-1983.618	-1976.589	-1977.621

反应系数，可以检验地方政府科技支出互动的是否源于标尺竞争机制。表5-7列（1）至列（4）分别报告了使用地理距离空间权重W_2的全样本以及东中西部地区分样本的回归结果，列（5）至列（8）为经济地理距离权重W_3下的回归结果。

表5-7 两区制空间杜宾模型估计结果

变量	地理距离权重 W_2				经济地理距离权重 W_3			
	(1) 总体	(2) 东部	(3) 中部	(4) 西部	(5) 总体	(6) 东部	(7) 中部	(8) 西部
λ_1	0.735*** (6.713)	0.379*** (2.865)	0.801*** (12.265)	0.947*** (5.019)	0.641*** (7.960)	0.417*** (3.040)	0.739*** (6.699)	0.565*** (4.934)
λ_2	0.412*** (5.911)	0.277* (1.793)	0.724*** (5.805)	0.908*** (5.921)	0.394*** (6.312)	0.410** (2.286)	0.476*** (5.920)	0.291** (2.204)

续表

变量	地理距离权重 W_2				经济地理距离权重 W_3			
	(1) 总体	(2) 东部	(3) 中部	(4) 西部	(5) 总体	(6) 东部	(7) 中部	(8) 西部
$\lambda_1 - \lambda_2$	0.323***	0.102	0.077**	0.039*	0.247***	0.007	0.263***	0.274***
	(3.780)	(0.974)	(2.495)	(1.783)	(4.692)	(0.944)	(5.012)	(3.233)
其他变量	控制	控制	控制	控制	控制	控制	控制	控制
时间固定效应	控制	控制	控制	控制	控制	控制	控制	控制
城市固定效应	控制	控制	控制	控制	控制	控制	控制	控制
样本量	3614	1313	1560	741	3614	1313	1560	741

注：括号中的数字为估计系数的 t 值。

结果显示，虽然官员在不同的任期，均会采用互补型策略，但是第一任期的空间滞后项的估计系数明显高于第二任期，说明在晋升激励较强的任职前期，地方官员对竞争对手的行为更加关注，导致科技支出的空间依赖性更高，这与标尺竞争理论相符。可见，虽然官员晋升激励扭曲了地方政府偏好，但是地方政府竞争改善了政府支出结构，提高了政府对科技创新的投入（孙正，2017）。对比三个地区的回归结果可以发现，在中部、西部地区，均存在标尺竞争机制，表现为官员在第一任期对邻区科技支出更为敏感，而随着官员晋升激励的下降，地方政府科技支出的反应系数明显减小。但是在东部地区，虽然地方政府科技支出存在策略互动，但是该互动不随官员任期而发生变化，这说明标尺竞争机制不是地方政府展开科技支出竞争的主要原因，财税竞争或者科技政策外溢才是东部地区科技策略互动的形成机制。

（三）时空异质性分析

首先，本书将样本进一步细分为2007—2012年和2013—2016年两个子样本，再次进行回归，结果如表5-8所示。结论同样成立，而且2013—2016年这一时期$\hat{\lambda}$有了明显提高，说明在科技创新指标逐步进入官员绩效考核体系后，政府创新竞争程度也随之加剧。本书将样本分为东部、中部和西部三个子样本，使用地理距离矩阵（W_1）对模型进行了回归，结果如表5-9所示。样本期间内，东部和中部地区的政府科技支出均存在明显的策略互动，西部地区各地方政府之间的科技支出竞争在2013年后逐渐显现，这一发现也与近年来我国各地区财政科技投入保持较快增长的现实情况相符。

表5-8　不同时期地方政府科技支出竞争形式的估计结果

变量	2007—2012年		2013—2016年	
	地理权重	经济权重	地理权重	经济权重
$W\times$科技支出	0.746***	0.150	0.840***	0.723***
	(4.760)	(1.611)	(19.231)	(11.709)
控制变量	控制	控制	控制	控制
地区/年份	控制	控制	控制	控制
样本量	1332	1332	888	888
Log L	-122.180	-106.043	-290.012	-305.713

表5-9　不同地区地方政府科技支出竞争形式的估计结果

变量	东部地区		中部地区		西部地区	
	2007—2012年	2013—2016年	2007—2012年	2013—2016年	2007—2012年	2013—2016年
$W\times$科技支出	0.644**	0.765***	0.732***	0.805***	0.348	0.624**
	(2.312)	(13.512)	(2.690)	(22.903)	(1.505)	(3.511)
控制变量	控制	控制	控制	控制	控制	控制
地区/年份	控制	控制	控制	控制	控制	控制
样本量	558	372	540	360	234	156

由于城市的定位不同，各城市竞争策略可能存在差异，为了捕捉这种差异，本书将总样本中的直辖市、省会城市以及副省级城市剔除，重新进行回归，结果如表 5-10 所示。地方政府之间依然存在明显的策略互动，空间滞后性的估计系数略小于总体样本的结果，说明普通地级市之间的科技支出竞争程度要小于直辖市、省会城市以及副省级城市之间的竞争，这一点也符合我国城市科技创新发展的梯度分布格局。观察两区制空间杜宾模型的结果，在官员不同任期下，空间滞后项的估计系数的差异更大。也就是说，普通地级市之间的标尺竞争要更强些。

表 5-10　普通地级市地方政府科技支出竞争形式的估计结果

变量	(1) W_1	(2) W_2	(3) W_3	(4) W_4	(5) W_5	变量	(6) W_2	(7) W_3
$W×$科技支出	0.971*** [0.022]	0.961*** [0.029]	0.659*** [0.046]	0.654*** [0.048]	0.665*** [0.049]	λ_1	0.794*** [0.115]	0.654*** [0.194]
官员任期	-0.035*** [0.015]	-0.032** [0.015]	-0.037** [0.017]	-0.035** [0.017]	-0.031** [0.015]	λ_2	0.402*** [0.132]	0.389*** [0.173]
官员任期平方	0.004*** [0.002]	0.003* [0.002]	0.004** [0.002]	0.004** [0.002]	0.004** [0.002]	$\lambda_1-\lambda_2$	0.392*** [0.094]	0.265*** [0.097]
其他变量	控制	控制	控制	控制	控制	其他变量	控制	控制
样本量	3614	3614	3614	3614	3614	样本量	3614	3614

五　小结

作为科技创新的引导者和推动者，地方政府在科技创新方面的表现一直备受争议，如何激励地方政府增加科技投入是长期以来困扰政界和学界的重要问题。实际上，地方政府创新动力不足既是一种经济现象，也是政治在经济领域中的表现。本书将研究立场从"问题"转向"理解"，从官员晋升激励角度对地方政府科技支出行为进行了深入分析。

研究发现，在中国式分权制度下，晋升激励会影响地方政府科技支出，官员任期与地方政府科技支出总体上呈"U"形关系，任期较短的官员倾向于减少政府科技支出，任期较长的官员往往伴随较多的科技支出。随着经济发展方式的转变以及科技创新逐渐成为新的绩效考核指标，官员为了在"晋升锦标赛"中胜出，地方政府之间会围绕科技支出展开竞争，且在官员第一任期，地方政府对邻区政府科技支出的反应系数明显高于官员第二任期的政府科技支出反应系数，说明地方政府间的策略互动主要源于标尺竞争机制。分样本回归结果显示：官员任期效应在中部、西部地区和普通地级市中更强，官员绩效考核方向的转变使得官员任期对政府科技支出的影响逐渐下降。此外，研究结果表明财政收支分权对地方政府科技支出具有不对称影响，财政支出分权会抑制政府科技支出，财政收入分权或者财政自主度较高的地方政府会增加科技支出。

与以往研究相比，本书阐释了政治集权对地方政府行为影响的理论机制，构建了官员晋升和地方政府科技支出之间的逻辑链条，检验了地方政府科技支出竞争的形成机制，不仅弥补了现有研究的不足，也为晋升锦标赛和地方政府行为相关主题的研究提供了来自地级市的经验证据，有助于全面理解分权体制下的地方政府行为，完善科技创新政策体系。依据文章研究结论，要加强地方政府对科技创新的重视，激励地方政府增加科技投入应从以下几个方面入手：

第一，从晋升激励对地方政府科技支出存在抑制效应来看，在对地方官员考核选拔中应进一步强调由 GDP 增长转向科技创新等指标，设置多维考核指标体系，兼顾经济发展质量、效益和可持续性，从而优化地方政府的政治激励和约束，削弱官员晋升激励造成地方政府财政支出结构扭曲的体制基础。另外，根据各地区的经济发展水平，可以尝试建立不同的绩效考核体系，推动区域创新协调发展。第二，从地级市之间关于科技支出存在显著的标尺竞争来看，在当前向上负责体制下，上级政府可以通过引入标尺竞争来激励地方政府加强对科技创新的重视，将制度优势更好转化为治理效能，让地方竞争成为激励官员重视科技创新的原动力。如果在深化科技体制改革的同时，能进一步完善官员绩效考核指标体系，加大科技创新领域指标的权重，可能会使标尺竞争机制发挥更大作用，更有效地促进地方政府竞争行为的转变，进而使创新驱动发展战略真正落地。第三，财政收支分权对地方政府科技支出的不对称影响折射出中国公共财政存在的制度性问题。地方政府科技创新动力不足，科技支出相对短缺的直接原因就是政府的财权和事权不匹配，在财政压力较大的情况下，即使地方政府有动机支持科技创新发展，但迫于财力也不得不减少财政科技支出。因此，应对目前的财政体制做出必要调整，至少要赋予与地方政府科技支出事权相匹配的财权，让地方政府既有动机又有能力承担科技支出责任。

第二节 地方政府科技支出竞争与企业创新

一 问题的提出

通过上节的分析，笔者发现地方政府科技支出存在互补型策略互动。财政支出是政府支持企业创新的基本手段之一。地方政府可以扩大财政科技支出，提高企业创新补贴或加大税收优惠，缓解企业融资约束，同时将创新资源引导至企业，为企业创新创造良好的"软环境"，调动企业创新积极性。不过，地方政府"为创新而竞争"的同时，可能会加剧地方保护，造成市场分割，抑制创新要素的流动，从而不利于企业创新。特别是在地方政府的庇护下，一些企业犹如温室的花朵，免受外部市场竞争的威胁，会更加不愿意走创新之路（解维敏，2012）。此外，企业技术创新需要依托于地方政府提供的公共治理水平，如果地区基础设施建设薄弱、金融发展水平低下或法制环境不甚完善，地方政府仅为了竞争盲目加大科技投入，不仅不能带来地区创新水平的提升，更会加重政府财政压力。那么，地方政府科技支出竞争到底会对企业产生怎样的影响呢？

对于地方政府竞争的创新效应，以往文献对此进行了诸多探索。例如，解维敏（2012）、顾元媛和沈坤荣（2012）研究发现，GDP导向的官员晋升竞争和财权事权不匹配会促使地方政府降低研发补贴，进而抑制企业创新。谢乔昕和宋良荣（2015）认为，在分权和政府竞争的环境下，由于缺乏短期增长效应的研发活动无法为地方主官增加晋升优势，企业创新活动难以获得政府支持。肖叶等（2019）研究发现，政府财政支出偏向以及政府间的策略性互动行为可以提高区域技术创新水平。

地方政府竞争主题的研究已取得了丰富成果，这为本书的研究提供了重要借鉴，但是这些研究忽略了新发展理念下，官员选任指标由GDP导向转向科技创新，以及由此带来的政府科技支出策略互动的变化。卞元超和白俊红（2017）关注到了地方政府竞争的转变，基于省级面板数据，使用GDP增长率和政府技术创新补贴分别作为地方政府"为增长而竞争"和"为创新而竞争"的代理变量，考察了政府竞争对区域技术创新的影响。遗憾的是，该研究并没有对地方政府创新竞争的现象提供进一步的经验证据，以政府创新补贴力度作为代理变量更多体现的也是政府支持的创新效果。更重要的是，在转型中的中国，地方政府在资源配置中具有重要作用，地方政府竞争策略的改变势必会对微观企业的生产经营活动产生影响，但对于地方政府创新竞争对微观企业技术创新具有怎样的作用，现有文献尚未涉及。在新发展理念引领下，在地方政府越发重视科技创新的背景下，揭示中国式政府竞争的新特征，重新审视地方政府在企业创新活动中的作用，探究如何将制度优势转化为治理效能，对于发挥地方政府在创新活动中的引导作用、完善官员绩效考核以及提升国家治理能力现代化具有重要的理论与实践意义。

本书以2007—2016年城市统计数据和中国沪深A股上市公司数

据为样本，使用地方政府科技支出增长率和地方政府科技支出增长率的省内排名衡量政府科技支出竞争程度，以企业研发支出金额和专利申请数量衡量企业创新水平，详细分析了地方政府科技支出竞争对企业创新的影响。研究结果表明，地方政府竞争显著提升了企业创新水平，并且这种激励作用随着企业创新水平的提高大致呈现先增强再减弱的特征。进一步地，本书对政府竞争影响企业创新的作用机制进行了检验，发现地方政府在围绕科技创新展开竞争时，会提高企业创新补贴和地区产业集聚水平，从内部和外部两个层面改善企业创新环境，调动企业创新积极性。

本书的创新点主要体现在以下方面：第一，已有研究大多聚焦于政府"为增长而竞争"对企业创新的影响，本书将地方政府创新竞争和微观企业创新联系起来，分析了官员晋升对地方政府创新的倒逼效应所造成的微观影响，深化了文献中对地方政府竞争后果的研究，为企业创新的影响因素提供了新的研究视角。第二，近年来，为了调动企业的创新积极性，各级政府一直在进行着各种各样的尝试，本书从政府补贴和产业集聚两个方面讨论了地方政府竞争对企业创新的影响机制，不仅丰富了相关主题的研究，也为各地区制定创新政策提供了部分参考依据。

二 制度背景与理论分析

（一）官员晋升与地方政府创新竞争

在中国，地方官员是中央政府（或上级政府）的代理人而非地方政治家，中央政府通过相对绩效评估、职位流动以及政治升迁制度管理这支代理人队伍，确保中央政策在地方的贯彻实施（陈家喜，2018）。绩效在不同时期具有不同的定义，被赋予了不同的时代内涵，并且绩效考核指标的作用方向与权重大小也随着政治情境变化而变化。

党的十一届三中全会后，经济改革和发展成为党和政府的头等大事，GDP增长也随之成为官员绩效考评体系的主要指标。这一制度极大地调动了地方政府发展经济的热情，地方官员非常热衷于任期内的GDP和相关经济指标排名，不仅会主动去竞争更多的经济资源，也会策略性安排政府财政支出以求在"晋升锦标赛"中获胜或实现任期内的利益最大化。随着我国经济发展方式的转变，唯GDP的官员绩效考核体系带来的激励扭曲问题引起了中央政府的重视，反对以GDP论英雄、加强对科技创新和环保的考核开始成为中央领导讲话和官方文件的主要观点。比如，党的十八届三中全会《关于全面深化改革若干重大问题的决定》中明确指出："完善发展成果考核评价体系，纠正单纯以经济增长速度评定政绩的偏向，加大科技创新、安全生产、新增债务等指标的权重。"2013年底，中组部发布的《关于改进地方党政领导班子和领导干部政绩考核工作的通知》提出官员具体考核指标，其中包括科技创新、教育文化、环境保护等。

对于地方政府和主官而言，科技创新考核既是压力，也是促使其加入新一轮竞争的强大动力。一方面，"晋升锦标赛"具有"零和博弈"的特征。在中国，官员的"内部劳动力市场"相对封闭，为了避免被"退出"和"边缘化"，获得有限的晋升名额，地方政府和主官会围绕晋升指标展开创新竞争。另一方面，创新竞争具有"赢者通吃"的特征。中国经过多年的高速增长，传统要素驱动的外延式经济增长模式已难以为继，在向创新驱动转型的背景下，拥有技术、人才等稀缺资源有助于地方政府在新一轮竞争中占得先机。同时响应中央政府号召，贯彻落实创新驱动发展战略，可以向上级政府释放积极的政治信号，进一步扩大官员晋升优势。此外，行政发包的体制安排又赋予了地方政府一定的自由裁量权和决策空间，使地方政府有能力参与科技创新锦标赛。简言之，当科技创新成为新的竞争标尺时，地方官员有能力、有动机加大科技创新投入，展开创新竞争。而财政科技支出是政府参与区域创新活动的重要工具，在所有地方政府都加大对技术创新支持的情况下，政府财政科技支出自然产生互动，并呈现新的特征。

(二) 地方政府创新竞争与企业创新

地方政府拥有多种干预市场资源配置的经济和行政权力,包括财政补贴、税收优惠、经营许可证发放权、投资限制等,所以当地方政府围绕科技创新展开竞争时,会通过强有力的"有形之手"影响企业创新活动。具体而言,第一,地方政府扩大财政科技支出,通常会提高对企业的创新补贴或税收优惠,这可以缓解企业融资约束,引导企业投入更多的资源来从事技术创新活动。第二,地方政府的行政指令和规划会引起社会生产要素向研发部门流动,从而为企业创新创造良好的"软环境",使企业愿意开展技术创新活动。第三,地方政府的产业政策可以影响企业创新标的和方向。如果企业所在行业受到政府产业政策支持,那么企业完全可以依靠政策支持优势在行业内专注和深耕,通过技术进步实现企业跨越式发展。如果企业所在行业并未获得政策扶持,企业出于"蹭政策热点"的目的,仍有强烈的动机将资金投入到有政策支持的行业和领域。第四,地方主官出于晋升竞争压力,很可能将自己的政治目标和创新任务转嫁给辖区企业。在中国特殊的政治经济环境中,辖区企业通常希望与当地政府建立和维护良好的政治关联,因此企业为了主动迎合政府的创新需求,获取更多要素资源,也会策略性增加创新活动。

不过,当地方政府展开创新竞争时,可能会加剧地方保护,造成市场分割,抑制创新要素的流动,从而不利于企业创新。如前所述,晋升锦标赛具有零和博弈的特征,地方官员之间的合作空间非常狭小,地方官员具有充分的动力推动辖区发展,也有同样的动力去做不利于竞争对手辖区发展的事情(周黎安,2004)。虽然市场一体化能提高区域市场的专业化水平,充分发挥各区域市场的比较优势,带来整体福利的提升,但是在分权和政府竞争环境下,实行市场分割策略却可能是地方政府和主官在晋升博弈中的"理性选择"。而市场分割会阻碍创新要素的自由流动,提高交易成本,挤占企业的创新资金,不利于企业创新活动的开展。同时,地方政府的庇护使企业免受市场竞争的威胁,可能导致企业产生创新惰性,不愿意通过技术创新强化自身优势,甚至热衷于权力"寻租"。此外,企业技术创新需要依托于地方政府提供的公共治理水平,如果地区基础设施建设薄弱、金融发展水平低下或法制环境不甚完善,地方政府仅为了竞争盲目加大科技投入,不仅不能带来地区创新水平的提升,更会加重政府财政压力,破坏创新生态,从而抑制企业创新。综上分析,地方政府创新竞争对企业创新活动的影响有待于进一步检验。

三 实证策略

(一) 实证模型

为检验地方政府科技支出竞争对企业创新活动的影响,本书构建了如下模型:

$$Inno_{ft} = \beta_0 + \beta_1 Compet_{it} + \sum Controls + \mu_f + \mu_t + v_{ft} \quad (5-4)$$

其中,被解释变量 $Inno_{ft}$ 表示企业的创新水平,参考茅锐(2017)的研究,以企业研发支出金额和专利申请数量衡量。核心解释变量 $Compet_{it}$ 表示政府竞争程度。已有研究中多采用 FDI、GDP 增长率、GDP 增长率排名或构建综合指数作为政府竞争程度的代理变量,但是这些指标侧重衡量地方政府"为增长而竞争"的努力程度,并未涉及地方政府"为创新而竞争"(鄢波、王华,2018;田建国、王玉海,2018;张彩云、陈岑,2018)。为了凸显地方政府"为创新而竞争"对企业创新活动的影响,参考既有研究,本书在基准回归中使用地方政府科技支出增长率衡量政府竞争程度,使用地方政府科技支出增长率的省内排名进行稳健性检验。$\sum Controls$ 为其他影响企业创新的变量,包括企业规模、营运能力、偿债能力、盈利能力、股权集中度、年龄以及成长性。μ_f 表示企业固定效应,μ_t 表示时间固定效应,v_{ft} 表示随机误差项。

(二) 数据说明与描述性统计

本书的研究涉及企业和城市两个层面的变量,基本思想是以企业数据为基准,根据企业注册城市将二者匹配。其中,选取2007—2018年中国沪深两市的A股上市公司为初始研究样本,并经过以下筛选程序:①剔除样本期内经过ST、ST*以及退市的公司;②剔除金融类上市公司;③剔除样本期内研发支出和专利数据缺失严重的公司样本;④剔除财务数据异常的公司样本,包括资产为负值、总资产小于流动资产或无形资产、负债为负值等样本。最终得到分布在222个城市中的2257家公司的年度样本。为了减少极端值的影响,增强结论的可靠性,本书对所有企业数据进行上下1%的缩尾处理。企业数据来自CSMAR数据库、CCER经济金融数据库以及中国国家知识产权局网站。

城市经济数据来自《中国城市统计年鉴》《中国城市建设统计年鉴》《中国区域经济统计年鉴》《中国国土资源统计年鉴》以及各省统计年鉴。地方官员数据取自官员简历,简历主要来自人民网、中国经济网、各地方政府官网、百度百科等网站,整理得到官员上任时间、离任时间、年龄、学历、籍贯等信息。所有名义变量均以各省GDP价格指数进行平减,基期为2007年。

表5-11报告了主要变量的描述性统计。企业研发投入均值约为2892万元(对数值约为17.18),标准差约为2.60,创新产出均值约为2.28,标准差约为1.73,说明不同企业之间的创新水平存在较大差异。地方政府科技支出增长率的均值和标准差分别约为11.31%和38.90%,说明样本期内地方政府科技支出总体上呈逐年递增趋势,但波动幅度较大。

表 5-11　　　　　　　　主要变量的描述性统计

变量名称	变量含义	Obs	Mean	Std. Dev.	Min	Max
地方政府科技支出（sci）	地级市政府预算内科学技术支出占财政支出的比重	2664	1.693	1.519	0.050	20.683
官员任期（tenu）	市委书记上任年数	2664	3.123	1.846	0	11
经济发展水平（rgdp）	滞后一期的人均GDP	2664	25612.760	16819.64	4346	267000
预算外收入（land）	土地出让收入/GDP	2664	0.058	0.074	0	0.842
财政自主度（own）	地级市预算内财政收入/地级市预算内财政支出	2664	0.533	0.271	0.069	8.390
城镇化水平（urban）	第一产业增加值占GDP比重	2664	0.108	0.071	0	0.429
政府规模（gov）	卫生、社会保险、社会福利业、公共管理和社会组织从业人员数/地区年末总人口	2664	0.019	0.009	0	0.089
创新投入（inno1）	研发支出加1取对数	12073	17.182	2.356	0	21.645
创新产出（inno2）	专利申请数加1取对数	12073	2.277	1.730	0	6.569
政府竞争（compet）	地方政府科技支出增长率	7356	0.126	0.384	−0.911	13.187
总资产周转率（aturn）	营业收入/平均资产总额	12073	0.686	0.413	0.133	2.507
营业利润占比（prof）	营业利润/利润总额	12073	0.897	0.183	0.145	1
资产负债率（lev）	总负债/总资产	12073	0.378	0.196	0.041	0.829

四　实证结果与分析

（一）基准回归

Hausman检验结果显示，所有回归均在1%的显著性水平下拒绝随机效应的原假设，故采用固定效应的方法对模型进行估计。表5-

12 报告了模型 5-4 的估计结果。可以看到，无论是否加入控制变量，政府竞争对企业创新影响的估计系数始终为正，并且皆通过了 5% 以上的置信水平检验，说明地方政府科技支出竞争显著促进了企业创新。以列（2）和列（4）为例，给定其他条件不变，政府竞争程度每提高一个标准差，企业研发支出大约增加 5.11%，专利申请数量大约增加 6.37%，经济含义非常显著。原因可能包括两个方面：第一，直接效应。当政府围绕科技创新展开竞争时，会竞相出台税收优惠政策，加大对企业创新的补贴，而这些政策工具可以帮助企业降低单位创新成本，规避创新风险。第二，间接效应。在科技创新竞争中，地方政府不仅会为企业提供更多的资金支持，还会通过政策导向为企业创新提供更好的外部环境，吸引更多创新要素，从而更好地调动企业创新的积极性。在后续研究中，本书将对这两种作用效果予以甄别。

表 5-12　　地方政府科技支出竞争对企业创新的影响

变量	（1）创新投入	（2）创新投入	（3）创新产出	（4）创新产出
政府竞争	0.114* (1.746)	0.133** (2.352)	0.160** (2.043)	0.166*** (2.874)
控制变量	不控制	控制	不控制	控制
时间固定效应	控制	控制	控制	控制
企业固定效应	控制	控制	控制	控制
样本量	7164	7005	7164	7005
$\overline{R^2}$	0.226	0.584	0.536	0.622

注：括号内是 t 值。***、**和*分别表示 1%、5% 和 10% 的显著性水平。下同。

（二）稳健性检验

为了进一步分析在不同创新水平下政府竞争对企业创新的边际影响，本书选择了 10%、25%、50%、75% 和 90% 五个分位点，对模型进行回归（结果如表 5-13 所示）。在 25%、50% 和 75% 分位点上，政府竞争对企业创新活动的影响均显著为正，而在创新投入 90% 和创新产出 90% 分位点上，政府竞争的估计系数虽然为正，但未通过显著性检验，说明当企业创新水平较低或较高时，政府竞争并不能有效促进企业创新。比较不同分位点上的回归系数，发现政府竞争对企业创新的激励作用大致经历先增强再减弱的过程。当企业创新水平较低时，政府竞争的边际作用较低，可能是由于在这一时期，企业自身便缺乏创新动力，政府力量不能有效调动企业创新积极性。而随着企业创新水平的提高，技术创新成为企业的内在选择时，此时的企业迫切需要政府加强创新环境建设，对企业创新活动予以补贴，使得政府竞争的正面效应得到充分发挥。不过随着企业创新水平的进一步提升，制度环境逐渐完善，企业创新活动对财政补贴等政府支持的依赖越来越弱，导致政府竞争对企业创新的影响逐渐减弱，乃至不再显著（李政、杨思莹，2018）。

表 5-13　　　　　　　　　分位数回归结果

分位点	创新投入					创新产出				
	q10	q25	q50	q75	q90	q10	q25	q50	q75	q90
政府竞争	0.027	0.122**	0.152***	0.073**	0.046*	0.116	0.142**	0.165***	0.130**	0.111
	(1.116)	(2.469)	(3.201)	(2.080)	(1.728)	(0.263)	(2.021)	(4.191)	(2.335)	(1.567)
控制变量	控制	控制	控制	控制	控制	控制	控制	控制	控制	控制
时间效应	控制	控制	控制	控制	控制	控制	控制	控制	控制	控制
企业效应	控制	控制	控制	控制	控制	控制	控制	控制	控制	控制
样本量	7006	7006	7006	7006	7006	7006	7006	7006	7006	7006
Pseudo R^2	0.313	0.364	0.448	0.520	0.580	0.124	0.357	0.457	0.449	0.450

对企业技术创新和政府竞争采用不同的衡量指标，可能得出不同的结论。为了保证本书结论的可靠性和严谨性，本书更换了被解释变量的度量指标，采用了企业研发投入强度（企业研发支出/总资产）

度量企业创新投入水平,用发明专利申请数量度量企业创新产出水平,估计结果如表5-14列(1)和列(2)所示。另外,本书还使用科技支出增长率的省内排名来度量政府竞争程度(排名越靠前,说明政府竞争越激烈),回归结果如表5-14列(3)和列(4)所示。可以看到,主要变量的估计系数与基准回归结果基本保持一致,说明本书结论具有很好的稳健性。

表5-14 其他稳健性检验

变量	(1) 研发投入强度	(2) 发明专利	(3) 创新投入	(4) 创新产出
政府竞争	0.029** (1.992)	0.086* (1.901)	0.012** (2.155)	0.011** (2.352)
控制变量	控制	控制	控制	控制
时间固定效应	控制	控制	控制	控制
企业固定效应	控制	控制	控制	控制
样本量	7005	7005	7005	7005
$\overline{R^2}$	0.535	0.514	0.593	0.522

(三)异质性讨论

(1)考虑不同城市的差异。在中国独特的政治体系和行政体系下,一个城市可以仅仅凭借更高的行政级别而获得更多资源,然后凭借更多资源实现更好的经济发展(江艇等,2018)。例如,作为一个副省级的省会城市,相对于一个普通的地级市,前者可以从上级得到更多的财政资金投入基础设施建设,可以凭借大城市的户口吸引到更多优秀人才,可以利用省会城市的行政地位成为全省的交通枢纽,而这些有利因素又进一步成为企业进行技术创新的优势条件(江艇等,2018)。因此,本书将样本细分为直辖市、省会城市及副省级城市(高行政级别城市)和普通城市(低行政级别城市)两个子样本,分别进行回归,结果见表5-15列(1)和列(2)。在样本期间内,政府竞争对企业创新的促进作用仅在直辖市、省会城市及副省级城市显著，在普通城市并不显著。可能的原因，一方面，由于行政级别较高的城市在创新政策获取能力和创新要素利用效率等方面要优于普通城市，良好的创新环境使得政府竞争的激励效应得到充分发挥。另一方面，普通城市的企业还处在创新水平较低阶段，企业自身缺乏创新动力，导致政府竞争的激励效应并未显现。这一结论也与李政和杨思莹（2018）在论证城市级别会影响政府科技支出效果的逻辑是一致的。

（2）考虑不同时期的差异。2012年中央提出创新驱动发展战略，将科技创新摆在国家发展全局的核心位置。此后，科技创新被越来越多地纳入官员绩效考核体系。这些变化都硬化了地方财政科技支出约束，为了捕捉这一影响，本书将样本细分为2007—2012年和2013—2018年两个子样本进行回归，结果见表5-15列（3）和列（4）。研究发现，在2007—2012年，政府竞争对企业创新的影响不显著，而在2013—2018年，政府竞争对企业创新的回归系数有了明显提高，且在1%置信水平下显著为正，说明创新驱动发展战略的实施和官员绩效考核转变大大提高了各级政府对技术创新的重视程度，纷纷加大了对技术创新和成果转化的投入，导致城市创新环境有了明显改善，企业创新水平也不断提升。

（3）考虑所有制的差异。根据已有研究，国有企业和非国有企业往往具有不同的行为特征。为了进一步检验上文的研究结论是否取决于企业的所有制类型，本书将样本分为国企和非国企两个子样本，分别进行回归，结果见表5-15列（5）和列（6）。研究发现，政府竞争对企业创新的促进作用仅在非国有企业样本中显著。结合中国的制度背景，不难理解国有企业和非国有企业的行为差异。因为在中国，国有企业往往比非国有企业尤其是民营企业享有更多的产品和要素市场的政策优待（翟胜宝等，2018），其创新积极性以及对研发资金的需求要远远低于非国有企业，因此，政府竞争对非国有企业创新的激励效应自然要更大一些。

此外,由于技术创新需要企业提供长期且充足的资金支持,融资问题可能会直接影响企业创新活动的开展,因此,本书根据企业的融资约束程度将样本分为两个子样本,分别进行回归。对企业融资约束程度的衡量主要借鉴 Hadlock 和 Pierce（2010）、曹伟等（2017）的研究,使用企业规模和企业年龄两个变量构建 SA 指数,将大于该指数均值的企业界定为融资约束程度低的企业,其他企业则定义为融资约束程度高的企业。回归结果如表 5-15 列（7）和列（8）所示,与融资约束程度低的企业相比,融资约束程度高的企业对外部资金的需求更迫切,对政府竞争的反应也更强烈。

表 5-15　　政府竞争对企业创新投入影响的异质性检验

变量	城市行政级别		不同时期		企业所有制		企业融资约束	
	(1)高	(2)低	(3)2007—2012年	(4)2013—2018年	(5)国企	(6)非国企	(7)高	(8)低
政府竞争	0.148** (2.15)	0.054 (1.32)	0.011 (0.17)	0.127*** (2.93)	0.064 (0.84)	0.081** (2.10)	0.154** (2.49)	0.069* (1.75)
控制变量	控制	控制	控制	控制	控制	控制	控制	控制
时间固定效应	控制	控制	控制	控制	控制	控制	控制	控制
企业固定效应	控制	控制	控制	控制	控制	控制	控制	控制
样本量	3822	3148	1534	5437	2387	4589	4273	2699
$\overline{R^2}$	0.436	0.415	0.336	0.387	0.426	0.457	0.474	0.425

（四）传导机制讨论

根据前文结果,政府竞争会对企业创新产生激励作用。那么就引出一个问题:产生这一作用的传导机制是什么?理论上来看,主要存在两种渠道,一是直接提高企业创新补贴,帮助企业降低单位创新成本;二是努力改善企业创新环境,鼓励企业开展创新。城市经济的本质在于要素和产业集聚(高新雨、王叶军,2019)。由于我国市场机制不甚完善,一直以来政府财税政策也是促进我国产业转型升级、调整地区产业关系的重要方式(程德智,2017)。在"为创新而竞争"的过程中,地方政府可以运用财政手段调整产业布局,促进辖区产业集聚,在土地、资金、税收、技术研发等方面为集聚区内上的企业提供更多便利,从而更好调动企业创新的积极性(高新雨、王叶军,2019)。

不过,在实际中,政府竞争是否会通过这两种渠道影响企业创新还需要进一步的检验。参考 Baron 和 Kenny(1987)、李姝等(2018)的研究,本书使用中介效应模型来分别检验创新补贴和产业集聚的中介作用,具体模型如下:

$$Inno_{ft} = \beta_0 + \beta_1 Compet_{it} + \sum Controls + \mu_f + \mu_t + v_{ft} \quad (5-5)$$

$$Med_{ift} = \gamma_0 + \gamma_1 Compet_{it} + \sum Controls + \mu_i + \mu_f + \mu_t + v_{ift} \quad (5-6)$$

$$Inno_{ft} = \varphi_0 + \varphi_1 Compet_{it} + \varphi_2 Med_{it} + \sum Controls + \mu_f + \mu_t + v_{ft}$$

$$(5-7)$$

其中,Med 表示中介变量——创新补贴和地区产业集聚。借鉴已有研究,使用政府补贴强度(政府补贴/企业营业收入)来度量企业获得的创新补贴,使用区位熵(各城市第二、第三产业就业人数比重与全国水平之比)衡量地区产业集聚水平。在政府竞争对企业创新补贴的回归中,加入了企业规模、总资产周转率、资产负债率、利润率、Tobin Q、年龄以及董监高个人特征变量;在政府竞争对地区产业集聚的回归中,加入了城市人口密度、城市平均工资、人均 GDP、外商直接投资、人均城市道路面积以及固定资产投资等变量。根据温忠麟等(2004)中介检验程序,应当首先采用式(5-5)检验政府竞争对企业技术创新影响,考察 $\hat{\beta}_1$ 是否显著。如果 $\hat{\beta}_1$ 显著,再采用式(5-6)和式(5-7)进行检验。在 $\hat{\gamma}_1$ 和 $\hat{\varphi}_2$ 均显著的条件下,若 $\hat{\varphi}_1$(不)显著,则说明政府补贴或产业集聚是政府竞争的部分(完全）中介变量。但当 $\hat{\gamma}_1$ 和 $\hat{\varphi}_2$ 至少一个不显著时，应当采用 Sobel Z 统计量判断中介效应是否存在。

中介效应模型的回归结果如表 5-16 所示，政府补贴和产业集聚做因变量时，政府竞争的估计系数均显著为正，说明政府在开展科技创新竞争时，会提高企业创新补贴和城市产业集聚水平。在控制了中介变量的影响后，政府竞争的估计系数仍显著为正，表明政府补贴和产业集聚为部分中介变量。进一步地，当创新补贴做中介变量时，Sobel Z 统计量分别约为 2.13 和 2.29；当产业集聚做中介变量时，Sobel Z 统计量分别约为 1.96 和 1.91。说明两者的中介效应分别在 5% 和 10% 的水平下显著，提高企业创新补贴和推进地区产业集聚的确是政府竞争促进企业技术创新的重要路径。

表 5-16　　政府竞争对企业创新影响的中介效应检验

变量	政府补贴的中介效应			产业集聚的中介效应		
	政府补贴	创新投入	创新产出	产业集聚	创新投入	创新产出
政府竞争	0.003* (1.826)	0.065** (2.424)	0.069* (1.957)	0.020** (2.043)	0.060** (1.992)	0.088** (2.088)
政府补贴		1.517*** (3.026)	2.328*** (3.533)			
产业集聚					4.338*** (7.128)	4.515*** (5.347)
控制变量	控制	控制	控制	控制	控制	控制
年度效应	控制	控制	控制	控制	控制	控制
行业效应	控制	控制	控制	控制	控制	控制
城市效应	不控制	不控制	不控制	控制	不控制	不控制
样本量	7001	7001	7001	2179	7005	7005
$\overline{R}^2$	0.198	0.585	0.622	0.868	0.560	0.420

五 小结

地方政府竞争是学界和政界经久不衰的热点话题，技术创新对中国经济高质量发展的重要性也不言而喻。长期以来，在 GDP 导向的晋升机制下，地方政府在创新方面的表现不尽如人意，为此，中央政府不断修改和完善官员考评机制以解决地方政府创新动力不足问题。在向上负责的体制下，"为创新而竞争"也逐渐成为地方政府竞争的重要特征。虽然部分研究已对地方政府之间新的竞争模式进行了初步探讨，但尚没有研究对地方政府"为创新而竞争"如何影响企业创新进行系统分析。

本书基于 2007—2018 年中国沪深 A 股上市公司和地级市数据，探讨了地方政府科技支出竞争对企业创新的影响，并对其影响机制进行了检验。研究发现，政府竞争显著促进了企业技术创新，且这种激励作用随着企业创新水平的提高呈现出先增长后减弱的倒"V"形特征。异质性讨论发现政府竞争对企业创新的影响在高行政级别城市、2013—2018 年、非国有企业以及高融资约束企业中更加显著。机制检验的结果则表明，创新补贴和产业集聚是地方政府竞争促进企业创新的重要路径。

基于上述结论，本书具有如下实践启示：①我国已转向高质量发展阶段，制度优势显著，未来应立足于改革开放以来我国经济高速增长的成功经验，继续将制度优势转化为治理效能，通过完善官员绩效考评制度，发挥锦标赛机制的作用，让地方政府由围绕"经济增长速度"竞争向围绕"经济发展质量"竞争转变，从而引导企业开展创新活动，提升企业技术创新能力，为高质量发展提供持续的动力。②发挥政府引导作用，推动有效市场和有为政府更好结合。在企业创新水平较低时，应弱化政府力量，充分发挥市场在资源配置中的决定性作用，激发企业创新活力，否则一味庇护扶持只会破坏企业的创新发展路径，扭曲企业的增长机制。当自主创新成为企业的内在选择时，政府应对企业创新活动给予适当引导和支持，充分发挥有为政府的作用。③关注政府竞争对企业创新影响的异质性，优化创新资源配置，完善宏观治理。一方面，不同城市应根据自身发展阶段选择加大创新投入、提高创新要素利用效率或提升公共治理水平，引导地方政府之间进行合理竞争；另一方面，选择真正创新的企业，发挥地方政府的信息优势，为企业创新保驾护航的同时加强针对性监管。

第六章

中国式分权、"层层加码"与企业创新

第四章和第五章从纵向和横向两个角度阐释了分权制度如何影响地方政府投资性偏好和地方政府竞争,进而作用于企业创新活动。实际上,中国政府系统作为一个多层级的纵向结构,从中央到基层县乡,不同层级的政府之间也存在自上而下的标尺竞争。接下来,本章将以"层层加码"现象为例,从多层级政府竞争角度讨论地方政府行为对企业创新的影响。

第一节 问题的提出

在转型经济中,地方政府及主政官员在地区资源配置方面具有重要作用。长期以来,在财政分权及以 GDP 为导向的官员晋升锦标赛制度下,各地方政府为了争夺优质资源,促进辖区经济增长,在税收、土地供给、环境规制等多个领域竞相开展标尺竞争。学者们也从不同角度对地方政府竞争及其对企业生产经营的影响进行了研究,比如金刚和沈坤荣(2018)考察了地方政府环境规制执行互动对城市和企业生产率增长的影响;黄送钦等(2016)分析了地方政府 FDI 竞争对企业所获政府补贴的影响。不过,这些研究都侧重于某一层级的政府竞争及其对中国经济发展的影响。实际上,中国政府系统作为一个多层级的纵向结构,从中央到基层县乡,不同层级的政府之间也存在自上而下的标尺竞争，比如当一个经济增长目标经中央政府提出后，它会沿着地方政府的层级而逐级加码，即出现所谓的"层层加码"（周黎安等，2015）。多层级政府竞争放大了地方政府追求经济增长的激励，并通过政府"有形之手"影响着辖区企业的生产经营活动。那么，不同层级间的政府竞争会对企业创新产生怎样的影响？如果存在影响，其传导机制是什么？遗憾的是，相应的经验证据十分有限。

此外，近些年来中央政府陆续出台了一系列文件以完善官员绩效考评机制，单纯以 GDP 增长速度评定政绩的偏向逐渐被淡化，取而代之的是环保、科技创新等体现经济发展质量的指标。由此便产生了另一个问题，既然地方政府竞争或者"层层加码"现象产生的根源在于唯 GDP 的官员晋升锦标赛制度，那么，官员绩效考评的变化又是否会对政府竞争以及企业创新活动产生影响？厘清这些问题，不仅有助于理解我国地方政府竞争机制，也可以为完善官员绩效考评制度以及推动企业创新提供理论上的支持。

本书将 2002—2018 年中国沪深 A 股上市公司数据和省级面板数据匹配起来尝试回答以上问题。研究结果表明，政府经济增长目标的"层层加码"会抑制辖区企业创新，表现为企业的研发投入和专利申请数量显著下降，且这种抑制作用在国有企业、管制性行业以及市场化水平较低地区中更加明显，而官员绩效考核指标由 GDP 增速向经济发展质量的转变能够有效降低"层层加码"对企业创新的负面影响。进一步地，"层层加码"之所以对企业创新具有抑制作用，是由于"层层加码"引致的政府短期行为加剧了企业融资约束，降低了技术创新对企业绩效的贡献度。

与已有文献相比，本书可能的贡献主要体现在三个方面：第一，从多层级政府竞争视角出发，考察了地方政府经济增长目标"层层加码"对企业创新的影响。企业是重要的创新主体，激励企业创新必须首先破除体制机制障碍，发挥政府的引导作用。以往研究对分权制度下的地方政府行为及其对企业创新的影响进行了诸多探讨，取得了丰富的结论，但是这些研究主要聚焦于政府财政支出、某一层级政府竞争以及官员晋升和更替，鲜有文献涉及多层级政府竞争，文章以"层层加码"为切入点，阐释了多层级政府竞争对企业创新影响的理论机制，这是对现有研究视角的补充。第二，学界关于政府竞争对中国经济发展的影响是促进还是抑制，尚未达成一致观点，文章从微观企业创新角度入手为理解中国式政府竞争及其经济效应提供了经验证据，也丰富了地方政府行为以及"层层加码"的相关研究。第三，近年来，为了解决唯GDP官员绩效考评机制带来的激励扭曲问题，中央政府一直在进行各种各样的尝试，文章分析了官员绩效考核指标转变对"层层加码"影响企业创新的调节作用，对于完善中国官员绩效考评制度具有重要的启示意义。

本章剩余部分安排如下：第二节是文献回顾和理论分析，包括文献梳理、制度背景介绍以及假说提出；第三节是研究设计，包括样本选择与数据来源、变量选取与定义及计量模型设定；第四节是实证检验，考察了"层层加码"对企业创新的影响以及官员绩效考核改革的调节作用，并进行了稳健性检验；第五节是进一步研究，探索了"层层加码"抑制企业创新的传导机制，同时考察了地区市场化水平、产权性质和管制性行业的异质性特征对这一抑制作用的影响；第六节是本章小结。

第二节　文献回顾与理论分析

一　文献回顾

在晋升锦标赛模式下，地区GDP增长或增长率是地方官员最主要的考核指标，作为政治参与人，他们关注政治晋升和政治收益，通常"为增长而竞争"，其行为也对中国经济发展产生了深远影响（王贤彬、徐现祥，2010）。既有文献证实，官员的晋升激励极大地调动了地方政府发展经济的积极性，促使地方政府为吸引优质资源而竞争，比如加大基础设施建设，出台外资优惠政策等，政府这种"为增长而竞争"的行为显著刺激了地方经济快速发展（傅勇、张晏，2007；张军等，2007）。不过，在考虑到央地委托代理关系以及地方政府行为的外部性问题后，地方政府竞争对经济社会发展的负面影响逐渐凸显，比如傅勇和张晏（2007）发现，政府竞争不仅造成地方政府公共支出结构出现"重基本建设、轻人力资本投资和公共服务"，而且会加剧财政分权对政府支出结构的扭曲；张华（2016）发现，分权背景下环境规制被地方政府视为争夺流动性资源的工具，地区间环境规制的互补型策略互动是造成中国环境规制非完全执行的重要原因。

那么政府竞争是否会影响企业技术创新？以往文献也对此进行了初步探讨，并形成了"抑制论"和"促进论"两种截然不同的观点。"抑制论"的观点主要认为，政府"为增长而竞争"导致地方财政支出结构扭曲，不利于企业创新活动的开展。如顾元媛和沈坤荣（2012）研究发现，以GDP为考核标准的晋升竞争显著降低了政府对企业的创新补贴，进而影响了企业研发投入。王砾等（2018）同样发现，在现行GDP至上的考核体系下，官员晋升压力抑制了企业创新。而主张"促进论"的研究则认为，政府之间的竞争加强了政府对基础设施的投资，改善了企业创新环境，有利于企业创新。一方面，随着基础设施资本存量增加，产品市场规模扩大会提高企业研发投资的资本回报，激励企业投入研发（蔡晓慧、茹玉骢，2016）；另一方面，基础设施的完善促进了当地的知识流动，增加企业获取知识投入的可能性，有利于企业创新水平的提升。此外，为了获得晋升优势，地方政府竞相建设开发区吸引企业入驻，由此产生企业集聚效应，也有助于推动企业创新能力的提升（肖叶等，2019）。

通过文献梳理可以发现，无论是对于政府竞争的经济效应，还是创新效应，既有文献都存在着分歧，而且侧重于某个层级的政府竞争对中国经济发展的影响，鲜有文献涉及多层级政府竞争。但实际上，在"层层分包"的行政体制和多层级同时进行的官员晋升锦标赛下，地方官员追求经济增长的激励是被逐级放大的，比如"层层加码"现象，而不同层级间的政府竞争也会影响地区稀缺资源的分配（周黎安等，2015）。目前已经有学者开始关注到"层层加码"现象以及多层级地方政府竞争。周黎安等（2015）利用各级政府经济发展的五年计划和年度计划数据，揭示了经济增长指标从中央到基层政府的"层层加码"的普遍现象，为多层级的政治锦标赛理论提供了一个系统经验证据；余泳泽等学者发现，经济增长目标"层层加码"明显抑制了地区全要素生产率的提升和服务业结构升级（余泳泽、潘妍，2019；余泳泽等，2019）；胡深和吕冰洋（2019）的研究表明，经济增长目标能够显著影响地方政府的土地出让策略，更高的经济增长目标会促使地方政府扩大出让土地的规模，降低土地出让单价。不过，这些研究多从宏观层面来分析"层层加码"对中国经济发展的影响，忽略了经济活动中重要的一环——微观企业创新活动。鉴于此，本书尝试阐明"层层加码"影响企业创新的理论机制，并运用上市公司和省级面板数据进行实证检验，探索"层层加码"对企业技术创新的影响。

二 制度背景与理论分析

中国的行政体制呈现一个"层层分包"的特征：中央把经济和社会事务发包给省级政府，省包给市，市再包给县，县包给乡（周黎安等，2015）。中央确定某个重要的施政目标也是按照"逐级传达，层层动员"的模式，每级地方政府都需要对上级政府做出承诺，上级政府最后问责下级政府（周黎安等，2015）。同时，在强调相对绩效的考核机制下，每一个层级的政府官员为了向上级政府释放"能力信号"从而获得晋升，必须要保证自己的绩效高于竞争对手（余泳泽、潘妍，2019）。当中央以经济绩效考核省级主要官员的时候，省级官员为了争取更好的经济绩效，也会要求其下属的地级市官员提供好的经济绩效，在这些市级主要官员之间展开一个围绕着经济增长的政治竞争；同样地，市级政府会在县级主要官员之间组织经济竞争（周黎安等，2015）。也就是说，晋升锦标赛是在多层级政府间同时进行的。

多层级政府竞争模式在一定程度上调动了地方政府发展经济的热情。我们经常可以看到，当中央政府提出一个经济增长目标后，省级政府往往会提出一个更高的增长目标，市级政府的经济增长目标也会在省级政府目标上继续加码（周黎安等，2015）。在"层层加码"经济增长压力下，地方政府为了推动地区经济增长，通过招商引资、修建基础设施、提供优惠政策等措施，竭尽所能获取对经济增长有利的要素资源，对推动中国经济高速增长发挥了重要作用。然而，当地方政府在预期按照市场规律无法达到承诺的经济增长目标时，激进的经济发展方式和谋求短期目标的行为就会出现，对企业运行产生了一系列负面影响，比如抑制企业投资或降低企业创新水平（余泳泽，2018）。首先，在经济增长目标约束下，地方政府为了拉动地区GDP，往往会选择投资基础设施建设领域，减少"投资周期长、风险高"的创新性投资，从而使企业创新支出被动地被削减；并且，地方政府会利用其权力将增长目标转移给企业，消耗企业有限的资源，使企业的创新资源被挤出，造成企业创新投入不足和创新能力受限（王砾等，2018）。另外，经济增长压力会进一步强化政府的投资冲动，促使政府债务规模增大，从而降低地区信贷配置效率，恶化私有部门的融资约束状况，对企业创新产生不利影响（熊虎、沈坤荣，2019）。其次，在"保增长"的压力下，地方政府为了追求经济绩效，会加强对土地、资本、资源、劳动力等要素的干预和控制，造成要素市场在价格和配置上的扭曲（余泳泽，2018）。而要素市场的扭曲不仅会影响地区人力资本投资，也会提高企业融资成本，进而制约企业创新。

另外，随着官员绩效考核指标的变革，技术创新逐渐成为新的标尺，地方政府也开始"为创新而竞争"（卞元超、白俊红，2017）。在地区间竞争的环境下，地方政府有动机、有能力通过影响本地区企业的投资决策，鼓励其加大研发力度，提高创新效率，提升本区域的竞争力（陈德球等，2016）。也就是说，地方政府这种"为创新而竞争"的行为在某种程度上可以降低"层层加码"对企业创新的抑制作用。

综合以上分析，提出本书待实证检验的命题 6-1："层层加码"抑制了企业创新，而官员绩效考核指标的转变可以缓解"层层加码"对企业创新的负面效应。

第三节 研究设计

一 样本选择与数据来源

本书选取 2002—2018 年中国沪深两市的 A 股上市公司作为初始研究样本，并对样本经过以下筛选：①剔除样本期内经过 ST、ST* 以及退市的公司；②剔除金融类上市公司；③剔除样本期内研发支出和专利数据缺失严重的公司样本；④剔除财务数据异常的公司样本，包括资产为负值、总资产小于流动资产或无形资产、负债为负值等样本。最终得到分布在 31 个省份中的 3119 家公司年度样本。为了减少极端值的影响，增强结论的可靠性，本书对所有企业数据进行上下 1% 的缩尾处理。企业数据来自 CSMAR 数据库、CCER 经济金融数据库以及中国国家知识产权局网站。"层层加码"数据是手工收集历年各省政府工作报告整理而得。最后将上述数据根据企业代码、注册省份及年份进行匹配。

二 变量选取及定义

（一）创新指标

现有文献对企业创新的衡量主要包括研发投入和创新产出两个方面。企业研发投入的衡量指标包括：研发投入、研发投入占总资产或研发投入占营业收入的比重。参考王全景和温军（2019）的研究，本书在基准回归中选择研发投入占营业收入的比重（RD）来衡量企业的研发投入强度。企业创新产出的衡量指标包括：新产品数量或销售收入、专利申请数量。本书借鉴顾夏铭等（2018）的做法，在基准回归中采用企业当年专利申请量（Patent）、发明专利申请量（Inven）、实用新型专利申请量（Utili）和外观设计申请量（Design）加1取自然对数衡量企业的创新产出。

（二）"层层加码"

在垂直管理的行政体制和多层级同时进行的官员晋升锦标赛下，中央政府提出的任务目标会被层层分包（余泳泽等，2019）。对于经济增长目标，各级政府会在上级制定的目标基础上进行不同程度的加码，并在做出目标承诺之后竭尽全力超额完成已经加码的任务（周黎安等，2015）。为了描述这种"层层加码"现象，参考周黎安等（2015）、余泳泽等（2019）的做法，本书以每年政府工作报告作为考察重点，采用省级政府经济增长目标和中央政府经济增长目标的差额（Diff）来度量[①]。

（三）控制变量

参考翟胜宝等（2018）、王全景和温军（2019）的研究，本书在回归中加入了一组企业和地区层面的控制变量。企业层面的控制变量包括：①企业规模（Size），以期末总资产取对数度量。②企业的经营能力（Opera），以总资产周转率表示。③企业的盈利能力（Roa），以息税前利润和期末总资产的比值衡量。④企业的偿债能力（Lev），以资产负债率表示。⑤企业的成长性，用 Tobin Q 值度量。⑥企业的股权集中度（Top1），等于第一大股东的持股比例。⑦企业的年龄（Age），等于企业的成立年限。地区层面的控制变量包括：①经济发展水平，以人均 GDP（Rgdp）表示。②财政自主度（Own），等于省

[①] 借鉴余泳泽等（2019）的做法，经济增长目标采用"左右"和"上下"表述时，使用具体的经济增长目标值作为政府经济增长目标。而对于采用"区间"表述方式的情况，使用中间值作为政府经济增长目标。

本级预算内财政收入比省本级预算内财政支出。③市场化水平（Market），使用樊纲等编制的各省市场化指数表示，由于报告中只到2014年，后续数据根据趋势插值而得。

三 实证模型

为了检验"层层加码"对企业创新的影响，本书建立了如下模型：

$$Innovation_{it} = \alpha_0 + \alpha_1 \times Diff_{it} + \sum Controls + \mu_i + \lambda_t + v_{it} \quad (6-1)$$

其中，i 表示企业，t 表示年份。$Innovation_{it}$ 表示企业的创新水平，分别为企业研发投入（RD_{it}）、专利申请量（$Patent_{it}$）、发明专利申请量（$Inven_{it}$）、实用新型专利申请量（$Utili_{it}$）以及外观设计申请量（$Design_{it}$）。$Diff_{it}$ 是模型的核心解释变量，用于度量地方政府经济增长目标的"层层加码"。$\sum Controls$ 是一组企业以及地区层面的控制变量。μ_i 表示企业固定效应，λ_t 表示时间固定效应，v_{it} 表示随机误差项。

第四节 实证检验

一 描述性统计

表6-1报告了主要变量的描述性统计。企业研发投入的均值约为2.12%，远低于发达国家的研发投入水平，表明中国企业的创新意识还不够，创新型经济建设依然任重道远；标准差约为1.84%，说明企业间的创新投入存在较大差距，少数创新型企业与大部分跟随企业并存。专利申请量的平均值约为43件（对数值约为3.77），其中发明专利申请量的平均值约为17件（对数值约为2.86），实用新型专利申请量的平均值约为19件（对数值约为2.96），外观设计专利申请量的平均值约为4件（对数值约为1.58），说明我国企业的自

主创新能力较弱，专利技术主要集中在实用新型和外观设计上，突破式创新技术还比较稀缺；专利申请量的标准差约为104（对数值约为4.65），说明企业的创新产出差异较大，虽然个别企业的研发能力较强（2002—2018年，样本企业最高每年申请专利20107件），但是50%企业的专利申请量不超过12件。可以看出，无论是用研发投入还是专利申请来衡量企业的创新水平，我国企业的创新能力和绩效均有待提高。"层层加码"变量的平均值约为1.5%，即省级政府制定的经济增长目标平均超出中央政府1.5个百分点。不过，随着我国经济发展方式转变以及官员绩效考核指标的变化，"加码"程度在2012年之后逐渐开始下降，2018年该指标的平均值约为0.8%。

表 6-1　　　　　　　　主要变量的描述性统计

变量名称	符号	样本量	均值	标准差	最小值	最大值
研发投入占比（%）	RD	15761	2.177	1.842	0	24.460
层层加码（%）	Diff	34071	1.553	1.267	-1.500	7
专利申请量（件）	Patent	19950	3.765	4.648	0	6.761
发明专利（件）	Inven	19950	2.864	3.801	0	5.799
实用新型（件）	Utili	19950	2.961	3.886	0	5.861
外观设计（件）	Design	19950	1.580	2.772	0	4.779
总资产周转率（%）	Opera	34041	67.863	47.810	1.903	272.871
资产回报率（%）	Roa	34071	5.647	6.106	-19.108	24.178
资产负债率（%）	Lev	34071	44.187	20.714	5.032	89.779
Tobin Q	Tobin Q	32830	2.524	1.787	0.883	10.830
第一大股东持股比例（%）	Top1	34065	36.580	15.560	9.090	75.840
企业年龄	Age	34071	14.040	5.834	2	28
人均真实GDP（万元）	Rgdp	34062	1.690	0.829	0.315	4.313
财政自主度（%）	Own	34062	65.199	19.782	5.303	95.086
市场化指数	Market	21651	9.227	2.636	0.290	14.450

表6-2给出了主要变量的相关系数。企业研发投入、专利申请量与"层层加码"的Pearson相关系数分别为-0.105和-0.068，二者均在1%的水平下显著，这为后续实证分析提供了初步检验。

表 6-2　　　　　　　　　　　主要变量的相关系数

变量	Diff	RD	Patent	Utili	Inven	Design	Size	Rgdp	Own
Diff	1								
RD	-0.105***	1							
Patent	-0.068***	0.160***	1						
Utili	-0.058***	0.049***	0.834***	1					
Inven	-0.079***	0.216***	0.836***	0.600***	1				
Design	-0.014**	0.127***	0.521***	0.315***	0.251***	1			
Size	-0.127***	0.237***	0.357***	0.338***	0.352***	0.105	1		
Rgdp	-0.385***	0.137***	0.070***	0.029***	0.091***	0.0240	0.089***	1	
Own	-0.374***	0.166***	0.096***	0.064***	0.099***	0.0650	0.021***	0.798***	1

注：***、**和*分别表示1%、5%和10%的显著性水平，下同。

二　"层层加码"对企业创新的影响

表 6-3 是企业创新对经济增长目标"层层加码"的回归结果。可以看出，在控制了企业特征、行业以及年份后，无论因变量是研发投入还是专利申请，$Diff$ 的估计系数始终为负，也就是说，省级政府对经济增长目标的加码显著抑制了企业创新。具体而言，当省级政府的经济增长目标超出中央政府的增长目标1%时，企业的研发投入大约降低0.4%，专利申请量将减少5%左右。从企业融资约束角度来看，原因可能包括两个方面：一是当经济增长压力较大时，地方政府往往会忽视经济发展质量，采取扩张性政策为主的经济刺激政策，将更多资源投入基础设施建设中，减少周期较长的创新投入，进而抑制企业的技术创新活动；二是"层层加码"会强化政府的投资冲动，推高政府债务，造成信贷资源错配，提高企业融资成本，降低企业研发投入和创新产出。此外，地方政府为了达到更高的经济增长目标，大力发展房地产业带动地区房价上涨，企业受到房地产业高利润的吸引，可能会将研发资金投入房地产行业，导致企业创新水平下降（余泳泽等，2019）。

表6-3　　经济增长目标"层层加码"对企业创新的影响

变量	(1) 研发投入	(2) 专利	(3) 实用新型	(4) 发明专利	(5) 外观设计
"层层加码"	-0.417*** (0.012)	-0.055*** (0.011)	-0.049*** (0.011)	-0.060*** (0.012)	-0.015* (0.011)
总资产周转率	0.008*** (0.000)	0.001 (0.001)	0.001 (0.001)	0.000 (0.001)	0.001 (0.001)
资产负债率	-0.003*** (0.001)	-0.001 (0.001)	-0.001 (0.001)	-0.001 (0.001)	0.000 (0.001)
企业规模	0.314*** (0.023)	0.374*** (0.028)	0.307*** (0.029)	0.400*** (0.029)	0.136*** (0.033)
资产收益率	-0.002 (0.002)	-0.003 (0.002)	-0.001 (0.002)	-0.002 (0.002)	-0.002 (0.002)
股权集中度	0.002 (0.002)	0.001 (0.002)	0.002 (0.002)	0.000 (0.002)	-0.001 (0.002)
Tobin Q	0.019*** (0.006)	0.034*** (0.006)	0.028*** (0.007)	0.041*** (0.006)	0.010** (0.008)
企业年龄	0.125*** (0.005)	0.059*** (0.005)	0.063*** (0.005)	0.069*** (0.005)	0.009** (0.013)
财政自主度	0.013*** (0.002)	0.028*** (0.002)	0.027*** (0.002)	0.030*** (0.002)	0.006*** (0.003)
经济发展水平	0.108 (0.113)	0.518*** (0.080)	0.313*** (0.081)	0.434*** (0.082)	0.238*** (0.074)
市场化水平	0.180*** (0.562)	0.021 (0.033)	0.029 (0.033)	0.046 (0.035)	0.047 (0.029)
常数项	-5.136*** (0.587)	-9.372*** (0.639)	-8.441*** (0.688)	-10.895*** (0.672)	-3.013*** (0.717)
企业固定效应	控制	控制	控制	控制	控制
时间固定效应	控制	控制	控制	控制	控制
样本量	14370	19156	19156	19156	19156
R^2	0.591	0.400	0.357	0.427	0.040

注：括号中的数字为回归系数的稳健标准误。下同。

大部分控制变量的估计结果符合预期。企业规模（Size）、经营能力（Opera）和成长性（Tobin Q）的提高都能促进企业创新水平的提升；资产负债率（Lev）较高的企业，研发投入和专利申请量通常较低；随着企业成立年数（Age）的增加，其创新投入和产出亦有所提升。地区的经济发展水平、市场化水平以及政府的财政自主度越高，辖区企业的创新水平也越高。

三 官员绩效考核指标转变的影响

"层层加码"现象的根源在于中国"层层分包"的行政体制和多层级同时进行的官员晋升锦标赛（周黎安等，2015）。如前所述，随着中国经济发展方式的转变，中央政府对官员的绩效考核方式也在发生变化，尤其是在 2012 年后，经济增长指标逐渐被淡化，体现质量、效益、可持续的经济发展指标越来越成为官员考核评价的重要内容。那么，官员绩效考核的改变是否能够调节"层层加码"带来的负面效应？本书以 2012 年为官员绩效考核变革的分界点，设置了 $after_{2012}$ 虚拟变量，并引入交互项 $Diff - after_{2012}$，结果如表 6-4 所示。可以发现，Diff 估计系数依然显著为负，$after_{2012}$ 估计系数显著为正，交互项 $Diff - after_{2012}$ 的估计系数显著为正，说明官员绩效考核变革有效抑制了"层层加码"对企业创新的负面影响。

表 6-4　　　　　　　官员绩效考核指标转变的影响

变量	（1）研发投入	（2）专利	（3）实用新型	（4）发明专利	（5）外观设计
"层层加码"	-0.429***	-0.031***	-0.023**	-0.040***	-0.010
	(0.013)	(0.010)	(0.011)	(0.010)	(0.008)
$after_{2012}$	0.369***	0.195***	0.221***	0.155***	0.029
	(0.036)	(0.031)	(0.033)	(0.031)	(0.026)
$Diff - after_{2012}$	0.050***	0.059***	0.065***	0.052***	0.013
	(0.015)	(0.012)	(0.013)	(0.013)	(0.011)
其他变量	控制	控制	控制	控制	控制
常数项	-3.856***	-9.277***	-8.344***	-10.790***	-2.976***
	(0.426)	(0.407)	(0.433)	(0.410)	(0.344)
样本量	14370	19156	19156	19156	19156
R^2	0.501	0.202	0.159	0.228	0.018

四 稳健性检验

在回归模型中,经济增长目标属于宏观变量,而企业研发投入和专利申请量属于微观变量,二者几乎不存在反向因果关系。模型中严格控制了个体、行业以及年份固定效应,一定程度上可以避免遗漏变量带来的内生性问题。不过,为了进一步控制遗漏变量偏误,本书在模型中加入因变量的滞后项,并使用系统 GMM 重新进行估计,结果如表 6-5 所示。可以看出,"层层加码"的估计系数至少在 5% 的置信水平下显著为负,说明在控制了可能的遗漏变量后,回归结果依然显著,假说得到进一步证实。

表 6-5　　稳健性检验 1：系统 GMM 估计

变量	(1) 研发投入	(2) 专利	(3) 实用新型	(4) 发明专利	(5) 外观设计
L. RD	0.426*** (0.002)				
L. Patent		0.354*** (0.019)			
L. Utili			0.361*** (0.004)		
L. Inven				0.403*** (0.004)	
L. Design					0.325*** (0.001)
"层层加码"	-0.303*** (0.001)	-0.025*** (0.002)	-0.019*** (0.002)	-0.021*** (0.003)	-0.006*** (0.001)
其他变量	控制	控制	控制	控制	控制
样本量	9860	15195	15195	15195	15195
AR (1)	-6.513	-22.563	-23.152	-23.657	-19.516
AR (2)	-0.718	-0.835	-0.620	-0.701	-0.475

注：包含了截距项、地区层面以及企业层面的控制变量的估计结果,未予报告。所有回归中均控制了企业和时间固定效应。下同。

另外，本书替换了企业创新水平的度量指标，研发投入用企业当期研发支出金额加1取自然对数衡量，创新产出直接使用当期专利申请量衡量，其中创新产出对"层层加码"的回归使用固定效应计数模型。估计结果见表6－6，主要结论与前文基本一致。考虑到企业专利申请具有一定的时滞性，本书使用企业专利量的一期滞后和两期滞后作为被解释变量，结果如表6－7所示，同样支持了前述结论。

表6－6　　稳健性检验2：更换企业创新水平测量指标

变量	(1) 研发投入	(2) 专利	(3) 实用新型	(4) 发明专利	(5) 外观设计
"层层加码"	-0.347* (0.025)	-0.053*** (0.018)	-0.066*** (0.019)	-0.051** (0.023)	-0.054** (0.027)
其他变量	控制	控制	控制	控制	控制
样本量	14370	18927	18249	18740	13660
R^2	0.405				
Log L		-206462.5	-117622.340	-106792.740	-46455.875

表6－7　　稳健性检验3：企业专利量的一期滞后和两期滞后

变量	一期滞后				两期滞后			
	(1) $Patent_{t+1}$	(2) $Utili_{t+1}$	(3) $Inven_{t+1}$	(4) $Design_{t+1}$	(5) $Patent_{t+2}$	(6) $Utili_{t+2}$	(7) $Inven_{t+2}$	(8) $Design_{t+2}$
"层层加码"	-0.046*** (0.016)	-0.046*** (0.016)	-0.053** (0.022)	-0.055** (0.026)	-0.048*** (0.016)	-0.051*** (0.017)	-0.059*** (0.019)	-0.015 (0.026)
其他变量	控制	控制	控制	控制	控制	控制	控制	控制
样本量	17025	16435	16864	12193	15250	14721	15110	10827
Log L	-1.86e+05	-1.07e+05	-9.79e+04	-4.11e+04	-1.78e+05	-102049	-93075	-37583

第五节　进一步讨论

一　异质性检验

以上对经济增长目标"层层加码"与企业创新的关系进行了基准

分析，考虑到企业产权性质、行业特征以及所处的市场环境都具有差异性，其对创新的影响效应也会不同，本书将进一步区别讨论。

(一) 所有制差异

参考既有文献的做法，本书将样本分为国有企业和非国有企业两个子样本，分别进行了回归。表6-8的列（1）报告了国有企业创新水平对"层层加码"变量的回归结果，列（2）报告了非国有企业创新水平对"层层加码"变量的回归结果。可以看出，政府经济增长目标的"层层加码"对国有企业和非国有企业的创新均具有抑制作用，而且这种抑制作用在国有企业样本中更加明显。在我国，地方政府对国有企业具有超强的控制能力，当政府面临财政赤字、经济发展战略调整或政府官员晋升等问题时，政府便会将部分政策性负担转嫁到国有企业身上，干预当地国有企业从事产能扩张等大力提升地方GDP的短期行为（李延喜等，2015；王砾等，2018）。同时，积极响应政府号召是国有企业天然的主导逻辑（杨洋等，2015）。因此，当地方政府的增长目标压力较大时，国有企业为了迎合政府需要，往往也会将资金投入"短平快"的项目中，从而造成企业创新水平的显著下降。

(二) 行业特征

由于不同行业在资金结构、竞争程度以及对政策的依赖性等方面不同，政府经济增长目标"层层加码"对企业创新行为的影响可能在行业层面上具有显著差异（陈国进、王少谦，2016）。一般而言，相较于非管制性行业，管制性行业对政策的依赖度更高。同时，处于管制性行业的企业面临更多的政策限制（王全景、温军，2019），因此，经济增长目标"层层加码"导致的政府行为变化对企业创新活动的影响也更加明显。参考罗党论等（2016）的做法[①]，本书将样本分为管制性行

---

① 罗党论等（2016）根据证监会颁布的《上市公司行业分类指引》，将采掘业（B）、石油、化学、塑胶、塑料（C4）、金属、非金属（C6）、电力、煤气及水的生产和供应（D）、交通运输、仓储（F）、信息技术（G）、房地产（J）和传媒（L）定义为管制型行业。

业和非管制性行业两个子样本，分别进行回归，结果如表6-8列（3）和列（4）所示。在管制性行业中，Diff的估计系数为-0.112，明显高于非管制性行业中的-0.052，显著支持了上述推断。

（三）市场化水平

我国当前正处于市场化进程不断推进的过程中，但是由于各地区资源禀赋、地方政策、地区治理水平的不同，市场化水平存在显著的地域差异（王砾等，2018）。在市场化水平偏低的地区，地方政府对辖区企业的干预较多，使企业不得不承担很多政治目标，进而造成企业独立决策地位缺失以及创新动力不足。同时，不完善的市场制度也会造成企业融资渠道不畅以及创新维权困难，挫伤企业的创新积极性。本书将样本按照各省市场化指数分为市场化水平高和市场化水平低两组进行回归[1]，结果显示［见表6-8列（5）至列（6）］，在市场化水平较高的地区，政府经济增长目标的"层层加码"虽然也抑制了企业创新，但是影响并不显著，而在市场化水平较低的地区，"层层加码"对企业创新的负面效应十分显著。

表6-8　　　　　　　　　　异质性检验

变量	(1) 国有企业	(2) 非国有企业	(3) 管制性行业	(4) 非管制性行业	(5) 市场化水平较高地区	(6) 市场化水平较低地区
"层层加码"	-0.129*** (0.012)	-0.068*** (0.013)	-0.112*** (0.038)	-0.052*** (0.009)	-0.015 (0.019)	-0.040*** (0.013)
其他变量	控制	控制	控制	控制	控制	控制
常数项	-10.710*** (0.652)	-8.922*** (0.558)	-3.912** (1.828)	-9.410*** (0.417)	-5.417*** (0.826)	-7.029*** (1.647)
样本量	7264	11892	2128	17028	13779	5377
R^2	0.327	0.146	0.378	0.212	0.172	0.392

注：这里仅报告了被解释变量为企业专利申请量（Patent）的回归结果。

---

[1] 根据样本期间内，各省份的市场化指数，将高于全国平均水平的省份定义为市场化水平较高地区，反之，则定义为市场化水平较低地区。

二 传导机制讨论

接下来,本书借鉴 Baron 和 Kenny(1987)、李姝等(2018)、王全景和温军(2019)的方法,利用中介效应检验进一步讨论政府经济增长目标"层层加码"对企业创新的影响机制,主要从融资约束和创新贡献度两个方面进行研究。

(一)融资约束

在"层层加码"的经济增长目标的驱动下,政府为了拉动 GDP,会试图对土地、资本、资源等要素进行干预和控制,导致要素市场在价格和配置上的扭曲(余泳泽,2018)。要素市场的扭曲,尤其是融资结构的扭曲会提高企业融资成本,减少企业的创新投入,降低企业的创新积极性。为此,本书引入了企业税负、银行贷款以及政府补贴三个变量以考察融资约束的中介效应。变量定义借鉴徐业坤和马光源(2019)的做法,企业税负等于企业支付的各项税费减掉收到的税费返还后,再除以企业的营业收入,政府补贴等于企业获得的政府补助占企业营业收入的比重,银行贷款用企业取得借款收到的现金衡量,检验结果如表6-9所示。从列(1)、列(3)、列(5)的结果可以看出,在控制了相关变量、时间以及个体效应之后,$Diff$ 的估计系数在1%水平下显著,即"层层加码"现象越严重的地区,企业的税负压力越大,获得的银行借款和政府补贴越少。从列(2)、列(4)、列(6)的结果可以看出,企业税负显著降低了企业创新水平,政府补贴明显提高了企业创新水平,而银行借款虽然也促进了企业创新活动,但是效应并不显著;在控制了中介变量的影响后,$Diff$ 估计系数的绝对值略有下降,但依然在1%水平下显著为负,表明融资约束部分中介了"层层加码"对企业创新的抑制作用。此外,为了保证检验结果的可靠性,本书借鉴李姝等(2018)的做法,对中介效应在此进行 Sobel Z 检验。当中介变量为 Tax、$Loan$ 和 $Subsidy$ 时,对应的 Sobel Z 统计量分别约为 -1.75、-0.10 和 -5.33,说明企业税负和政府补贴的中介效应至少在10%水平下显著,而银行借款的中介效应不显著。综合看来,经济增长目标"层层加码"明显加剧了企业融资约束,进而抑制了企业创新。

(二) 创新贡献度

企业进行产品研发和技术创新的目的是提高企业竞争力和收益水平,创新对企业绩效的贡献度越高,企业创新动力越大;反之,企业的创新积极性越小。地方政府为了尽快兑现设定的经济增长目标,大力发展房地产业,导致城市房价上涨并带动相关的行业利润率上升,企业在高利润的吸引下可能更愿意将资金投入获利较高的房地产部门,从而降低了对生产性部门的创新投入(余泳泽、张少辉,2017)。基于此,本书构建了创新贡献度指标($Contri$)以考察"层层加码"是否会通过影响创新对企业绩效的贡献,进而降低企业创新水平[①],检验结果如表6-9所示。由列(7)的结果可以看出,$Diff$的估计系数在1%水平下显著为负,说明"层层加码"显著降低创新对企业绩效的贡献。列(8)的结果显示,在控制了中介变量$Contri$之后,$Diff$估计系数的绝对值虽然有所下降,却仍在1%水平下显著为负,说明$Contri$是部分中介变量,即经济增长目标"层层加码"会通过降低创新对企业业绩的贡献度进而抑制企业创新。

表6-9 中介效应检验

变量	(1)企业税负	(2)专利	(3)银行贷款	(4)专利	(5)政府补贴	(6)专利	(7)创新贡献度	(8)专利
"层层加码"	0.295*** (0.081)	-0.051*** (0.009)	-0.862*** (0.076)	-0.055*** (0.009)	-0.089*** (0.013)	-0.050*** (0.010)	-0.162*** (0.016)	-0.045*** (0.009)
企业税负		-0.002*** (0.001)						

[①] 参考王仝景和温军(2019)的研究,创新贡献度($Contri$)=企业主营业务收入增长率/专利申请量。

续表

变量	(1) 企业税负	(2) 专利	(3) 银行贷款	(4) 专利	(5) 政府补贴	(6) 专利	(7) 创新贡献度	(8) 专利
银行贷款				0.001 (0.001)				
政府补贴						0.051*** (0.006)		
创新贡献度								0.033*** (0.001)
其他变量	控制	控制	控制	控制	控制	控制	控制	控制
常数项	-17.002*** (3.172)	-9.348*** (0.403)	49.976*** (2.559)	-9.387*** (0.403)	0.751 (0.542)	-9.254*** (0.509)	9.152*** (1.492)	-9.573*** (0.410)
样本量	32806	19156	32809	19156	23093	14437	13861	17635
R^2	0.324	0.421	0.287	0.430	0.347	0.545	0.308	0.251

第六节 小结

在"层层分包"的行政体制和唯 GDP 的晋升锦标赛下，上级政府官员为了掌握晋升优势，竭尽所能地获取对经济增长有利的要素资源，并在下级政府官员之间组织开展围绕经济增长的政治竞争。在多层级政府竞争中，地方官员追求经济增长的激励被逐级放大，出现所谓的"层层加码"，其深刻影响了地方政府行为以及地区资源配置，并通过政府"有形的手"影响到辖区企业的生产经营活动。

本书运用 2002—2018 年中国沪深 A 股上市公司和省级面板数据，以各省制定的经济增长目标与中央政府提出的经济增长目标差额刻画多层级政府间的"层层加码"现象，以研发投入和专利申请数量刻画企业创新水平，实证分析了"层层加码"对企业创新水平的影响。研究结论如下：①地方政府经济增长目标的"层层加码"显著降低了企业创新水平。②官员绩效考核指标的转变有效缓解了"层层加码"对企业创新的抑制作用。③分样本回归发现，相较于非国有企业，国有企业受"层层加码"的影响更大；相较于非管制性行业，"层层加码"对企业创新的抑制作用在管制行业中表现得更加明显；企业所在地区的市场化水平越低，企业创新受到"层层加码"的影响越大。④中介效应检验表明，"层层加码"会通过加剧企业融资约束以及降低创新贡献度来抑制企业创新。

本书的研究对于完善官员考评制度，加快建立以企业为主的创新体系具有如下启示：①"层层加码"使地方政府面临较高的经济增长目标压力，从而不利于辖区企业创新活动的开展，未来应进一步完善政府治理和官员治理。一方面，地方政府要结合地区经济发展水平和资源禀赋来科学制定经济增长目标，避免因盲目竞争造成地区资源错配的不利后果；另一方面，需要完善官员绩效考评制度，弱化GDP增速，加强对科技创新、环保等体现经济发展质量指标的考察，把制度优势更好转化为治理效能。②地方政府在经济增长目标压力下的短期行为会占用大量财政和信贷资源，提高企业融资难度，降低创新对企业绩效的贡献，进而抑制企业创新。应明晰政府和市场的边界，推进地方政府向服务型政府的转变，减少对经济的不当干预，为企业创新营造良好的外部环境。③"层层加码"对企业创新的影响在不同产权性质、不同行业的企业间存在差异，故地方政府在制定相关产业政策时应结合行业、企业特征，从而提高政策执行效率。

企业技术创新是一项复杂的系统工程，受企业规模、治理结构、市场环境以及政治生态等诸多因素的影响，本书从多层级政府竞争视角进行了初步探讨，得到了一些有价值的结论。但限于数据，本书没有详细考察市级政府和县级政府的经济增长目标加码对企业创新的影响、官员个体特征的作用等，这些都将是笔者未来研究的重要内容。

第七章

经济政策不确定性与企业创新

第一节 问题的提出

党的十九届五中全会对科技创新进行专章部署，放在了各项规划任务的首位，这在我们党编制五年规划的历史上是第一次。科技创新被提至前所未有的高度，而企业是创新的主体，探究如何激发企业创新活力，提升企业创新水平成为当前亟待解决的突出问题。

技术创新是一项系统工程，企业创新标的和方向的选择不仅要考虑企业内部财务状况和治理结构，也要考虑企业所处的经济政治环境。当今世界正值"多事之秋"，2020年全球经济政策不确定性年度指数约为320，比2008年国际金融危机时期上升了近160%，又创历史新高。从国内情况来看，中国处于全面深化改革时期，政府采取了一系列宏观调控政策和重大改革举措，这些措施在助益中国经济健康增长的同时，也提升了经济政策的不确定性。加上受中美贸易摩擦和新冠肺炎疫情的影响，2020年中国经济政策不确定性年度指数达到748。对企业而言，外部环境波动既是风险，也是机遇。一方面，在宏观经济波动的大环境下，企业的资源获取、生产经营和利润创造均会承受不确定性带来的压力。另一方面，不确定性是企业利润的重要来源（Knight，1921），"黑天鹅"的出现可以为企业创造新的投资机会,把握时机,便可从中受益。那么,面对不断上升的经济政策不确定性,企业会如何配置创新资源,是减少研发支出以待时机,还是借此加快创新脚步,以正合奇胜之道扩大企业优势?对此问题的回答,不仅有助于厘清经济政策不确定性对企业创新活动的影响和作用机制,理解宏观经济政策和微观企业互动行为,更可以为企业应对外部环境不确定性提供合理建议,为政府制定创新政策提供参考。

关于经济政策不确定性对企业创新活动的影响,学界对此进行了诸多探讨。一些学者遵循实物期权理论和融资约束理论,认为企业研发投资具有明显的不可逆特征,在企业经营环境不确定性升高时,企业将减少风险高、周期长的研发活动(郝威亚等,2016;郭华等,2016)。李后建(2018)、王全景和温军(2019)等以官员更替刻画政策不确定性,发现官员更替显著抑制了企业创新。与他们的研究不同,一些学者主张企业研发投资属于特殊投资,创新是企业获得超额利润的重要手段,当经济政策不确定性上升时,企业会通过加大创新投入谋求或重新获得市场势力。孟庆斌和师倩(2017)、顾夏铭等(2018)研究表明,经济政策不确定性对企业创新活动具有促进作用。孙成等(2021)构建了人—境交互的创新决策模型,提出政策不确定性认知可以促进企业探索式创新。

整体来看,既有文献多从线性角度考虑经济政策不确定性和企业创新活动的关系,且尚未形成一致结论。形成"抑制论"和"促进论"两种截然相反的观点的原因除了对经济政策不确定性的度量方式存在差异外,已有研究还忽略了企业的重要特质——企业韧性,而这对于我们理解经济政策不确定环境下的企业创新行为至关重要。已有研究表明,韧性较强的企业具备更丰富的资源储备和更强的自我更新能力,这些特质使其能从容应对外部环境变化,并在危机中实现逆势增长,而韧性较低的企业在面对外部环境冲击时,却常因资源短缺被重新洗牌,陷入进退维谷的境地(Linnenluecke,2017;Ortiz-De-Mandojana and Bansal,2016;李平、竺家哲,2021)。沿此思路,当经济政策不确定性上升时，韧性不同的企业对创新活动的态度或存在差异。

鉴于此，本书尝试从企业韧性角度出发，从企业成长和企业盈利能力两个方面，利用共同因子模型对企业韧性进行估算，在此基础上，通过构建面板门槛模型，探索经济政策不确定性对不同韧性的企业创新活动的异质性影响和作用机制。和已有文献相比，本书的主要贡献体现在三个方面：首先，将企业韧性引入经济政策不确定性和企业创新活动二者关系的分析，检验了经济政策不确定性对企业创新影响的门槛效应，并从企业未来的创新贡献度、融资约束和经理人风险偏好三个方面探讨了经济政策不确定性影响企业创新活动的机制，这为理解宏观经济波动和微观企业创新决策的互动关系提供了新视角、新解释、新证据，丰富了该主题的研究。其次，探索了企业韧性的估算方法。由于企业韧性不能直接观测，现有研究主要采用问卷调查法和二手数据法，而前者数据获取成本较高，后者不能充分体现企业韧性的核心内涵。本书尝试遵循企业韧性的概念界定，基于外部冲击视角，利用共同因子模型测算了企业韧性，而非使用若干指标的简单代理，这可以为后续研究提供有益参考。最后，在当前"VUCA"（动荡性、不确定性、复杂性、模糊性）的时代下，增强发展韧性、提升高质量发展能力是企业和政府要考虑的重要问题。本书的研究可以为企业探寻可持续发展路径提供新的思路，为政府把握改革、增长与稳定的平衡点提供政策启示。

第二节 文献回顾与理论分析

一 企业韧性

韧性是一个跨学科的概念，描述了复杂适应系统的跨时空动态发展（Folke，2006）。在不同学科，韧性被赋予了不同的内涵，在生态学领域，韧性被定义为生态系统在不改变其主要功能和结构的情况下吸收外部扰动的能力（Holling，1996）；在经济学领域，韧性是指经济系统抵御冲击并调整自身发展路径的能力或风险吸收（或风险抵御）能力（苏杭，2015；王永贵、高佳，2020；刘晓星等，2021）；在管理学领域，韧性是企业在预测、避免、调整应对环境冲击方面的潜在能力，是企业实现可持续发展的重要路径（Sajko et al.，2020；李平、竺家哲，2021）。综合现有研究，本书认为，韧性的核心思想体现在系统受到外部冲击后的动态调整过程，企业韧性可以理解为企业消化外部冲击和吸收风险的动态能力，它展现了企业化解外部冲击、适应不断变化的环境以及受到冲击后恢复稳定状态的综合能力。随着VUCA时代的来临，企业面临越来越多的未知冲击，如何随机应变、化风险为机遇是对企业综合素质的检验，而企业韧性水平的差异也直观体现在企业面临不同外部冲击时的反应程度上。一方面，当正向外部冲击来临时，相较于低韧性企业，高韧性企业更可能通过有效整合配置内部资源迅速应对，因势利导，抓住风险中的机遇，扩大正向冲击的影响，实现突破式发展。另一方面，当负向外部冲击来临时，具有韧性的企业不仅能从容应对，而且能在恢复和调整的基础上不断反超前进，减少负向冲击的影响，实现逆势增长，展现出强大的生命力。

企业韧性的多维特征和潜在特质使其不能被直接测量，现有研究主要采用两种间接方式。一是问卷量表法。学者们从静态视角、动态视角、过程视角和结果视角将企业韧性进行层层解构，开发了多种量表，测量维度包括企业的预测性、适应性、冗余性等（Girish et al.，2018；Kantur and Iseri-Say，2015；Alves et al.，2018）。二是使用二手数据，观察企业在长时期或者特定事件发生后的表现，这种方式被广泛运用在实证研究当中。Ortiz-De-Mandojana和Bansal（2016）运用121家美国配对公司面板数据，从财务波动性、销售收入增长率和存活率三方面度量了企业韧性。李欣（2018）使用中国上市公司数据构造了企业长期投资支出模型，使用企业长期投资平滑度作为企业韧性的代理变量。胡海峰等（2020）使用企业在金融危机期间的股价下跌幅度、下跌持续时间、股价恢复程度测度企业韧性。

关于企业韧性对企业短期效益和长期成长的影响，以往文献对此进行了初步探讨。从企业内部来看，韧性构建可以让企业拥有更积极的自我感知能力，通过及时的信息分享和灵活的决策机制，使企业在面对风险和危机时更具机动性；拥有更丰富的资源储备，而冗余的资金和现金流可以让企业有一个缓冲期，人才储备有助于构筑信任关系和缓解矛盾，促使员工更积极应对不确定性；拥有更强的自我更新能力，可以帮助企业在不确定的环境中学习，实现逆势增长（Linnenluecke，2017；李平、竺家哲，2021）。在充满竞争和不断变化的市场环境中，韧性也为企业成长带来了正向的外部反馈。Gao等（2017）研究发现，企业韧性可以提升交易信心，推动企业长期发展。李欣（2018）提出，韧性对企业短期绩效具有抑制作用，对长期绩效却有驱动作用，且这种驱动效应随时间推移不断增强。Keum（2020）认为，韧性展现了企业的动态调整能力，提高韧性有助于企业长期的发展。还有一些学者探讨了企业韧性的调节作用，比如赵思嘉等（2021）研究发现，组织韧性在创业型领导与新创企业绩效的关系中发挥了积极作用。陈诗一和陈登科（2016）研究发现，融资约束对全要素生产率具有负向影响，但这种作用会随着企业效率韧性，尤其是高效率企业效率韧性的提高而降低。

综合而言，围绕企业韧性及其对企业经营活动的影响展开的研究是大量而丰富的，这为本书提供了重要启示和有益借鉴。但是，关于企业韧性对企业生产经营的重要环节——创新活动的影响，或者韧性不同的企业在创新决策制定和创新资源配置方面是否存在差异，鲜有文献提及。而这恰恰是在VUCA时代，鼓励企业加强自主创新，积极应对不确定性必须要关注的问题。另外，已有研究关于企业韧性的度量方式有待完善：问卷量表法虽然能够严格遵循韧性的内涵和外延设计相应问题，但是难以将调查样本拓展，调查成本较高；基于二手数据的度量方法虽然大大降低了数据获取成本，但是指标单一，未能充分反映韧性的核心内涵，比如外部冲击、异质性反应等，干扰因素较多。本书尝试综合问卷量表法和二手数据方法的优势，基于韧性的概念界定，构建纳入外部冲击、异质性反应的韧性度量模型，利用二手数据对于企业韧性进行估算，在此基础上，检验企业韧性对经济政策不确定性和企业创新活动二者关系的影响。

二 经济政策不确定性、企业韧性与企业创新

不同于普通投资，研发投资具有周期长、特质性高、成功率低等特征，同时，宏观环境变化又令未来市场扑朔迷离，导致企业难以形成准确预期，因此，当经济政策不确定性上升时，"理性的"企业出于风险防范意识会减少创新活动。但是，当外部冲击来临时，往往风险与机遇并存。同时，创新一直是一项高风险与高收益并存的活动，也是企业获取、维持、扩大竞争优势的重要手段，蕴藏着企业未来发展的机会（Holmstrom，1989）。而且，创新活动需要企业持续的资金、人才投入，一旦中断或终止，将会给企业带来巨大的损失，已有的技术优势也可能不复存在。所以，面临外部环境波动，无论是企业为了追逐高额利润，还是不堪重负停止研发活动带来的损失，抑或是两者兼而有之，企业不会减少甚至会加大创新投入。综合两个方面的分析，当经济政策不确定性提高时，企业需要权衡未来的收益和风险，经济政策不确定性对企业创新活动的影响不是简单线性的。

Bloom（1985）提出，除了兴趣、热情等因素外，韧性也是个人获得成功的重要素质；Duckworth 等（2007）提出，有韧性的人愿意在一个项目上投入大量时间和精力，因此更容易实现个人长期目标。反映到企业投资行为上，为了长期收益和发展，韧性较高的企业或企业家更容易接受短期成本，且不会轻言放弃，这也是企业绩效优势的重要来源（Williams and Desteno，2008；李欣，2018）。另外，相对于低韧性企业，高韧性的企业具备更多的资源储备，这会让企业以更积极的态度应对外部环境变化，而不是一味减少投资。这些研究都在

启示我们，面对经济政策不确定性上升，韧性不同的企业会制定不同的创新战略。首先，具有"未雨绸缪"意识的高韧性企业通常比较关注自身的抗风险能力，善于发现早期预警信号，可以在出现外部干扰之前，通过对风险和不确定性的感知，及时启动防范预案，从而减少经济政策波动对创新活动的负面影响。其次，和低韧性企业相比，高韧性企业具有更强的适应性，对投资更有耐心，充分的资源储备让其有能力从容应对外部环境变化。一方面，"冗余的"财务资源可以让企业的创新投资更平滑，避免因资金链断裂而造成创新活动终止；另一方面，充分的资源储备可以向组织内部传达积极信号，营造心理安全氛围，使员工持续保持工作投入，携手应对不确定性。再次，创新活动具有较强的开发性和探索性，经济政策不确定性的上升意味着企业面临更严重的信息不对称，这会驱使企业通过创新活动摆脱信息不对称的困境，谋求自我发展与提升（孟庆斌、师倩，2017；孙成等，2021）。具有韧性的组织充斥着各类"即席创作者"（李平、竺家哲，2021），即兴战略的合理运用可以通过企业资源的再平衡和再配置，帮助企业迅速对危机做出反应并灵活调整创新活动。最后，高韧性企业具有较强自我的更新能力，善于总结反思企业经营管理中存在的问题，并且能在后危机时代中寻求新的创新机遇，实现逆势增长。

综上分析，本书提出如下命题：

命题7-1：经济政策不确定性与企业创新活动存在非线性关系，当经济政策不确定性上升时，低韧性企业会减少创新活动，而高韧性企业会加大创新投入。

研发投资是企业投资的重要组成部分。经济政策不确定性对企业创新的影响研究起源于宏观经济政策不确定性对微观企业投资决策的影响研究。关于经济政策不确定性如何影响企业投资决策，主要存在三种理论（Gulen and Ion，2015；谭小芬、张文婧，2017；刘贯春等，2020）：一是实物期权理论，强调经济政策不确定性提高了企业投资决策的等待期权价值，企业会主动延迟投资直至不确定性缓解。

如果是创新投资，经济政策波动将会为企业未来的创新收益增添不确定性，降低创新活动对企业的贡献，进而削弱企业的研发动机。二是融资约束理论，认为随着经济政策不确定性的上升，借贷双方的信息不对称现象越发严重，金融机构获取企业经营信息难度增加，将会索要更高回报，造成企业融资成本上升。另外，经济政策不确定性也会对企业资产和抵押品价值产生负面影响，降低企业融资能力，不利于企业信贷资源获取。三是经理人风险厌恶理论。股权激励在提高经理人的努力水平的同时，也让经理人置于特殊风险之中。Panousi 和 Papanikolaou（2012）研究发现，当特质风险上升时，公司投资将会下降，这种抑制作用在经理人持有更多公司股票的样本中表现得更明显。以上三种机制也为"经济政策不确定性会抑制企业创新活动"提供了理论支撑。但是经过前文分析，我们推测，当经济政策不确定性上升时，对于不同韧性的企业，企业的"等待期权价值"、融资成本和经理人风险偏好的影响也将存在较大差异。为了检验这一推测的合理性，探究经济政策不确定性影响不同韧性企业的创新决策的机制渠道，本书提出了如下命题：

命题 7-2：经济政策不确定性上升会降低创新活动对企业的贡献，这种作用在低韧性企业中更明显。

命题 7-3：经济政策不确定性上升对企业融资具有负面影响，这种影响对低韧性企业更显著。

命题 7-4：经济政策不确定性会通过经理人风险偏好影响不同韧性企业的创新资源配置。

第三节 研究设计

一 模型设定

为了考察经济政策不确定性对企业创新活动的影响，借鉴成力为等（2021）、刘贯春等（2020）的研究，本书首先构建了如下线性回归模型：

$$Innovation_{it} = \alpha_0 + \alpha_1 EPU_{it} + \alpha_2 Lev_{it} + \alpha_3 Size_{it} + \alpha_4 Subsidy_{it} + \alpha_5 Growth_{it} +$$
$$\alpha_6 Age_{it} + \alpha_7 Top5_{it} + \delta_1 Eg_t + \delta_2 M2g_t + \mu_i + \varepsilon_{it} \quad (7-1)$$

其中，下标 i 和 t 分别表示企业和年度；被解释变量 $Innovation_{it}$ 表示企业的创新水平；关键解释变量 EPU_{it} 表示经济政策不确定指数。同时，本书选取了六个企业控制变量，依次为企业杠杆率（Lev）、企业规模（$Size$）、政府补贴（$Subsidy$）、企业成长性（$Growth$）、企业年龄（Age）、股权集中度（$Top5$）。由于经济政策不确定指数是时间序列数据，加入时间固定效应将造成多重共线性，因此，本书以经济增长（Eg）、货币政策（$M2g$）刻画不随企业变化的时期特征和宏观经济环境变化。μ_i 表示企业固定效应，用来控制不随时间变化的企业特征；ε_{it} 表示随机扰动项。考虑到扰动项的异方差和序列相关性，使用企业层面聚类的稳健标准误。

根据前文的理论分析，企业韧性可能会影响经济政策不确定性和企业创新活动的关系。门槛模型可以在不同的区间内构建分段函数，识别关键自变量对因变量的影响是否存在门槛效应，非常契合本书的研究。因此，本书在式（7-1）基础上，进一步构建了面板门槛模型，如式（7-2）所示：

$$Innovation_{it} = \alpha_0 + \theta_1 EPU_{it} \times I(Resili \leq \gamma_1) + \theta_2 EPU_{it} \times I(Resili > \gamma_1) + \cdots + \theta_n EPU_{it} \times I(Resili \leq \gamma_n) + \theta_n EPU_{it} \times I(Resili > \gamma_n) + \alpha_2 Lev_{it} + \alpha_3 Size_{it} + \alpha_4 Subsidy_{it} + \alpha_5 Growth_{it} +$$
$$\alpha_6 Age_{it} + \alpha_7 Top5_{it} + \delta_1 Eg_t + \delta_2 M2g_t + \mu_i + \varepsilon_{it} \quad (7-2)$$

其中，$Resili$ 表示企业韧性，是门槛变量，γ_n 表示待估计的门槛值，$I(\cdot)$ 是示性函数，满足括号中的条件，则 $I=1$，反之，$I=0$。

二　变量说明

1. 企业创新（$Innovation$）

参考茅锐（2017）、顾夏铭等（2018）的研究，本书从投入和产

第七章 经济政策不确定性与企业创新

出两个角度,分别使用企业研发支出占营业收入的比重（$RDratio$）、企业研发支出金额（RD）和专利申请数量（$Patent$）、发明专利申请数量（$Invention$）、实用新型专利申请数量（$Utility$）、外观设计专利申请数量（$Design$）衡量企业创新水平。

2. 企业韧性（$Resili$）

为了测试企业韧性,本书构建了如下模型:

$$y_{it} = \beta_0 + \alpha_i + \theta_t + x_{it}^T\beta + \varepsilon_{it} \tag{7-3}$$

其中,y_{it}为企业经营活动变量,本书在基准回归中用企业营业收入增长率表示,在稳健性检验中用企业资本回报率（ROA）表示。x_{it}则为影响企业经营活动的一系列可观测因素,比如企业规模、股权结构、管理层特征等[①]。α_i和θ_t代表影响企业经营活动的不可观测因素,前者不随时间变动,后者截面维度保持不变。ε_{it}为随机扰动项。

为了捕捉外部冲击对企业经营活动的影响,本书在式（7-3）的基础上,将影响企业经营活动的不可观测因素进行分解,引入外部冲击和异质性反应,构建了如下交互固定效应模型:

$$y_{it} = \beta_0 + \alpha_i + \theta_t + x_{it}^I\beta + v_{it} + \xi_{it} \tag{7-4}$$

其中,v_{it}衡量了企业经营绩效在外部冲击来临时的偏离方向和程度。借鉴 Bai（2009）的研究,v_{it}可进一步分解为$\sum_{l=1}^{d}\lambda_{il}f_{lt}$,$f_{lt}$表示企业在$t$时期面临的第$l$个外部冲击,反映了外部冲击的强度和方向,其只随时间变化,对于所有截面样本均相同;λ_{il}表示企业i面临第l个外部冲击时的反应,不随时间变化,体现了截面异质性;外部冲击和截面异质性两者的乘积捕捉了不同企业在不同时期受到外部冲击时的变化和反应。根据前文的分析,具有韧性的企业可以"以变应

[①] 在经营活动模型［式（7-3）和式（7-4）］中,当被解释变量是企业营业收入增长率时,参考冯学良等（2021）、方芳和蔡卫星（2016）,模型中加入了企业规模、企业财务杠杆、ROS、企业年龄、固定资产增长率以及管理层特征变量;当被解释变量是企业资本回报率时,参考辛琳和张萌（2018）,模型中加入了企业规模、企业财务杠杆、企业年龄、股权集中度、资本密集度以及管理层特征变量。

变",扩大外部冲击对企业的正向影响,降低外部冲击带来的负向影响,因此,我们可以将企业绩效在外部冲击下的反应程度 ν_{it} 作为企业韧性的代理变量。当外部冲击来临时,ν_{it} 越大,说明企业韧性越高。由于外部冲击 f_{lt} 不可观测,因此对式(7-4)的估计不可以直接完成,对此,本书参考了 Bai(2009)的做法①。ξ_{it} 为随机扰动项,其他变量的含义同式(7-3)。

3. 经济政策不确定性(EPU)

借鉴刘贯春等(2020)的做法,本书采用 Baker 等(2016)构建的经济政策不确定性月度指数来衡量中国经济政策的不确定性。由于本书使用的是年度数据,故在回归中使用月度数据的简单算术平均值除以 100 作为年度中国经济政策不确定性的度量指标。

此外,控制变量层面,指标的度量方式依次为:企业杠杆率(Lev),用企业负债总额除以企业期末资产总额表示;企业规模(Size)使用企业期末资产的自然对数;政府补贴(Subsidy)用企业获得的补贴除以企业期末资产总额表示;企业成长性(Growth)用企业的 Tobin Q 值表示;企业年龄(Age)从企业成立当年开始计算;股权集中度(Top5),使用企业前五大股东持股比例表示;经济增长(Eg),使用全国层面 GDP 的增长率来表示;货币政策(M2g)采用 M2 增速表示。

三 样本选择与数据处理

本书选取 2008—2019 年中国沪深 A 股上市公司为初始研究样本,并经过以下筛选程序:①剔除样本期内经过 ST、ST* 以及退市的公司;②剔除金融类上市公司;③剔除样本期内研发支出和专利数据缺

---

① 首先,基于传统面板双向固定效应模型估计相应系数。然后,对残差进行因子分解,得到若干共同因子即外部冲击 f_{lt}。最后,将共同因子代入双向固定效应模型重新估计相应系数和因子载荷即 λ_{it},并继续进行残差的因子分解。反复进行上述步骤直至收敛。

失严重的公司样本；④剔除财务数据异常的公司样本，包括资产为负值、总资产小于流动资产或无形资产、负债为负值等样本。最终得到 563 家企业共 12 年的平衡面板数据。为了减少极端值的影响，增强结论的可靠性，本书对所有企业数据进行上下 1% 的缩尾处理。企业数据来自 CSMAR 数据库、CCER 经济金融数据库以及中国国家知识产权局网站，宏观经济数据来自 Wind 数据库。

第四节 实证结果及分析

一 描述性统计分析

表 7-1 汇报了样本期间内主要变量的描述性统计分析。样本期间内，企业韧性（Resili）的均值约为 0.0004，标准差约为 0.073，说明企业韧性的波动性较大，这一方面是由于不同时期外部冲击的强度差异导致的，另一方面也是近些年企业提高了对韧性的重视程度，不断加强企业韧性建设的结果。从地区角度来看，东部地区企业韧性的平均水平最高，西部地区次之，中部地区最低。这可能是因为东中西地区在经济发展水平、对外开放程度、产业结构、市场监督机制等多方面存在较大差别，使不同地区企业韧性的建设水平和层次也出现明显差距。这也启示我们，企业韧性水平不仅与企业自身的资金、人才、治理结构相关，还与企业所处的市场环境息息相关，对企业行为的分析要充分考虑地区特征。从企业所有制形式的角度来看，非国有企业的平均韧性水平高于国有企业，表现为当外部冲击来临时，非国有企业的反应程度更大一些。

表7-1　　　　　　　　　主要变量的描述性统计

变量含义和符号	计算方式	样本量	均值	标准差	最小值	最大值
企业韧性（Resili）-全样本	利用式（4）估算	6756	0.0004	0.073	-0.147	0.125
企业韧性（Resili）-东部地区		3932	0.0007	0.074	-0.147	0.125
企业韧性（Resili）-中部地区		1545	0.0001	0.062	-0.140	0.074
企业韧性（Resili）-西部地区		1209	0.0003	0.057	-0.138	0.106
企业韧性（Resili）-国有企业		3480	0.0002	0.049	-0.147	0.107
企业韧性（Resili）-非国有企业		3276	0.0012	0.071	-0.140	0.125
企业研发投入（RD）	log（企业研发支出+1）	6756	17.068	1.950	0	21.412
企业专利数量（Patent）	企业专利申请量	6756	2.923	1.494	0	6.692
经济政策不确定性指数（EPU）	月度数据的简单算术平均值/100	6756	2.092	1.180	0.822	4.605
企业杠杆率（Lev）	企业负债/企业资产	6756	0.495	0.219	0.065	0.926
企业规模（Size）	log（企业资产+1）	6756	21.878	1.403	18.700	25.401
政府补贴（Subsidy）	企业补贴/企业资产	6756	0.006	0.011	0	0.081
企业成长性（Growth）	Tobin Q	6756	2.673	2.572	0	17.698
企业年龄（Age）	企业成立年限	6756	16.833	5.420	1	31
企业股权集中度（Top5）	前五大股东持股比例	6756	48.445	15.424	19.130	85.050
货币政策（M2g）	M2增速	6756	0.127	0.040	0.075	0.221
经济增长（Eg）	全国GDP增速	6756	0.105	0.0320	0.066	0.155

二　线性模型估计结果

根据式（7-1）对全样本进行了回归。表7-2的列（1）和列（2）是以企业研发投入衡量企业创新水平所得到的回归结果，表7-

2列(3)至列(6)是以企业专利申请衡量企业创新水平所得到的回归结果。不管采用哪种衡量方式,在控制了个体固定效应、宏观经济环境变化及其他相关影响因素之后,经济政策不确定指数(EPU)的回归系数均为负数,且在1%水平下显著。该结果表明,当经济政策波动较大时,企业会减少研发活动,这与"抑制论"的研究结果一致(Gulen and Ion,2015;张峰等,2019)。

表7-2　　经济政策不确定性对企业创新的影响:线性模型估计结果

变量	(1) RDratio	(2) RD	(3) Patent	(4) Utility	(5) Invention	(6) Design
EPU	-0.001** (0.000)	-0.333*** (0.078)	-0.516*** (0.025)	-0.408*** (0.023)	-0.418*** (0.023)	-0.138*** (0.017)
Subsidy	0.094** (0.045)	19.379** (9.546)	0.574 (2.172)	1.524 (1.930)	1.699 (1.707)	-0.676 (1.078)
Size	0.001 (0.001)	0.467** (0.213)	0.235*** (0.066)	0.191*** (0.054)	0.195*** (0.057)	0.044** (0.021)
Growth	0.000 (0.000)	-0.064 (0.061)	-0.002 (0.014)	-0.014 (0.012)	-0.000 (0.012)	-0.002 (0.006)
JYNL	0.002*** (0.001)	0.248 (0.156)	0.002 (0.037)	-0.004 (0.029)	-0.041 (0.026)	0.008 (0.026)
Lev	-0.003 (0.002)	-0.493 (0.761)	-0.196 (0.145)	-0.119 (0.120)	-0.118 (0.099)	-0.043 (0.089)
Age	0.003*** (0.000)	0.856*** (0.060)	0.085*** (0.013)	0.073*** (0.011)	0.079*** (0.012)	0.016** (0.007)
Top5	0.000 (0.000)	0.054*** (0.014)	0.001 (0.003)	0.000 (0.003)	0.002 (0.003)	-0.000 (0.002)
M2g	0.001 (0.004)	-4.308*** (1.277)	-1.112*** (0.338)	-0.869*** (0.310)	-0.822*** (0.287)	-0.277 (0.235)
Eg	-0.002*** (0.001)	0.994*** (0.189)	-0.088** (0.038)	-0.032 (0.033)	-0.076** (0.033)	-0.033 (0.026)
企业固定效应	Yes	Yes	Yes	Yes	Yes	Yes

续表

变量	(1) RDratio	(2) RD	(3) Patent	(4) Utility	(5) Invention	(6) Design
样本量	5706	5706	5706	5706	5706	5706
F	25.591	78.612	51.637	43.011	39.888	19.686
R^2	0.682	0.736	0.673	0.667	0.676	0.633

注：括号内数字为聚类至企业的稳健标准误。***、** 和 * 分别表示1%、5%和10%的显著性水平。下同。

三 门槛模型估计结果及分析

根据式（7-2）构建的面板门槛模型，将企业韧性（Resili）作为门槛变量，分析经济政策不确定性对企业创新活动的异质性影响。参照王兆华等（2021）的做法，为确定门槛变量的门槛值个数，本书在单一门槛、双重门槛和三重门槛分别估计模型，并采用 Bootstrap 方法（自抽样次数设置为500次）检验门槛值的显著性，模型估计结果如表7-3所示。以企业韧性（Resili）作为门槛变量时，模型的单重和双重门槛值均通过了显著性检验，而三重门槛值未通过显著性检验。表7-3列（1）和列（2）是以企业研发投入（RD）作为被解释变量，列（3）和列（4）是以企业专利申请数量（Patent）作为被解释变量。下文分析以列（1）和列（2）为例。

在单重门槛模型的设定下，当企业韧性较低时（Resili ≤ -0.1255），经济政策不确定性对企业创新活动具有抑制作用，当企业韧性超过门槛值后，经济政策不确定性对企业创新活动的影响显著为正。在双重门槛模型设定下，当企业韧性较低时（Resili ≤ -0.1255），经济政策不确定性（EPU）的对企业研发投入的影响为负，在1%的水平下显著，随着企业韧性的提高（-0.1255 < Resili ≤ 0.0233），经济政策不确定性与企业研发投入显著正相关，在超越一定的阈值后（Resili > 0.0233），这种正向关联开始减弱。单重门槛和双重门槛模型的结果都明确支持了命题7-1，即经济政策不确定性对企业创新活动的影响受到企业韧性的约束，只有低韧性企业才会主动减少创新活动以规避经济政策不确定性的负面影响，在投资决策中变得更加"谨慎"。对于高韧性企业而言，经济政策波动既是风险又是机遇，当其他企业犹豫不决时反而会加大创新投资，增强市场势力，以期获得更多利润和成长空间（顾夏铭等，2018）。正如 Knight（1921）所言，不确定性是企业利润的核心来源，如果能够准确预测未来，企业的利润也就消失了。也许正是由于对待不确定性的态度不同，导致低韧性企业和高韧性企业在经济政策不确定性上升时做出相反的决策。

表7-3 经济政策不确定性对企业创新的影响：门槛模型检验和估计结果

变量	（1）	（2）	（3）	（4）
	RD	**RD**	**Patent**	**Patent**
$EPU \times I$（$Resili \leq \gamma_1$）	-2.766 *** (0.141)	-0.378 *** (0.103)	-0.152 *** (0.024)	-0.353 *** (0.025)
$EPU \times I$（$Resili > \gamma_1$）	1.294 *** (0.054)		0.307 *** (0.013)	
$EPU \times I$（$\gamma_1 < Resili \leq \gamma_2$）		2.039 *** (0.208)		0.858 *** (0.047)
$EPU \times I$（$Resili > \gamma_2$）		0.137 ** (0.063)		0.419 *** (0.015)
γ_1 估计值	-0.1255	-0.1255	-0.1080	-0.1080
γ_2 估计值		0.0233		0.0368
单重门槛 F 值	103.93 ***	103.93 ***	160.91 ***	160.91 ***
双重门槛 F 值		232.30 ***		146.11 ***
三重门槛 F 值		22.17		10.34
常数项	0.462 (0.811)	3.014 *** (0.828)	0.229 (0.201)	0.834 *** (0.205)
控制变量	Yes	Yes	Yes	Yes
企业固定效应	Yes	Yes	Yes	Yes
样本量	6756	6756	6756	6756
F	242.780	246.909	74.960	90.016

四 稳健性检验

本书进行了一系列稳健性检验①：首先，替换企业韧性度量指标。在企业经营活动模型中［式（7-3）和式（7-4）］，使用企业资本回报率作为被解释变量重新估算企业韧性，重复上文研究过程，估计结果如表7-4列（1）和列（2）所示。其次，使用经济政策不确定性指数的年度几何平均数进行回归，估计结果如表7-4列（3）和列（4）所示，与上文结论基本保持一致。最后，考虑到经济政策不确定性对企业行为的影响可能存在滞后效应，同时为了解决反向因果问题，本书将所有解释变量滞后一期，重新估计式（7-2）。估计结果如表7-4列（5）和列（6）所示，单重门槛检验的F值为976.59，在1%水平下显著，而双重门槛检验和三重门槛检验的F值分别为478.13和63.72，未通过10%水平上的显著性检验，表明模型仅存在单重门槛效应。从估计结果看，随着企业韧性的变化，经济政策不确定性对企业创新活动依然具有截然相反的效应，这与前文结论基本一致。

表7-4　　　　　　　　　稳健性检验

变量	(1)	(2)	(3)	(4)	(5)	(6)
	被解释变量：企业专利申请数量（Patent）					
$EPU \times I$ $(Resili \leq \gamma_1)$	-0.139*** (0.022)	-0.165*** (0.020)	-0.303*** (0.030)	-0.300*** (0.024)	-0.885*** (0.041)	-0.287*** (0.055)
$EPU \times I$ $(Resili > \gamma_1)$	0.309*** (0.013)		-0.398*** (0.018)		0.053*** (0.021)	
$EPU \times I$ $(\gamma_1 < Resili \leq \gamma_2)$		0.375*** (0.017)		0.813*** (0.082)		0.689*** (0.047)

---

① 在稳健性检验和后文的异质性分析中，本书仅汇报了以企业专利申请量（Patent）作为被解释变量的回归结果，更换被解释变量，不影响本书的结论，回归结果备索。

续表

变量	(1)	(2)	(3)	(4)	(5)	(6)
被解释变量：企业专利申请数量（Patent）						
$EPU \times I$ ($Resili > \gamma_2$)		0.280*** (0.015)		0.401*** (0.016)		0.031 (0.019)
γ_1 估计值	-0.0454	-0.0454	-0.1080	-0.1080	-0.0529	-0.0529
γ_2 估计值		0.1072		0.0339		-0.0215
单重门槛 F 值	106.62***	106.62***	158.02***	158.02***	976.59***	976.59***
双重门槛 F 值		31.64*		162.19***		478.13
三重门槛 F 值		16.10		48.20		63.72
控制变量	Yes	Yes	Yes	Yes	Yes	Yes
企业固定效应	Yes	Yes	Yes	Yes	Yes	Yes
样本量	6756	6756	6756	6756	6193	6193
F	78.59	74.26	84.04	81.22	56.91	139.71

第五节 进一步讨论

一 异质性分析

从企业韧性的估算结果来看，不同地区和不同所有权性质的企业韧性水平存在明显差异。同时大量研究表明，宏观经济环境对微观企业的影响也存在区域异质性和企业异质性。首先，完善的现代市场体系可以为企业提供良好的融资环境和有效的产权保护制度，促进创新要素自主有序流动，强化企业创新意愿。王全景和温军（2019）、靳光辉等（2016）研究发现，在市场化水平较高的地区，政策不确定性或官员更替对企业投资的抑制作用较低。因此，本书把样本根据2008—2014年各省份市场化指数均值划分为高市场化水平和低市场化水平两个子样本进行回归①，以考察企业韧性对经济政策不确定性和

---

① 各省份市场化指数来源于王小鲁等编制的《中国各省份市场化指数报告（2016）》。

企业创新活动二者关系的影响是否存在地区差异。检验结果如表7-5列（1）至列（4）所示，在高市场化水平的地区，企业韧性通过了单重门槛的显著性检验，在低市场化水平地区，企业韧性通过了单重门槛和双重门槛的显著性检验。当企业韧性较低时，经济政策不确定性的上升均会显著抑制企业创新活动，这种抑制作用在低市场化水平地区的样本中表现得更加明显；当企业韧性提高时，为了避免丢失企业的竞争优势和争夺技术高地，面对外部环境波动，高韧性企业依然倾向于开展技术创新活动。

其次，在转型中的中国，由于资源禀赋和制度逻辑不同，国有企业和非国有企业的创新行为也大相径庭（王砾等，2018）。为了进一步考察企业韧性的门槛效应是否受到企业所有权性质的影响，我们又将样本分为国有企业和非国有企业两个子样本，回归结果如表7-5列（5）至列（8）所示。本书发现，企业韧性的门槛效应在两个子样本中均通过了显著性检验，说明经济政策波动对企业创新活动的影响在不同所有制企业中均受到企业韧性的约束。比较全样本和分样本的回归结果，可以看出，当企业韧性较低时，经济政策波动的负面影响在非国有企业中更明显。这可能是因为，相较于非国有企业，国有企业享有更多的产品和要素市场的政策优待，创新积极性较小，且国有企业与政府关系密切，掌握信息优势的同时，需要承担稳定经济的政治任务，经济政策波动对企业经营活动的冲击有限。

表7-5　　　　　　　　　　异质性分析

变量	(1)	(2)	(3)	(4)	(5)	(6)	(7)	(8)
	高市场化水平地区		低市场化水平地区		非国有企业		国有企业	
$EPU \times I$	-0.337***		-0.403**	-0.493***	-0.799***	-0.871***	-0.243*	-0.236*
($Resili \leq \gamma_1$)	(0.037)		(0.084)	(0.125)	(0.144)	(0.145)	(0.137)	(0.140)
$EPU \times I$	0.512***		0.332***		0.268***		0.232**	
($Resili > \gamma_1$)	(0.024)		(0.122)		(0.102)		(0.094)	

续表

变量	(1)	(2)	(3)	(4)	(5)	(6)	(7)	(8)
	高市场化水平地区		低市场化水平地区		非国有企业		国有企业	
$EPU \times I$ ($\gamma_1 <$ $Resili \leq \gamma_2$)				0.461** (0.210)		0.657** (0.282)		0.621** (0.278)
$EPU \times I$ ($Resili > \gamma_2$)				0.140* (0.081)		0.338** (0.104)		0.311*** (0.096)
γ_1估计值	-0.1034		0.0920	-0.0920	-0.1368	-0.1368	-0.0012	-0.0012
γ_2估计值				0.0078		0.0327		0.0426
单重门槛F值	122.11***	122.11***	74.31**	74.31**	33.37**	33.37**	65.14***	65.14***
双重门槛F值		25.29		38.33**		114.10***		238.36***
三重门槛F值				24.09		15.20		43.81
常数项	0.636 (0.362)	0.384 (0.359)	1.854*** (0.273)	1.854*** (0.273)	12.499 (0.811)	9.741*** (1.234)	14.102 (1.489)	14.901*** (1.502)
控制变量	Yes	Yes	Yes	Yes	Yes	Yes	Yes	Yes
企业固定效应	Yes	Yes	Yes	Yes	Yes	Yes	Yes	Yes
样本量	3360	3360	3396	3396	3012	3012	3744	3744
F	70.45	72.15	73.10	79.01	83.87	96.36	71.10	86.19

二 机制检验

上文的分析结果表明，当经济政策不确定性升高时，低韧性企业会减少创新活动，高韧性企业会扩大创新活动。已有研究主要根据实物期权理论、融资约束理论和经理人风险厌恶理论分析经济政策不确定性影响企业投资决策的机制渠道，本书也将沿此思路探讨经济政策不确定性对不同韧性的企业创新活动的影响机制。

（一）创新贡献度

企业进行创新的目的是提高自身绩效。根据实物期权理论，经济政策不确定性使未来市场需求难以预测，提高了企业投资的等待期权价值，降低了创新收益，因此，"理性的"企业会采取等待策略，减少当期投资。本书认为,当企业面临的经济政策不确定性升高时,只有韧性较低的企业会因为投资项目前景不明朗,担忧创新收益下降,从而减少创新活动;对于韧性较高的企业而言,不确定性正是企业利润的核心来源,企业倾向于在变化中寻求可持续发展的路径,通过创新扩大竞争优势,这会使经济政策不确定性带来的负面影响被削弱,甚至对企业创新产生促进作用。为了检验这一猜想,即命题7-2,本书采用的思路是:以企业的创新贡献度作为被解释变量[①],使用经济政策不确定性(EPU)和企业韧性($Resili$)的交乘项作为关键解释变量,如果观察到经济政策不确定性的估计系数为负且交乘项的估计系数为正,即表明我们的猜想是正确的,当经济政策不确定性提高时,企业的创新收益会受到负面影响,创新活动对企业业绩的贡献度将会下降,而这种负面影响在低韧性企业中更显著。在回归中,本书控制了企业规模($Size$)、成长性($Growth$)、杠杆率(Lev)、股权集中度($Top5$)、经济增速(Eg)和货币政策($M2g$)的影响。结果如表7-6所示,经济政策不确定性的估计系数显著为负,交乘项($EPU \times Resili$)的估计系数显著为正,将创新贡献度滞后一期回归,结论同样成立。因此,命题7-2得到验证。

表7-6　　　　　　　　　机制检验1

变量	(1) $Contri_t$	(2) $Contri_t$	(3) $Contri_{t+1}$	(4) $Contri_{t+1}$
EPU	-0.509*** (0.224)	-0.386 (0.271)	-0.412* (0.239)	0.313 (0.376)
$EPU \times Resili$		3.026*** (0.919)		3.311** (1.374)

[①] 本书参考王全景和温军(2019)的研究,构建了创新贡献度($Contri$)指标,等于企业营业收入和企业专利数量的比值,即每一项专利为企业带来多少营业收入,$Contri$ 越高,表明创新产出对企业业绩的贡献越大。

续表

变量	(1) $Contri_t$	(2) $Contri_t$	(3) $Contri_{t+1}$	(4) $Contri_{t+1}$
$Resili$		4.451* (2.376)		4.259** (2.103)
控制变量	Yes	Yes	Yes	Yes
样本量	6193	6193	5630	5630
R^2	0.262	0.372	0.278	0.283

(二) 企业融资

技术创新需要企业长期的资金支持，融资问题会直接影响企业创新活动的开展。根据融资约束理论，在经济政策不确定时期，银行和其他投资机构会索要更高的风险溢价，导致企业获得信贷资源变得困难或融资成本上升，投资活动受到抑制。为了检验命题 7-3，考察经济政策不确定性对企业融资的影响以及企业韧性的作用，本书分别使用财务成本和融资约束衡量企业的融资情况，将其作为被解释变量，使用经济政策不确定性（EPU）和企业韧性（Resili）的交乘项作为关键解释变量，以考察企业韧性是否会通过影响企业的融资进而改变企业创新资源配置。企业财务成本（Cwcb）的衡量方法，借鉴聂辉华（2020）的做法，使用财务费用和负债总额的比值表示；企业融资约束程度的衡量方法，借鉴 Hadlock 和 Pierce（2010）的研究，使用企业规模和企业年龄两个变量构建 SA 指数。在模型中，本书加入了企业长性（Growth）、杠杆率（Lev）、股权集中度（Top5）、经济增速（Eg）和货币政策（M2g）等变量。检验结果如表 7-7 所示，随着经济政策不确定性的提高，企业的融资约束和融资成本都会上升，相较于韧性低的企业，高韧性企业融资约束和融资成本上升的幅度要小很多，基本符合命题 7-3 的预期。

表 7-7　　　　　　　　　　机制检验 2

变量	(1) SA	(2) SA	(3) Cwcb	(4) Cwcb
EPU	-0.067*** (0.010)	-0.098*** (0.009)	0.002** (0.001)	0.002* (0.001)
EPU × Resili		4.307*** (0.220)		-0.055** (0.026)
Resili		8.849*** (0.429)		0.133 (0.093)
控制变量	Yes	Yes	Yes	Yes
样本量	5706	5706	5682	5682
R^2	0.782	0.813	0.342	0.417

(三) 经理人风险规避

经理人风险偏好是影响企业投资决策的重要因素。根据经理人风险厌恶理论，在外部环境不确定性上升时期，企业盈利的不确定性也随之升高，经理人出于自身利益的考虑，会减少高风险投资。为了检验命题 7-4，考察在经济政策不确定性升高时，经理人的风险偏好对不同韧性或不同战略导向的企业投资行为的影响是否存在差异，本书尝试用董事会持股比例 (Dshcg) 和管理层持股比例 (Glccg) 作为经理人风险偏好的代理变量 (持股比例越高，经理人风险规避水平越高)，通过比较不同风险偏好的经理人在不同韧性水平的企业投资决策中的差异，为企业韧性的可能作用机制寻找初步证据①。回归结果如表 7-8 所示，主要关注交互项的系数。可以发现，交互项的系数在前三个回归中均未通过显著性检验，而在回归 (4) 中也仅通过了 10% 水平上的显著性检验，命题 7-4 并未得到充分验证。也就是说，在经济政策不确定性上升的环境下，抑制经理人风险规避效应并不是

---

① 我们根据企业韧性 (Resili) 的 33 分位点和 66 分位点将样本划分为三组，选择其中韧性较低和韧性较高的两个子样本进行分组回归。

不同韧性水平的企业创新行为存在差异的原因。

表7-8　　　　　　　　　　机制检验3

变量	(1) RD 低韧性企业	(2) Patent 高韧性企业	(3) RD 低韧性企业	(4) Patent 高韧性企业
EPU	-0.490*** (0.164)	0.041 (0.063)	-0.009 (0.206)	0.113 (0.079)
Dshcg	6.261 (5.087)	1.770 (1.483)		
EPU × Dshcg	-0.005 (1.276)	-0.716 (0.670)		
Glccg			1.862 (1.490)	1.780 (1.195)
EPU × Glccg			-0.602 (0.544)	-0.822* (0.472)
控制变量	Yes	Yes	Yes	Yes
样本量	1524	1524	2030	2030
R^2	0.901	0.895	0.904	0.722

三　企业韧性的信号效应检验

机制分析结果表明，当经济政策不确定性上升时，企业融资难度将会增加，不过高韧性企业融资难度增加的幅度要小于低韧性企业。那么，在激烈的市场竞争中，高韧性企业和低韧性企业的融资状况是否存在群体差异？换句话说，企业韧性能否作为组织内部治理替代，向投资者释放积极信号，从而帮助企业获得更多资金支持，缓解企业融资约束？为了回答这一问题，同时丰富学界对企业融资约束前因变量以及企业韧性效果的探索，笔者构建了如下模型以考察企业韧性的信号效应：

$$Debt_{it} = \beta_0 + \beta_1 Resili_{it} + \beta_2 Growth_{it} + \beta_3 Lev_{it} + \beta_4 Cash_{it} + \beta_5 Size_{it} + \mu_i +$$

$$\lambda_t + \varepsilon_{it} \tag{7-5}$$

其中，$Debt_{it}$为企业融资增长率，具体分为短期融资增长率（$Debt\_S_{it}$）和长期融资增长率（$Debt\_L_{it}$），短期融资增长率使用本期短期借款和应付债券增加额之和除以上一期期末总负债来表示，长期融资增长率使用长期借款增加额除以上一期期末总负债来表示（荆中博等，2021）；$Cash_{it}$为企业的现金流，用经营活动产生的现金流量净额除以总资产表示；λ_t表示不随企业变化的时间固定效应，其他变量的含义同式（7-1）和式（7-2）。如果企业韧性能够向市场传递企业经营的积极信号，预期企业韧性（$Resili$）的回归系数应显著为正。

回归结果如表7-9列（1）和列（2）所示，企业韧性（$Resili$）的回归系数在1%水平下显著为正，说明企业韧性的提高能帮助企业获得更多融资，而且企业韧性对企业长期融资的影响大于企业韧性对企业短期融资的影响，这也为高韧性企业在经济政策不确定性上升时不会减少创新活动提供了间接证据。考虑到投资人决策会参考企业的历史信息，本书把所有解释变量均滞后一期进行回归，结论未发生明显变化，如表7-9列（3）和列（4）所示。

表7-9　　　　　　　　企业韧性的信号效应检验

变量	(1) $Debt\_S_{it}$	(2) $Debt\_L_{it}$	(3) $Debt\_S_{it}$	(4) $Debt\_L_{it}$
$Resili$	0.116*** (0.032)	0.568*** (0.189)		
$L.Resili$			0.175** (0.088)	0.599** (0.104)
控制变量	Yes	Yes	Yes	Yes
样本量	4906	4046	4382	3561
R^2	0.329	0.479	0.351	0.410

第六节 小结

本书基于中国上市公司数据，从企业韧性角度出发，利用面板门槛模型探讨了经济政策不确定性对企业创新活动的异质性影响及其作用机制。研究发现：①企业韧性水平的差异会使经济政策不确定性对企业创新活动的影响产生门槛效应，在韧性水平较低的企业中，经济政策不确定性的上升会抑制企业创新活动，在韧性水平较高的企业中，经济政策不确定性对企业创新具有促进作用。②分样本回归同样发现经济政策不确定性对微观企业创新的影响受到企业韧性的约束，而且当企业韧性较低时，经济政策不确定性对企业创新活动的抑制作用在低市场化水平地区和非国有企业样本中表现得更加明显。③当经济政策不确定性上升时，企业韧性会正向调节经济政策波动对企业创新贡献度和企业融资成本的负面影响，这也是不同韧性水平的企业创新决策存在差异的部分原因。此外，企业韧性可以向投资者释放积极信号，帮助企业获得更多融资，这为高韧性企业在经济政策不确定性上升的环境下，更倾向于加大创新投入提供了间接证据。

与以往研究相比，本书将企业韧性引入宏观经济政策不确定性对微观企业行为影响主题的研究，为考察经济政策不确定性和企业创新活动的关系以及企业韧性如何影响这一关系提供了新的视角、新的理论逻辑，不仅弥补了现有研究的不足，也为企业创新影响因素和企业韧性效果的研究提供了新的微观证据，有助于理解不同企业的创新选择和创新行为，丰富学界关于 VUCA 时代下如何提高企业自主创新能力主题的探索。

本书的研究结论也具有重要的实践启示。就政府角度而言，是要尽可能增强政府行为的连续性和透明性，稳定市场预期，坚定企业创新信心。本书研究表明，经济政策不确定性会抑制低韧性企业的创新活动，这显然与"依靠创新推动实体经济高质量发展，培育壮大新动能"的要求相背离。面向未来，政府应进一步完善经济政策环境，推动有为政府和有效市场更好结合，努力避免因政府集中干预可能导致的经济脆弱性，同时也要对企业韧性构建给予必要关注和支持，提高企业应对经济政策不确定性的能力，为中国经济系统韧性建设奠定微观基础。二是要发挥地方政府的信息优势，制定灵活的创新扶持政策，营造良好的创新生态。对于VUCA时代下，企业创新活动呈现的新特征，出现的新问题，政府要予以重视，坚持因势利导因情施策。从企业角度而言，长期执行"短期主义"只会透支企业发展的原动力，在VUCA时代下，企业应不断加强自身韧性建设，坚定创新信念，不断培育企业竞争优势，用发展的眼光审视经济政策不确定性，识别其中的风险和机遇，实现逆势增长。

由于数据的可得性，本书使用中国上市公司作为研究样本，从企业营业收入增长率和资产收益率两个方向度量企业韧性，虽存在一定的创新，得到一些有价值的结论，但是正如文中所言，企业韧性具有多维特征，且上市公司样本仅能说明部分企业行为，如何更全面地构建企业韧性度量指标，提高结论的适用性，将是笔者未来的研究重点。

第八章

基于契约理论的政府与企业创新补贴博弈分析

第一节 问题的提出

伴随不断增加的政府科技投入，我国企业的创新效率并不高，科研经费浪费现象频频发生，政府创新扶持政策的执行效果与政府的预期相差甚远。造成政府补贴效率低下的主要原因在于企业与政策制定者的初衷不同，而企业的创新行为是企业的私人信息，政府难以逐一观测验证，进而引发逆向选择和道德风险问题（顾元媛、沈坤荣，2012；杨洋等，2015）。正如张维迎在博鳌论坛 2014 年年会上所说："政策资助使企业学坏了，很多企业设法申请资助，但并未真正创新。"在此背景下，对我国当前广泛实施的政府创新补贴政策进行全面的评价和分析，重新审视政府补贴对企业创新活动的作用机制，激发政府和企业共同努力，充分发挥政府补贴政策的激励作用，具有十分重要的理论意义和实际价值。

鉴于此，本书以政府创新补贴背后的逆向选择问题为切入点，将政府和企业分别看作委托人和代理人，从政府和企业的行为动机出发，分别构建了信息对称和信息不对称两种情况下政府和企业的动态博弈，力图刻画政府补贴政策影响企业研发投入的过程与内在作用机制。在此基础上，为了弥补信息不对称带来的低效率，考虑双方的长期合作，建立政府和企业的关系契约，以期为提升政府补贴效率给出了可供参考的建议。

有关政府补贴对企业研发投入的影响问题，一些学者基于凯恩斯经济学和熊彼特的技术创新理论，认为政府创新补贴政策弥补了市场失灵，激发了企业创新活力，对企业研发投入具有激励效用。不同企业由于自身资源禀赋的差异，政府补贴影响其自身创新绩效的过程会有着不同的表现（杨洋等，2015）。白俊红（2011）认为，政府创新补贴对企业的研发投入和产出具有显著正影响，并且企业规模、知识存量等因素会对激励效果产生不同程度的影响。王刚刚等（2017）研究发现，政府创新补贴能够释放基于政府信用的技术认证和监管认证双重信用认证信号，解决企业研发投资面临的融资问题，提高企业研发投入。张杰等（2015）研究发现，在知识产权保护制度不完善的地区，政府补贴尤其是贷款贴息类型补贴对企业研发投入具有明显的促进作用。国外其他学者从不同层面对不同国家的样本数据进行分析，也发现了政府创新补贴与企业研发投入的互补效应（Lach S.，2012；Almus M. and Czarnitzki D.，2003）。

虽然政府的补贴政策为激发企业创新活力、引导企业创新行为、增加研发投入发挥重要作用，但是由于政策实施过程中存在信息不对称及寻租行为，极大地降低了政府补贴政策的激励效应（杨国超等，2017）。针对这一问题，学者们从不同角度分析了传统补贴政策的不足以及优化方式。Braun D.（1993）基于委托代理理论分析了政府科研资助问题，突破了政府科研资助研究缺乏理论框架的局限。安同良等（2009）建立了一个企业与研发补贴政策制定者之间的动态不对称信息博弈模型，研究表明当两者之间存在信息不对称时，原始创新补贴将产生"逆向"激励作用，政策制定者的最优补贴是提高企业的"信号成本"从而形成分离均衡。顾元媛和沈坤荣（2012）从官员激励视角研究了官员晋升和财政分权制度对企业研发补贴的影响，研究发现传统的晋升锦标赛机制降低了政府的研发补贴，财政分权和事权的不匹配会减少企业的研发投入。许春和刘奕（2005）根据研发组织形式和技术溢出程度，建立了政府补贴政策相机抉择模型。刘楠和杜跃平（2005）运用博弈论比较了事前和事后补贴两种方式，认为事前补贴不会产生和提高努力程度的激励，应多采用事后补贴的方式。周亚虹等（2015）以新能源产业为例，提出激励原始创新和转向需求培育将是未来新型产业政策调整的方向。邓若冰和吴福象（2017）构建了政府和企业的三阶段动态博弈模型，探讨了不同研发模式下政府的最优补贴政策和企业研发决策。阿儒涵和李晓轩（2004）以委托代理双方的效用研究为出发点，提出我国政府科研资助关系中的"嵌套的双层委托代理模型"，分析了我国政府稳定拨款和竞争性项目资助中存在问题。岳宇君和胡汉辉（2017）分析了政府与科技型中小企业在政策供给、政策执行、政策寻租及政策争取四个方面的博弈，探求了科技型中小企业的支持政策。

　　以上文献为探索政府创新补贴政策对企业研发投入的影响、提高创新补贴效率提供了丰富的经验证据。但是，关于政府创新补贴效率为何较低、政府补贴政策如何影响企业的创新活动、企业行为如何影响政府政策等问题，还需要进一步从理论层面探析政府补贴效率低下和企业研发投入不足的原因。

　　与现有文献相比，本书可能的创新之处在于：本书以信息不对称下企业逆向选择问题为切入点，首次基于契约理论刻画了不同信息结构下政府和企业的动态博弈，并根据博弈的均衡得到了最优政府补贴系数和企业最优研发投入，同时度量了信息不对称带来的社会福利损失。在政府和企业的博弈中考察了企业的风险偏好、研发项目风险和知识产权保护程度等因素对最优政府补贴系数和企业创新行为的影响，无疑能够为现有研究增添新的理论支持，拓展了现有的研究领域。此外，运用关系契约理论建立了政府和企业的"非正式契约"，这有助于进一步理解政府创新补贴政策的合理性和局限性，发现现行管理措施的薄弱环节，提高政府创新补贴效率。

第二节 问题描述与模型假设

除了为企业营造良好的市场竞争环境，政府激励企业创新活动的方式主要有两种：一种是财政补贴，另一种是税收优惠。财政补贴是指企业获得政府无偿给予的货币性资产或非货币性资产，它是政府的转移支付，是一种事前补贴方式；税收优惠是指国家针对现实要求，对企业某些特殊的情况给予减轻或免除税收义务，是一种事后补贴方式（周涛，2016）。相较于财政补贴，税收优惠公平性、普遍性、增强企业自主性等优点被广泛使用（戴晨、刘怡，2008）。

政府在选择补贴对象时存在信息不对称，需要企业发送"创新信号"，如向政府报告创新项目的投入成本，政府则根据企业所报信息来选择补贴对象和数额。在现实中，一些企业为骗取政府补贴，高薪聘请学者和科研人员到企业挂名，夸大研发项目的技术难度和社会效益，向政府传递"虚假创新信号"（安同良等，2009）。

本书主要考察税收优惠这一事后补贴方式，将政府为鼓励企业增加研发投入提供的税收优惠看作一份"契约"，针对成本节约型技术创新，研究政府和企业的行为动机和选择。为了全面分析政府和企业之间的博弈，进一步做出如下假设：

假设8-1：只考虑政府和企业的两层博弈，且博弈的参与人是理性的。

假设8-2：政府是风险中性的，企业是风险规避的。企业的收益函数采用负指数效用的形式 $U(\pi) = -e^{(-r\pi)}$，其中 r 表示 Arrow-Pratt 风险规避系数，π 表示企业的实际利润。

假设8-3：考虑成本节约型研发活动，现有技术水平下的研发活动的初始成本表示为 x，企业拟进行工艺改进和技术创新，最终研发成本表示为 c，最终研发成本是双方的共同知识。令 $c = x - e + \theta$，其中 e 表示企业的研发投入；θ 表示随机变量，衡量了企业研发项目面临的风险，且

$\theta \sim N(0, \sigma^2)$ $\theta \sim N(0, \sigma^2)$，$\sigma^2$ 越大说明项目的风险越大。

假设 8-4：政府根据企业研发项目的社会效益进行补贴，企业获得的政府创新补贴是企业研发所节约成本的线性函数，即政府补贴为 $\beta(x-c)$，其中 β 表示政府补贴系数。政府追求社会福利最大化，其效用函数为 $(x-c)(1-\beta)$。为了分析政府补贴政策对企业创新活动的激励效应，隐含假设了 $c \leq x$。

假设 8-5：企业的利润函数，令 $\pi = \alpha V + \beta(x-c) - c - \varphi(e, x)$。$V$ 表示企业研发项目的预计收入；α 是对知识产权保护程度的度量，$0 < \alpha < 1$，α 越大说明知识产权制度越完善，企业的利润越大；$\varphi(e, x)$ 表示企业研发投入的成本函数，企业研发投入的成本由现行技术水平和企业的研发投入决定，令 $\varphi(e, x) = kF(x)^\lambda e^2$，其中 k 和 λ 是常数，且 $0 < \lambda < 1$（Chu，2009）。

根据企业研发投入的成本函数，$\varphi(e, x)$ 满足如下性质：

（1）$\dfrac{\partial \varphi(e, x)}{\partial e} > 0$，$\dfrac{\partial^2 \varphi(e, x)}{\partial e} > 0$。表示企业研发投入的成本是研发投入水平 e 的严格增函数，并且随着 e 的增加，ϕ 增加得更快。

（2）$\dfrac{\partial \varphi(e, x)}{\partial x} > 0$。表示企业研发投入的成本是初始成本的增函数，即初始成本越高，技术创新难度越大，企业付出的研发投入成本越高。

由负指数效用假设，企业的确定性等价收入可写为：$CE = \alpha V + \beta(x-c) - c - \varphi(e, x) - \dfrac{1}{2}r(1+\beta)^2\sigma^2$，其中 $\dfrac{1}{2}r(1+\beta)^2\sigma^2$ 表示企业的风险成本。

第三节 不同信息结构下的政府和企业创新补贴博弈

一、信息对称情况下政府和企业的博弈

本书首先分析作为基准的社会最优情况。在社会最优的情况下，

信息是对称的，企业研发过程是可观测的，企业无法谎报信息发送"虚假创新信号"。这是一个完全信息动态博弈，可通过逆向归纳法求解该博弈。

首先考虑企业的选择，在给定 β_s 的情况下，企业的利润为：

$$\begin{aligned}\pi_s &= \alpha V + \beta_s(x-c) - (x - e_s + \theta) - kF(x)^\lambda \hat{e}_s^2 \\ &= \alpha V + (1+\beta_s)(e_s - \theta) - x - kF(x)^\lambda \hat{e}_s^2 \end{aligned} \quad (8-1)$$

企业的确定性等价收入为：

$$CE_s = \alpha V + (1+\beta_s)e_s - x - kF(x)^\lambda \hat{e}_s^2 - \frac{1}{2}r(1+\beta)^2\sigma^2 \quad (8-2)$$

企业面临的问题是，给定政府创新补贴系数，选择最优研发投入水平，最大化自己的确定性等价收入：

$$\max_{e_s} CE_s = \alpha V + (1+\beta_s)e_s - x - kF(x)^\lambda \hat{e}_s^2 - \frac{1}{2}r(1+\beta)^2\sigma^2 \quad (8-3)$$

因为企业是理性的，根据最优一阶条件：

$$\frac{\partial CE_s}{\partial e_s} = 1 + \beta_s - 2kF(x)^\lambda e_s = 0$$

解得：

$$e_s^* = \frac{1+\beta_s}{2k} F(x)^{-\lambda} \quad (8-4)$$

由 $\frac{\partial e_s^*}{\partial \beta_s} = \frac{1}{2k}$ 可知，信息对称情况下，企业研发投入水平和政府补贴系数成正比，即政府补贴对企业创新存在"挤入效应"，这与已有研究结果一致。将式（8-4）代入式（8-1），即可得到信息对称情况下企业的研发投入成本和确定性等价收入：

$$\varphi(e_s^*, x) = kF(x)^\lambda e^2 = \frac{(1+\beta_s)^2}{4k^2} kF(x)^\lambda \quad (8-5)$$

$$CE_s = \alpha V + \frac{(1+\beta_s)^2}{2k} F(x)^{-\lambda} - x - \frac{1}{2}r(1+\beta)^2\sigma^2 \quad (8-6)$$

给定 x、e、c、ϕ，政府的规划为：

$$\max_{\beta_s}(x-c)(1-\beta_s) \tag{8-7}$$

$$\text{s.t. (IR)} \quad CE_s = \alpha V + \frac{(1+\beta_s)^2}{2k}F(x)^{-\lambda} - x - \frac{1}{2}r(1+\beta)^2\sigma^2 \geq 0 \tag{8-8}$$

IR 表示企业的参与约束,即企业进行创新的期望效用不小于自己的保留效用,这里将企业的保留效用设为零。

将企业的参与约束代入政府的目标函数,解得:

$$\beta_s^* = \frac{\alpha V - 2kr\sigma^2 F(x)^\lambda}{\alpha V + 2kr\sigma^2 F(x)^\lambda} \tag{8-9}$$

信息对称情况下政府和企业创新补贴博弈的均衡为:政府制定创新补贴系数为 β_s^*,企业开展创新活动,企业的研发投入水平为 c_s^*,确定性等价收入为 CE_s^*。

进一步分析 β_s^*,容易发现,$\frac{\partial \beta_s^*}{\partial \sigma^2} > 0$,即其他条件不变情况下,研发项目的风险越大,政府补贴系数越高;$\frac{\partial \beta_s^*}{\partial r} > 0$,即其他条件不变情况下,企业风险规避程度越高,政府补贴系数越高;$\frac{\partial \beta_s^*}{\partial \partial} < 0$,即其他条件不变情况下,知识产权制度越完善,政府补贴系数越低。通过比较静态分析,可知 $\frac{\partial e_s^*}{\partial \sigma^2} = \frac{\partial e_s^*}{\partial \beta_s^*} \cdot \frac{\partial \beta_s^*}{\partial \sigma^2} < 0$,即企业的最优研发投入水平随着研发项目风险的增加而降低。

二 信息不对称下政府和企业的博弈

进一步,本书将信息对称的假设放松为信息不对称。面对信息不对称或者高昂的甄别成本,政府在选择补贴对象时面临逆向选择风险。企业研发项目的初始成本 x 为企业的私人信息,政府只知道其服从 $\underline{x}$ 到 $\overline{x}$ 之间的均匀分布,x 的分布函数和概率密度函数以 $F(x)$ 和 $f(x)$ 表示。在信息不对称的情形下,为了获得更高的创新补贴,企业有动机虚报初始成本，夸大研发项目的社会效益和创新价值。这是一个不完全信息动态博弈，同样用逆向归纳法求解。

信息不对称情况下，政府无法观测到 x，只能由 x 的分布函数确定 $\beta_A(x)$。然后，企业根据 $\beta_A(x)$ 确定自己的最优研发投入水平 e_A^*。企业是理性的，其最优研发投入水平必须使自己的确定性等价收入最大化，根据最优一阶条件，有：

$$e_A^* = \frac{1+\beta_A(x)}{2k} F(x)^{-\lambda} = \frac{1+\beta_A(x)}{2k}\left(\frac{x-\underline{x}}{\overline{x}-\underline{x}}\right)^{-\lambda} \quad (8-10)$$

进一步，有 $\frac{\partial e_A^*}{\partial \beta_A} = \frac{1}{2k} > 0$，即信息不对称情况下，企业的研发投入水平与政府补贴系数成正比。

此时，企业的确定性等价收入 $CE_A = \alpha V + \frac{[1+\beta_A(x)]^2}{4k^2}\left(\frac{x-\underline{x}}{\overline{x}-\underline{x}}\right)^{-\lambda} - x - \frac{1}{2}r[1+\beta_A(x)]^2\sigma^2$

由于政府和企业之间存在信息不对称，企业可通过虚报研发项目的初始成本来骗取更高的创新补贴。当企业真实的初始成本为 x 时，企业上报给政府的成本为 x'（$x'>x$）。此时，企业的研发投入水平和确定性等价收入为：

$$e_A^*(x'|x) = \frac{1+\beta_A(x')}{2k}\left(\frac{x-\underline{x}}{\overline{x}-\underline{x}}\right)^{-\lambda} \quad (8-11)$$

$$CE_A(x'|x) = \alpha V + \frac{[1+\beta_A(x')]^2}{4k^2}\left(\frac{x-\underline{x}}{\overline{x}-\underline{x}}\right)^{-\lambda} -$$

$$x - \frac{1}{2}r[1+\beta_A(x')]^2\sigma^2 \quad (8-12)$$

在信息不对称下，政府的规划为：

$$\max_{\beta_A^*} \int_{\underline{x}}^{\overline{x}} (x-c)(1-\beta_A)d_x \quad (8-13)$$

s.t. (IR) $CE_A = \alpha V + \frac{[1+\beta_A(x')]^2}{4k^2}\left(\frac{x-\underline{x}}{\overline{x}-\underline{x}}\right)^{-\lambda} -$

$$x - \frac{1}{2}r[1+\beta_A(x')]^2\sigma^2 \geqslant 0 \qquad (8-14)$$

$$(\text{IC}) \, CE_A(x) \geqslant CE_A(x'|x) \qquad (8-15)$$

企业的参与约束意味着参与博弈的企业所得不低于其保留效用，这里设保留效用为零；IC 表示企业的激励相容约束，意味着企业如实报出成本所获得的确定性等价收入不低于企业虚报成本时的确定性等价收入。

由于激励相容约束要求企业的确定性等价收入必须满足：

$$\frac{\partial CE_A(x')}{\partial x'} = \frac{\partial \beta_A(x)}{\partial x'}[1+\beta_A(x)]\left[\frac{1}{k}\left(\frac{x-\underline{x}}{\bar{x}-\underline{x}}\right)^{-\lambda} - r\sigma^2\right] = 0$$
$$(8-16)$$

那么，$CE_A(x)$ 对 x 求一阶偏导，可得：

$$\frac{\partial CE_A(x)}{\partial x} = -\lambda\frac{[1+\beta_A(x)]^2}{2k(\bar{x}-\underline{x})}\left(\frac{x-\underline{x}}{\bar{x}-\underline{x}}\right)^{-\lambda-1} - 1 \qquad (8-17)$$

可以看出，$\frac{\partial CE_A(x)}{\partial x} < 0$，即企业的确定性等价收入随着 x 的增加而降低。

$$CE_A(x) = \int_x^{\bar{x}}\left\{\lambda\frac{[1+\beta_A(\xi)]^2}{2k(\bar{x}-\underline{x})}\left(\frac{\xi-\underline{x}}{\bar{x}-\underline{x}}\right)^{-\lambda-1} + 1\right\}d\xi \qquad (8-18)$$

等式右侧为类型为 x 的企业所获得的信息租金，类型为 $\bar{x}$ 的企业只能获得保留效用。

将式 (8-17)、式 (8-18) 代入政府的目标函数式 (8-13)，解得：

$$\beta_A^* = \frac{\alpha V - \lambda - 2kr\sigma^2 F(x)^\lambda}{\alpha V + \lambda + 2kr\sigma^2 F(x)^\lambda} \qquad (8-19)$$

信息不对称情况下政府和企业创新补贴博弈的均衡为：政府制定创新补贴系数为 β_A^*，企业开展创新活动，企业的研发投入水平为 e_A^*，确定性等价收入为 CE_A^*。

由 β_A^* 容易发现，$\frac{\partial \beta_A^*}{\partial \sigma^2} > 0$，即其他条件不变情况下，研发项目的风险越大，政府补贴系数越高；$\frac{\partial \beta_A^*}{\partial r} > 0$，即其他条件不变情况下，企业风险规避程度越高，政府补贴系数越高；$\frac{\partial \beta_A^*}{\partial \alpha} < 0$，即其他条件不变情况下，知识产权制度越完善，政府补贴系数越低。通过比较静态分析，发现 $\frac{\partial e_A^*}{\partial \sigma^2} = \frac{\partial e_A^*}{\partial \beta_A^*} \cdot \frac{\partial \beta_A^*}{\partial \sigma^2} < 0$，即企业的最优努力水平随着研发项目风险的增加而降低。

比较不同信息结构下政府补贴系数和企业研发投入水平，可以发现：①$\beta_A^* < \beta_s^*$，信息不对称情况下的政府补贴系数低于信息对称情况下的政府补贴系数。②$e_A^* < e_s^*$，信息不对称情况下的企业研发投入水平低于信息对称情况下的企业研发投入水平。可见信息的不对称，严重削弱了政府补贴政策对企业创新激励效应，一方面，企业有动机利用信息优势获得额外的收益，而不是专注于技术创新，导致企业研发投入不足；另一方面，企业的道德风险也降低了政府对企业创新活动的支持意愿。

第四节　关系契约下的政府和企业创新补贴博弈

考虑到企业创新活动要面临来自研发项目和市场的风险，外部环境的不确定性使"正式规则"的发挥空间受到极大的限制，需要"非正式规则"来缓解或消除这种不确定性（宋寒等，2016）。为了缓解信息不对称带来的低效率，本书建立了政府和企业的"关系契约"。关系契约是基于未来合作价值的非正式契约，是对正式契约的补充和完善。如果双方缔结了关系契约，也就是委托人和代理人在正式契约的基础上，约定根据"事后"可观测但不可正式契约化的标的状态来决定对彼此的"奖惩",那么只要博弈双方足够重视自己的声誉以及持续合作的长期收益,这种关系契约就会给代理人以激励。关系契约隐含假定双方采用触发策略:一旦一方出现违约行为,守约者以后将不再与背约者缔结关系契约,即双方以后的合作中就只有正式契约了。

在政府和企业的关系契约中,政府可在前文正式契约的基础上承诺:在博弈的第一阶段,政府给定创新补贴系数 β_s^{**}($\beta_s^{**} \leq \beta_s^*$),如果事后政府"感觉到"企业的研发投入水平为 e_s^{**},将和企业缔结关系契约,即政府创新补贴系数一直为 β_s^{**};一旦事后发现企业投入小于 e_s^{**},在之后的博弈过程中,政府的创新补贴系数一直为 β_A^*。给定政府的战略,如果企业完成约定,在之后的博弈中将会和政府缔结关系契约,分析前文的均衡可知,企业在之后的博弈中收益为 CE_s^{**}($CE_s^{**} < CE_s^*$)。记 δ 为企业收益的贴现因子,则企业守约获得的收益净现值为:$\sum_0^\infty \delta^t CE_s^{**} = \frac{1}{1-\delta} CE_s^{**}$。如果企业违约,将获得的收益净现值为:$CE'_s(\beta_s^{**}, e) + \sum_{t=1}^\infty CE_A^* = CE'_s(\beta_s^{**}, e) + \frac{\delta}{1-\delta} CE_A^*$。$CE'_s(\beta_s^{**}, e)$ 表示在博弈的第一阶段,给定补贴系数 β_s^{**},企业努力程度小于 e_s^{**} 时所获得的收益。$[CE'_s(\beta_s^{**}, e) - CE_s^{**}]$ 为企业违约所获得的额外收益,分析可知 $[CE'_s(\beta_s^{**}, e) - CE_s^{**}] > 0$。进一步可得,关系契约的"自我实施"条件为 $\frac{1}{1-\delta} CE_s^{**} \geq CE'_s(\beta_s^{**}, e) + \frac{\delta}{1-\delta} CE_A^*$。因此,政府在第一阶段的规划为:

$$\max_{\beta_s^{**}} (x-c)(1-\beta_s) \qquad (8-20)$$

$$\text{s.t. (IR)} \quad \alpha V + \frac{(1+\beta_s)^2}{2k} F(x)^{-\lambda} - x - \frac{1}{2} r(1+\beta)^2 \sigma^2 \geq 0 \quad (8-21)$$

$$\text{(IC)} \quad \frac{1}{1-\delta} CE_s^{**} \geq CE'_s(\beta_s^{**}, e) + \frac{\delta}{1-\delta} CE_A^* \quad (8-22)$$

容易发现,当双方缔结关系契约时,"自我实施"的约束是均衡的关键。当贴现因子 δ 足够大时，双方的合作便可以长期维持。计算可得，$\delta = \dfrac{CE'_s(\beta_s^{**}, e) - CE_A^*}{CE'_s(\beta_s^{**}, e) - CE_s^{**}}$，即 $[CE'_s(\beta_s^{**}, e) - CE_A^*]$ 越大，δ 越小，企业越容易违约，反之亦然。综上可知：当 $\delta = 0$ 时，$\beta_s^{**} = \dfrac{\alpha V - \lambda - 2kr\sigma^2 F(x)^\lambda}{\alpha V + \lambda + 2kr\sigma^2 F(x)^\lambda} = \beta_A^*$，$CE_s^{**} = CE_A^*$；当 $\delta = 1$ 时，$\beta_s^{**} = \dfrac{\alpha V - 2kr\sigma^2 F(x)^\lambda}{\alpha V + 2kr\sigma^2 F(x)^\lambda} = \beta_s^*$，$CE_s^{**} = CE_s^*$；当 $\delta = 1$ 时，$\beta_A^* < \beta_s^{**} < \beta_s^*$，$CE_A^* < CE_s^{**} < CE_s^*$。因此，双方应从长远利益出发，通过关系契约建立长期合作关系，这将有助于弥补信息不对称带来的低效率，实现政府和企业的双赢，进而实现社会效益的最大化。

第五节 小结

本章基于委托代理理论，刻画了不同信息结构下政府创新补贴对企业创新行为的影响机制，并建立了政府和企业的关系契约。主要结论归结如下：第一，政府创新补贴会增加企业的 R&D 投入。不同信息结构下，都有 $e^* = \dfrac{1+\beta}{k} F(x)^{-\lambda}$，即企业的 R&D 投入水平随着政府创新补贴系数的增大而增加。第二，企业的风险规避系数 r、研发项目的风险 σ^2 与政府创新补贴系数 β 成正比。如果企业是风险规避的或者研发项目的风险较高，政府必须为其提供更多支持和保障，才能有效激发企业的创新热情。第三，$\dfrac{\partial CE(x)}{\partial \alpha} > 0$，$\dfrac{\partial \beta}{\partial \alpha} < 0$，即不考虑政府 R&D 补贴的情况下，完善的知识产权保护制度可以增加企业的确定性等价收入，促进企业创新；知识产权保护制度越完善，政府的补贴系数越低。第四，信息不对称情况下，政府创新补贴和企业 R&D 投入水平都低于社会最优，还存在帕累托改进空间。政府可和企业建立基于长期合作价值的关系契约，缓解信息不对称带来的低效率，进

而实现社会效益的最大化。

根据研究结论可知，政府对企业给予创新补贴是必要的，但是补贴方法和补贴效率有待改善。为了最大限度激发企业创新的内在动力，进一步提升创新补贴政策的激励效应，政府不能采取单一措施，必须要在改善企业内部环境和外部环境两个方面持续发力，引导企业创新，同时保障有关法规能一以贯之。具体而言，首先，政府制定创新补贴政策时应根据不同行业而有所侧重。一方面，对于高风险的行业，要遵循市场导向和政府激励相容的产业扶持思路，构建市场导向的创新体系，鼓励企业增加 R&D 投入，提高创新效率，破解市场无形之手的失灵问题。另一方面，由于技术创新具有高投入、资金回收期长和高风险的特点，通常只有大企业才能承担技术创新的成本，中小企业在创新过程中面临着层层障碍。政府要大力优化企业发展环境，拓宽中小企业的融资渠道，促进创新要素的共享，激发中小企业的活力和创造力。

其次，建立健全知识产权保护制度。知识产权保护制度的出发点是鼓励创新，为企业的发明创造、创新成果转化提供了法律保障。政府要进一步完善有关法律法规，保护企业的创新成果，让企业致力于科技创新，为企业营造公平公正的竞争环境。

最后，打破传统创新补贴模式。为了鼓励企业创新，政府出台了一系列的诸如财政补贴、税收优惠、金融支持等扶持政策，但是都缺乏对企业创新产出的评估和考核机制。政府应加强对企业监管，尤其是对企业申请创新补贴后的创新行为应建立跟踪管理制度，减少政企之间的信息不对称。此外，为了缓解信息不对称带来的低效率，政府可根据企业创新活动建立"声誉机制"，让企业出于长远利益考虑，专注创新，从而提高政府创新补贴效率。

第九章

基于政府视角的产学研利益分配机制研究

第一节 问题的提出

在过去相当长的时期中,技术创新主要源于生产经验的积累和技术的改进,但是由于企业受自身资源的影响和限制,仅仅依靠组织内部进行技术创新变得越来越困难,企业寻求协同创新便成为一种趋势(詹美求、潘杰义,2008)。企业和大学、科研院所(以下简称"科研机构")拥有异质性资源,协同创新有助于科技成果转化,实现科技与经济有效结合(洪银兴,2011;洪银兴,2014;梁喜、马春梅,2015)。党的十八届三中全会关于全面深化改革的决定明确提出建立产学研协同创新的机制;党的十九大提出建立以企业为主体、市场为导向、产学研深度融合的技术创新体系;李克强总理在中国十一届产学研合作创新大会上做出重要批示:加强产学研合作是打通创新链条、促进创新发展的重要支撑。党和政府的高度重视为产学研协同创新的理论研究与应用实践指明了方向。

利益分配方式是产学研协同创新研究的关键问题之一。信息不对称和不合理的利益分配方式导致双边道德风险问题时有发生,严重影响了产学研协同创新发展(周开国等,2017;史建锋等,2017;杜英等,2017)。具体来说,一方面,由于研发过程中的不确定性和技术风险的存在，而且科研机构的努力水平无法观测，导致科研机构有强烈的动机降低研发投入（黄波等，2011）。另一方面，在产出分享的利润分配方式中，企业相对于科研机构更了解生产信息以及创新产品收益，且企业有动机谎报创新成本，以科研机构的损失为代价获取自身利益，这便导致了双边道德风险（曹霞、于娟，2015）。双边道德风险问题产生的根源在于企业和科研机构的利益分配方式不合理（Dong L. and Glaister K. W., 2011；鲍新中等，2008；Fawcett S. E. et al., 2012），双方利益诉求不同，而且协同创新运行机制对双方的约束力不足，缺乏长期有效的引导机制。如何解决产学研协同创新中的双边道德风险问题，建立科学合理的利益分配机制，协调双方促进合作共赢，已成为产学研协同创新领域研究的热点之一。

产学研协同创新利润分配是企业和科研机构相互协商、策略互动的过程，一些学者运用委托代理理论、优化理论等方法对创新主体的利益分配方式和分配机制进行了研究。詹美求和潘杰义（2008）基于混合利益分配模式，建立了校企合作创新的利益分配模型。贺一堂等（2017）运用委托代理理论具体分析了不同分配方式对企业和科研机构的激励程度。黄波等（2011）考虑研发投入和市场投入，分析了不同外部环境下的最优利益分配方式。刘勇等（2015）建立了产学研协同创新价值链利润分配模型，并利用优化模型求解不协调和协调情况下的最优努力程度和最优合作程度。任培民和赵树然（2008）列出了产学研各方中可能的合作方案，用期权—博弈整体化方法来研究利益分配最优问题。李林等（2017）考虑项目的阶段特征，构建了三阶段动态利益分配模型。还有学者认为，产学研合作是一个合作博弈问题，建立了产学研联盟利益分配模型。Manuel等（2013）分析了合作中立成员对Shapley值的影响。鲍新中和王道平（2010）研究发现合作博弈下的技术创新规模和整体收益比非合作博弈情况下要高，并运用Rubinstein的讨价还价模型可以对合作创新带来的剩余价值进行再次分配。张瑜等（2016）基于契约设计理论，对 Shapley 值进行优化，研究创新主体在合作过程中的利益协调问题。代建生和范波（2015）考察了双边道德风险下合作研发的两部线性分成问题，分析了研发效率、协同创造能力和谈判能力对利益分配的影响。

由于个体理性行为与集体理性行为存在冲突，在产学研协同创新过程中难以实现资源配置的帕累托最优状态，一些学者从政府引导的角度对协同创新机制进行研究。Etzkowitz H. 等（2009）利用博弈理论构造了产学研三方和政府的博弈模型，以三螺旋理论的模式来说明政、产学研的互动形式，为官产学研协同创新研究提供了理论基础。庄涛和吴洪（2013）基于专利数据对我国官产学研协同创新的紧密度进行测量，发现政府的参与度不高。王纬超等（2013）对 985 高校的官产学研合作强度进行研究，结果显示，各高校在与企业、政府等机构的合作强度比例都偏低。叶鹰等（2014）在三螺旋模型的基础上，通过互信息对大学、产业和政府交互作用的不确定性进行了测度。

上述研究对产学研协同创新的研究提供了充分的理论依据和实证经验，但尚存在几点不足：基于委托代理模型的分析往往假定企业是委托人，科研机构是代理人，主要分析科研机构隐藏行为信息的单边道德风险问题，但是在技术创新的不同阶段，企业和科研机构分别具有不同的信息优势，不能完全假定企业是处于信息劣势的委托人，科研机构是处于信息优势的代理人。而基于合作博弈和三螺旋模型的研究，主要是研究完全信息下多主体合作时的利益分配问题，鲜有文献对信息不对称所带来的福利损失进行分析，没有充分发挥政府在产学研协同创新利益分配中的引导作用。

鉴于此，本书基于委托代理理论、合作博弈和厂商模型，以企业隐藏成本信息和科研机构隐藏努力水平的双边道德风险问题为切入点，将企业和科研机构同作为代理人，引入"虚拟厂商"——政府作为利他的委托人（温修春等，2014；黄梅萍、汪贤裕，2013），建立了政府主导的产学研利益分配机制，对协同创新双方进行双向激励。在分析不同信息结构下的企业和科研机构行为的基础上，得到了信息不对称带来的福利损失。为了缓解信息不对称带来的低效率，将福利损失分别作为企业和科研机构的信息租金进行二次利益分配，构建了具有双边激励效应的产学研利益分配机制。经过比较分析，双边激励契约不仅兼顾了企业和科研机构的利益，也提高了产学研协同创新效率。

第二节 问题描述与基本假设

产学研协同创新中主要存在三种利益分配方式：固定支付模式、产出分享模式、混合模式。混合模式是指企业提前给大学方预支固定的报酬（比如，入门费），同时也从总收益中按一定比例向其支付报酬（比如，利润分成），在现实中较为常见（罗利、鲁若愚，2001；周青等，2015）。在混合分配模式下，双方所得既与科研机构的努力水平有关，也与企业的生产成本有关。为了进一步分析企业和科研机构的行为选择，结合双方合作现实，做出如下假设：

假设9-1：博弈中有三个参与人，分别为政府（G）、科研机构（U）、企业（E）。

假设9-2：创新产出 y 由科研机构努力水平 a 决定，同时受到项目的启动资金 $\bar{e}$ 和创新风险 ε 的影响：$y = a + \bar{e} + \varepsilon$，其中 $\bar{e}$ 为外生给定，$\varepsilon \sim N(0, \sigma^2)$。

科研机构努力水平 a 的成本函数为 $\varphi(a) = \dfrac{b a^2}{2}$，$b$ 表示努力成本系数（$b>0$），$\varphi(a)$ 是严格递增的凹函数，随着 a 的增加，努力成本 $\varphi(a)$ 增加得更快，即 $\varphi'(a) > 0$，$\varphi''(a) > 0$。

假设9-3：企业和科研机构共同创造的创新利润 $\pi = (p-c)(a + \bar{e} + \varepsilon)$，$p$ 表示该技术的市场价格，c 表示该技术的生产成本系数。

假设9-4：政府是风险中性的，是产学研利益分配的主导者，并作为委托人分别向企业和科研机构提供转移支付t_e和t_u，其中$t_e = \alpha_e + \beta_e \pi$ ($0 \leq \beta_e \leq 1$)，$t_u = \alpha_u + \beta_u \pi$ ($0 \leq \beta_u \leq 1$)。α_e、α_u是企业和科研机构所获得的固定支付，代表政府对协同创新双方激励，可表现为政府R&D补贴。β_e、β_u表示企业和科研机构的利润分享系数。

假设9-5：企业和科研机构是风险规避的。企业的确定性等价收入$CE_e(x, c) = \alpha_e + \beta_e(p-c)(a+\bar{e}) - \frac{1}{2}\rho_e \beta_e^2 (p-c)^2 \sigma^2$，其中$\frac{1}{2}\rho_e \beta_e^2 (p-c)^2 \sigma^2$是企业的风险成本，$\rho_e$是企业的风险规避系数；科研机构的确定性等价收入$CE_u(x, c) = \alpha_u + \beta_u(p-c)(a+\bar{e}) - \frac{b a^2}{2} - \frac{1}{2}\rho_u \beta_u^2 (p-c)^2 \sigma^2$，其中$\frac{1}{2}\rho_u \beta_u^2 (p-c)^2 \sigma^2$是科研机构的风险成本，$\rho_u$是科研机构的风险规避系数。

一 信息对称下的产学研利益分配

本书将产学研利益分配问题作为一个二层规划问题（政府是上层决策者，企业和科研机构是下层决策者），而目前求解二层规划问题的许多算法都是基于下层问题具有唯一最优解的假设条件下提出的（Laffont J. and Martimort D., 2002；郑跃等，2014），因此这里假设政府主导下的产学研利益分配机制具有唯一解。本节首先分析作为基准的社会最优情况。在社会最优的情况下，信息是对称的，科研机构的努力水平和企业的生产成本都是可观测的。这是一个完全信息动态博弈，可通过逆向归纳法求解该博弈。

政府以协同创新利润最大化为目标，所面临的规划为：

$$(P1) \max_{\alpha_e, \alpha_u, \beta_e, \beta_u, a} (1 - \beta_e - \beta_u)(p-c)(a+\bar{e}) - \alpha_e - \alpha_u \quad (9-1)$$

$$\text{s.t. (IRE)} \alpha_e + \beta_e(p-c)(a+\bar{e}) - \frac{1}{2}\rho_e \beta_e^2 (p-c)^2 \sigma^2 \geq \bar{E} \quad (9-2)$$

$$(IRU) \alpha_u + \beta_u(p-c)(a+\bar{e}) - \frac{b a^2}{2} - \frac{1}{2}\rho_u \beta_u^2 (p-c)^2 \sigma^2 \geq \overline{U} \tag{9-3}$$

IRE 和 IRU 分别代表企业和科研机构的参与约束，即双方接受政府的分配契约所得不低于其保留效用。众所周知，创新的机会成本非常高，企业的机会成本可以概括为将资金、人员、设备等资源用于创新而放弃其他投资所能带来的最大收益；科研机构的机会成本主要是将有限的时间和精力投入技术创新中所带来的潜在"损失"，如将本来用于教学和撰写论文的时间用于技术创新，导致在"学术锦标赛"中失利。在利益分配时要充分考虑创新主体的机会成本，才能保证合作的稳定性，激发双方的创新动力，因此本书将保留效用 $\overline{E}$、$\overline{U}$ 分别作为对双方机会成本的补偿。

将式 (9-2) 和式 (9-3) 代入政府的效用函数，解得最优分配契约的参数：

$$\beta_{e0}^* = 0 \tag{9-4}$$

$$\beta_{u0}^* = 0 \tag{9-5}$$

$$a_0^* = \frac{p-c}{b} \tag{9-6}$$

$$\alpha_{e0}^* = \overline{E} \tag{9-7}$$

$$\alpha_{u0}^* = \overline{U} + \frac{(p-c)^2}{2b} \tag{9-8}$$

在信息对称情况下，科研机构的努力水平和企业的生产成本系数都是参与人的共同知识，政府可对所观测到的企业和科研机构的行为进行奖惩。此时，企业获得的确定性等价收入为保留效用，即 $CE_{e0}^* = \overline{E}$，而科研机构获得保留效用和努力成本补偿，即 $CE_{u0}^* = \overline{U} + \frac{(p-c)^2}{2b}$。产学研协同创新创造的价值，即社会福利为：

$$\pi_0^* = (p-c)\left(\frac{p-c}{b} + \bar{e} + \varepsilon\right) \tag{9-9}$$

二 科研机构努力水平不对称下的产学研利益分配

当科研机构的努力水平属于私人信息时，政府和企业无法观测。此时政府所面临的规划为：

(P2) $\max\limits_{\alpha_e,\alpha_u,\beta_e,\beta_u,a} (1-\beta_e-\beta_u)(p-c)(a+\bar{e})-\alpha_e-\alpha_u$ (9-10)

s.t. (IRE) $\alpha_e+\beta_e(p-c)(a+\bar{e})-\frac{1}{2}\rho_e\beta_e^2(p-c)^2\sigma^2 \geq \bar{E}$

(9-11)

(IRU) $\alpha_u+\beta_u(p-c)(a+\bar{e})-\frac{ba^2}{2}-\frac{1}{2}\rho_u\beta_u^2(p-c)^2\sigma^2 \geq \bar{U}$

(9-12)

(ICU) $\max\limits_{a}\alpha_u+\beta_u(a+\bar{e})(p-c)-\frac{ba^2}{2}-\frac{1}{2}\rho_u\beta_u^2(p-c)^2\sigma^2$

(9-13)

ICU 表示科研机构的激励相容约束，即选择使其利益最大化的行为。将式（9-11）、式（9-12）和式（9-13）代入政府的效用函数，解得科研机构努力水平不对称下最优分配契约的参数：

$\beta_{e1}^* = 0$ (9-14)

$\beta_{u1}^* = \dfrac{1}{1+b\rho_u\sigma^2}$ (9-15)

$a_1^* = \dfrac{p-c}{b}\beta_{u1}^* = \dfrac{p-c}{b(1+b\rho_u\sigma^2)}$ (9-16)

$\alpha_{e1}^* = \bar{E}$ (9-17)

$\alpha_{u1}^* = \bar{U}+\dfrac{b}{2}(a_1^*)^2+\dfrac{1}{2}\rho_u(\beta_{u1}^*)^2(p-c)^2\sigma^2-\beta_{u1}^*(p-c)(a_1^*+\bar{e})$

(9-18)

根据式（9-16）可知，当科研机构的努力水平存在信息不对称时，科研机构的最优努力水平要小于完全信息下的最优努力水平。$\dfrac{\partial a_1^*}{\partial \rho_u}<0$，在其他条件不变的情况下，科研机构的风险规避程度越高，

其科研努力水平越低,即道德风险问题发生的概率越大;$\frac{\partial a_1^*}{\partial b}<0$,在其他条件不变的情况下,科研机构努力成本系数越高,为了获得更多的收益,其越容易出现投机行为。企业获得的确定性等价收入依然为保留效用,即$CE_{e1}^*=\overline{E}$,科研机构获得的确定性等价收入$CE_{u1}^*=\overline{U}+\frac{b}{2}(a_1^*)^2+\frac{1}{2}\rho_u(\beta_{u1}^*)^2(p-c)^2\sigma^2$,也就是说,科研机构在保留效用和努力成本补偿之外,凭借信息优势获得额外的风险成本补偿。

此时,产学研协同创新创造的价值,即社会福利为:

$$\pi_1^* = (p-c)\left[\frac{p-c}{b(1+b\rho_u\sigma^2)}+\overline{e}+\varepsilon\right] \quad (9-19)$$

因此,由于科研机构投入水平不对称带来的福利损失为:

$$\Delta_u = \pi_0^* - \pi_1^* = \frac{(p-c)^2}{b}\left(1-\frac{1}{1+b\rho_u\sigma^2}\right) \quad (9-20)$$

进一步分析得$\frac{\partial \Delta_u}{\partial \rho_u}>0$,即在其他条件不变的情况下,科研机构的风险规避程度越高,其投入水平越低,带来的福利损失越大;$\frac{\partial \Delta_u}{\partial b}>0$,即在其他条件不变的情况下,科研机构投入成本系数越高,其带来的福利损失越大。

三 企业生产成本不对称下的产学研利益分配

当企业的生产成本属于私人信息时,政府和科研机构无法观测到企业的真实生产成本,只知道其服从区间$[\underline{c},\overline{c}]$上的均匀分布,其分布函数和概率密度函数分别用$F(c)$和$f(c)$表示。此时科研机构所得受其自身努力水平和企业生产成本影响,因此科研机构的努力水平受到企业成本的影响。假设科研机构的努力水平为企业生产成本的减函数,即$\frac{\partial a(c)}{\partial c}<0$。此时政府所面临的规划为:

(P3) $\max\limits_{\alpha_e,\alpha_u,\beta_e,\beta_u,a} (1-\beta_e-\beta_u)(p-c)(a+\bar{e})-\alpha_e-\alpha_u$ (9-21)

s.t. (IRE) $\alpha_e+\beta_e(p-c)(a+\bar{e})-\frac{1}{2}\rho_e\beta_e^2(p-c)^2\sigma^2 \geqslant \overline{E}$ (9-22)

(IRU) $\alpha_u+\beta_u(p-c)(a+\bar{e})-\frac{ba^2}{2}-\frac{1}{2}\rho_u\beta_u^2(p-c)^2\sigma^2 \geqslant \overline{U}$ (9-23)

(ICE) $CE_e(x,c\mid c) \geqslant CE_e(x,\hat{c}\mid c)$ (9-24)

ICE 为企业的激励相容约束,即企业报告其真实成本类型的确定性等价收入不小于其谎报生产成本所得。对企业的确定性等价收入求一阶偏导得:

$$\frac{\partial CE_e}{\partial c} = -\beta_e(a+\bar{e})+\rho_e\beta_e^2(p-c)\sigma^2 \quad (9-25)$$

令 $\frac{\partial CE_e}{\partial c} \leqslant 0$,即企业的生产成本越高,其确定性等价收入越低。因此可将企业在最高成本类型 $\bar{c}$ 时的所得作为企业的保留效用,则

$$CE_e(x,c\mid c) = \overline{E} + \int_c^{\bar{c}} [\beta_e(a(\tau)+\bar{e})-\rho_e\beta_e^2(p-\tau)\sigma^2]d\tau$$

(9-26)

将式(9-26)代入式(9-22)得:

$$\alpha_e = -\beta_e(p-c)(a(c)+\bar{e})+\frac{1}{2}\rho_e\beta_e^2(p-c)^2\sigma^2+\overline{E}+$$

$$\int_c^{\bar{c}} [\beta_e(a(\tau)+\bar{e})-\rho_e\beta_e^2(p-\tau)\sigma^2]d\tau \quad (9-27)$$

将式(9-27)和式(9-23)代入式(9-21)可得企业生产成本信息不对称下最优分配契约的参数:

$$\beta_{e2}^* = \frac{(a_1^*+\bar{e})F(c)}{\rho_e(p-c)^2 f(c)} \quad (9-28)$$

$$\beta_{u2}^* = 0 \quad (9-29)$$

$$a_2^* = \frac{p-c-\beta_{e2}^* \times \frac{F(c)}{f(c)}}{b} = \frac{p-c-\frac{\bar{e}F(c)^2}{\rho_e(p-c)^2 f(c)^2}}{b+\frac{F(c)^2}{\rho_e(p-c)^2 f(c)^2}} \quad (9-30)$$

$$\alpha_{e2}^* = -\beta_{e2}^*(p-c)(a_2^* + \bar{e}) + \frac{1}{2}\rho_e(\beta_{e2}^*)^2(p-c)^2\sigma^2 + \bar{E} \quad (9-31)$$

$$\alpha_{u2}^* = \bar{U} + \frac{b}{2}(a_2^*)^2 \quad (9-32)$$

比较式 (9-6) 和式 (9-30) 可知，$a_2^* = \left[a_0^* - \dfrac{\bar{e}F(c)^2}{b\rho_e(p-c)^2 f(c)^2}\right] \Big/ \left[1 + \dfrac{F(c)^2}{b\rho_e(p-c)^2 f(c)^2}\right]$，即当企业的生产成本信息不对称时，科研机构的最优投入水平要小于完全信息下的最优投入。又 $a_0^* - a_2^* = \dfrac{F(c)^2}{b\rho_e(p-c)^2 f(c)^2}\left(\dfrac{p-c}{b} - \bar{e}\right)$，由 $\dfrac{\partial(a_0^* - a_2^*)}{\bar{e}} < 0$，企业提供的启动资金越大，科研机构的投入水平降低幅度越小。也就是说，在双方合作技术研发之初，企业提供了足够大的启动资金，以显示其强烈的合作意愿，可以对科研机构起到激励作用。企业获得的确定性等价收入 $C_{e2}^* = \dfrac{1}{2}\rho_e(\beta_{e2}^*)^2(p-c)^2\sigma^2 + \bar{E}$，即企业在保留效用之外，获得额外的收益。科研机构获得的确定性等价收入为 $CE_{u2}^* = \bar{U} + \dfrac{b}{2}(a_2^*)^2$。产学研协同创新创造的价值，即社会福利为：

$$\pi_2^* = (p-c)\left[\dfrac{p-c-\dfrac{\bar{e}F(c)^2}{\rho_e(p-c)^2 f(c)^2}}{b + \dfrac{F(c)^2}{\rho_e(p-c)^2 f(c)^2}} + \bar{e}\right] \quad (9-33)$$

因此，由于企业生产成本不对称带来的福利损失为：

$$\Delta_e = \pi_0^* - \pi_2^* = \dfrac{F(c)^2}{b\rho_e(p-c) f(c)^2}\left(\dfrac{p-c}{b} - \bar{e}\right) \quad (9-34)$$

第三节 基于双边激励的产学研利益分配机制

通过前面的分析可知，当出现信息不对称时，科研机构的努力水平均小于完全信息情况下最优努力水平，并造成了社会福利损失。可见在产学研协同创新的系统中,任何强调一方而忽视另一方的做法,都会使系统受到破坏,进而削弱协同效应。构建并完善一个透明的使产学研各方互利互惠、利益共享、风险分担的利益机制,是产学研协同创新成功的必要条件(洪银兴,2014)。

产学研协同创新作为一种市场行为,交易费用存在于协同创新的全过程,若产学研协同所带来的收益不足以补偿交易费用,势必会影响双方的合作(张米尔、武春友,2001)。因此在进行利益分配时,不仅要考虑企业和科研机构进行创新的成本,也要考虑产学研合作的成本,使双方的成本得到补偿,并且可以获得更高收益。为了提高双方的合作效率,激励科研机构提高努力水平、企业如实报告成本信息,本书将信息不对称造成的福利损失看作双方的信息租金,并在此基础上进行利益的二次分配,建立具有双边激励效应的产学研利益分配机制。

在双边信息不对称下,政府面临的规划为:

$$(P4) \max_{\alpha_e, \alpha_u, \beta_e, \beta_u, a} (1 - \beta_e - \beta_u)(p - c)(a + \bar{e}) - \alpha_e - \alpha_u \quad (9-35)$$

$$\text{s.t. } (IRE) \alpha_e + \beta_e (p-c)(a+\bar{e}) - \frac{1}{2}\rho_e \beta_e^2 (p-c)^2 \sigma^2 \geq \Delta_e \quad (9-36)$$

$$(IRU) \alpha_u + \beta_u (p-c)(a+\bar{e}) - \frac{ba^2}{2} - \frac{1}{2}\rho_u \beta_u^2 (p-c)^2 \sigma^2 \geq \Delta_u$$

$$(9-37)$$

$$(ICE) CE_e(x, c \mid c) \geq CE_e(x, \hat{c} \mid c) \quad (9-38)$$

$$(ICU) \max_{a} \alpha_u + \beta_u (a+\bar{e})(p-c) - \frac{ba^2}{2} - \frac{1}{2}\rho_u \beta_u^2 (p-c)^2 \sigma^2$$

$$(9-39)$$

式(9-36)和式(9-37)表示企业和科研机构的参与约束,即双方参与到合作中的最低利润要求(信息租金);式(9-38)表示企业的激励相容约束,即企业报告其真实成本类型才是其最优选择;式(9-39)表示科研机构的激励相容约束,即科研机构的最优投入必须实现其自身利益的最大化。

将式（9-36）、式（9-37）、式（9-38）和式（9-39）代入式（9-35）得：

$$\max_{\alpha_e,\alpha_u,\beta_e,\beta_u,a} (p-c)(a+\bar{e}) - \frac{ba^2}{2} - \frac{1}{2}\rho_u\beta_u^2(p-c)^2\sigma^2 - \frac{1}{2}\rho_e\beta_e^2(p-c)^2\sigma^2 - [\beta_e(a+\bar{e}) - \rho_e\beta_e^2(p-c)\sigma^2]\frac{F(c)}{f(c)} \quad (9-40)$$

根据最优一阶条件解得双边信息不对称下最优分配契约的参数：

$$\beta_e^* = \frac{(a^*+\bar{e})F(c)}{\rho_e(p-c)^2 f(c)} \quad (9-41)$$

$$\beta_u^* = \frac{F(c)}{(1+b\rho_u\sigma^2)f(c)} \quad (9-42)$$

$$a^* = \frac{p-c+\dfrac{F(c)}{f(c)}}{b(1+b\rho_u\sigma^2)} \quad (9-43)$$

$$\alpha_e^* = -\beta_e^*(p-c)(a^*+\bar{e}) + \frac{1}{2}\rho_e(\beta_e^*)^2(p-c)^2\sigma^2 + \Delta_e \quad (9-44)$$

$$\alpha_u^* = -\beta_u^*(p-c)(a^*+\bar{e}) + \frac{b}{2}(a^*)^2 + \frac{1}{2}\rho_e(\beta_u^*)^2(p-c)^2\sigma^2 + \Delta_u \quad (9-45)$$

企业获得的确定性等价收入 $CE_e^* = \frac{1}{2}\rho_e(\beta_{e2}^*)^2(p-c)^2\sigma^2 + \Delta_e$，即企业所得等于信息租金与风险成本补偿之和。科研机构获得的确定性等价收入为 $CE_u^* = \frac{b}{2}(a^*)^2 + \frac{1}{2}\rho_e(\beta_u^*)^2(p-c)^2\sigma^2 + \Delta_u$，即科研机构获得努力成本补偿、风险成本补偿与信息租金。产学研协同创新创造的价值，即社会福利为：

$$\pi^* = (p-c)\left[\frac{p-c+\dfrac{F(c)}{f(c)}}{b(1+b\rho_u\sigma^2)} + \bar{e}\right] \quad (9-46)$$

通过比较分析，可以发现在双边激励契约中，科研机构的努力水平有所提高，产学研协同创新创造了更高的价值（$\pi^* > \pi_2^*$，$\pi^* > \pi_1^*$）。因为合作效率的提高，利润分享系数 β_e^* 和 β_u^* 均大于单边信息不对称下的利润分享系数；双方获得的固定支付 α_e^* 和 α_u^* 也均大于单边信息不对称下的固定支付。

第四节 小结

本章主要考察了产学研协同创新过程中的双边道德风险问题，运用委托代理理论、合作博弈和厂商模型，构建了政府视角下的产学研利益分配机制。首先，本书分析了完全信息条件下的社会最优情况作为基准，在此基础上，具体分析了科研机构隐藏努力水平和企业隐藏生产成本类型两种信息不对称下协同创新双方的行为和分配机制。为了缓解信息不对称带来的低效率，有效激励双方合作，提高社会整体福利，本书将信息不对称下的福利损失看作企业和科研机构的信息租金，并以此作为双方的保留效用，构建了具有双边激励效应的产学研利益分配机制。经过分析，在双边激励契约中，科研机构的努力水平大于单边信息不对称下的努力水平，且企业和科研机构的确定性等价收入均有所增加。

相较于基于委托代理模型和合作博弈的利润分配机制，基于双边激励效应的产学研利益分配机制不仅兼顾了企业和科研机构双方的利益、发挥了政府在产学研协同创新利益分配中的引导作用，同时带来了社会整体福利的提升。

基于双边激励效应的产学研利益分配机制也存在一些不足：本书假设参与人是理性的、企业的生产成本系数服从均匀分布以及二层规划存在唯一解，虽然这样的假设使复杂的问题得到简化，但这也是本书的局限所在，有待进一步的研究。

第十章

主要结论与政策建议

第一节 主要结论

经过多年调整，我国经济已由高速增长阶段转向高质量发展阶段，正处在转变发展方式、优化经济结构、转换增长动力的攻关期。用科技创新驱动高质量发展，是贯彻新发展理念、破解当前经济发展突出矛盾和问题的关键所在，对于实现"两个一百年"奋斗目标、实现中华民族伟大复兴的中国梦至关重要。企业是科技创新体系的重要主体，加快企业创新步伐，努力实现中国企业由"跟跑"向"并跑""领跑"转变，是中国经济实践的迫切需求，也是未来实体经济和政府工作的重点（李姝等，2018）。企业创新活动投入大、周期长、风险高，需要社会各方的积极参与。作为重要的外部力量，地方政府的角色自然不可或缺。既有文献从多个视角对地方政府在企业创新中的作用进行了研究，但是对分权制度下的地方政府行为对企业创新的影响尚未引起足够的重视。本书结合中国分权体制下的政府治理机制，从政府间关系入手，对分权如何影响地方政府行为，进而作用于企业创新活动的传导机制进行了理论解释，并基于省级、市级和企业三个层面的面板数据，使用固定效应模型、空间计量模型、分位数回归模型、中介效应模型等方法进行了实证检验。另外，给予企业创新补贴、搭建产学研创新平台是政府构建创新体系的重要方式，但由于信息不对称的影响，创新补贴效率低下、产学研利益分配不均问题一直存在。本书利用委托代理模型、合作博弈等方法对此进行了详细讨论。通过分析，本书主要得出了以下观点和结论：

第一，从纵向来看，分权制度使中央政府和地方政府形成了一种委托代理关系，在经济激励和政治激励下，地方政府行为存在短期倾向，往往具有投资性偏好，并且会通过政府"有形之手"影响企业的创新活动。本书通过建立中央政府、地方政府和企业的三层博弈，对分权如何影响地方政府偏好，进而作用于企业创新活动的传导机制进行了理论解释。进一步，利用2007—2016年中国沪深A股上市公司和城市数据进行了计量检验。研究发现：①财政分权会显著影响地方政府偏好的形成，且收支分权对地方政府投资性偏好具有非对称影响。财政收入分权会使地方政府的投资性偏好下降，而在财政支出分权下，地方政府行为会出现短期倾向，更偏好经济效益明显的短期投资。②官员绩效考核指标的变化对分权影响地方政府偏好具有调节作用，官员绩效考核变革强化了财政收入分权对地方政府投资性偏好的抑制作用，弱化了财政支出分权对地方政府投资性偏好的促进作用。③地方政府投资性偏好会抑制企业研发投入，且这种抑制效应在国有企业、有关联企业和市场化水平较低地区的企业中更加明显。

第二，从横向来看，财政分权和晋升锦标赛在地方政府之间嵌入了竞争关系，并影响着地方政府的财政科技支出。本书基于2003—2016年中国地级市数据，利用官员任期重点考察了晋升激励对地方政府科技支出的影响。研究发现：在多维绩效考核下，地方官员在任期内会策略性"安排"政府科技支出，官员任期和地方政府科技支出呈"U"形关系，转折点出现在官员上任的第5至第6年。此外，在晋升激励下，地方政府在科技支出方面存在显著的互补型策略互动，且在官员第一任期时的政府科技支出反应系数明显高于官员第二任期时的科技支出反应系数，即在官员晋升激励更强的时期，地方政府科技支出竞争更激烈，说明在相对绩效考核方式下，地方官员会围绕科技创新展开标尺竞争，扩大政府财政科技支出，改善政府支出结构。在此基础上，本书将2007—2018年中国沪深A股上市公司和地级市数据匹配起来，分析了政府科技支出竞争对企业创新的影响及其作用机制。研究发现，政府竞争显著促进了企业技术创新，且这种激励作用随着企业创新水平的提高呈现出先增长后减弱的倒"V"形特征。异质性讨论发现，政府竞争对企业创新的影响在高行政级别城市、2013—2018年、非国有企业以及高融资约束企业的样本中更加显著。进一步的，中介效应检验结果表明，当政府围绕科技创新展开竞争时，会提高企业创新补贴和地区产业集聚水平，从内部和外部两个层面改善企业创新环境，鼓励企业进行技术创新。

第三，中国政府系统是一个多层级的纵向结构，"层层分包"的行政体制和多层级同时进行的官员晋升锦标赛使得不同层级的政府之间同样存在标尺竞争，"层层加码"现象广泛存在并深刻影响着地方政府行为和辖区企业的生产经营活动。本书基于2002—2018年中国沪深A股上市公司和省级面板数据，实证检验了"层层加码"对企业创新的影响及其作用机制。研究发现，政府经济增长目标的"层层加码"会抑制辖区企业创新，且这种抑制作用在国有企业、管制性行业以及市场化水平较低地区中更加明显，而官员绩效考核指标由GDP增速向经济发展质量的转变能够有效降低"层层加码"对企业创新的负面影响。进一步的，中介效应检验结果表明，"层层加码"引致的政府短期行为会加剧企业融资约束，降低技术创新对企业绩效的贡献度，进而抑制企业创新。

第四，我国处于经济转型时期，为了给企业营造良好的经营环境，政府一直积极尝试和探索，出台了诸多利好政策，有效缓解了企业经营难题，但是这也提高了宏观经济政策的不确定性，加剧了宏观环境波动，从而为企业经营带来了巨大挑战。本书从企业韧性角度探究了经济政策不确定性对企业创新活动的影响和作用机制，并运用

2008—2019年中国沪深A股上市公司数据进行了计量检验。研究发现，企业韧性水平的差异会使经济政策不确定性对企业创新活动的影响产生门槛效应，当经济政策不确定性上升时，低韧性企业会减少创新活动，高韧性企业会增加创新活动。异质性分析显示，经济政策不确定性对企业创新活动的抑制作用在低市场化水平地区和非国有企业样本中表现得更明显。机制检验结果则表明，企业韧性会正向调节经济政策波动对企业创新贡献度和企业融资成本的负面影响，但对经理人风险规避偏好的影响有限。此外，企业韧性可作为企业内部治理替代，向投资者释放积极信号，从而帮助企业获得更多融资。

第五，创新补贴和构建产学研合作机制是政府参与企业创新活动的重要方式。针对政府创新补贴背后的逆向选择问题，本书将创新补贴看作是政府为企业提供的"契约"，基于契约理论刻画了不同信息结构下政府和企业的行为和选择，同时得到了最优政府创新补贴系数和最优企业R&D投入水平。研究发现：企业风险偏好、研发项目的风险、知识产权制度等因素在一定程度上会影响政府补贴系数和企业R&D投入水平；信息不对称下，政府补贴系数和企业R&D投入均有所减少。为了缓解信息不对称带来的低效率，进一步建立了政府和企业的关系契约，发现只要贴现因子足够大，双方可以建立长期合作，进而实现社会效益的最大化。本书从政府视角对产学研利益分配机制进行了研究。首先，分析了不同信息结构下企业和科研机构的行为，讨论了双方的策略和社会福利；其次，将信息不对称下福利损失看作双方的信息租金进行二次利益分配，首次建立了政府主导的具有双边激励效应的产学研利益分配机制。研究表明，信息不对称下科研机构的投入水平低于最优投入水平，具有双边激励效应的分配机制不仅兼顾了企业和科研机构双方的利益、发挥了政府在产学研协同创新利益分配中的引导作用，也带来了社会整体福利的提升，有效缓解了信息不对称带来的低效率。

第二节 政策建议

本书在分权背景下，结合中国特殊的政府治理机制，探讨了地方政府行为对企业创新活动的影响，研究发现分权制度为地方政府提供了充足的经济激励和政治激励，地方政府在混合激励下的行为促成了中国增长奇迹，同时也对微观企业创新产生正反两面影响。为了提升企业创新水平，加快实施创新驱动发展战略，结合研究结论，本书提出如下建议：

第一，加强对地方政府行为的约束，完善监督问责机制。分权制度赋予了地方政府大量的决策权和自由裁量权，调动了地方政府的积极性，维持了中央和地方的利益制衡，但分权下的地方政府经常做出一些有利于区域利益而损害全国利益的事情，导致中央政策得不到有效落实。这一问题也出现在科技体制改革中，表现为中央层面高度重视科技体制改革，各部委积极推进，而在地方层面，尽管各项政策不断涌现，但是执行力度不够，政策落实效果不尽如人意（闫凌州、赵黎明，2014）。为了进一步深化科技体制改革，推动我国科技发展水平的整体提高，在加强中央政府宏观调控能力的同时，要完善权力配置和运行制约机制，矫正地方政府科技创新惰性，形成与之目标和激励相容的制度安排，充分调动地方政府的积极性和创造性。此外，应加强公众、媒体对地方政府的监督，一旦发现地方政府在权力的行使中存在问题，必须进行严厉的问责。

第二，财政体制方面，在合理划分中央政府和地方政府科技事权的基础上，合理配置财权，建立健全财力与事权相匹配的财政体制。一直以来，中国财税体制改革的主线是解决政府间关于财政收入的创造和分配问题，更进一步地说，是围绕如何确保上级财政收入的同时激励下级政府开源节流展开的，对财政支出责任的调整较少。当前在科技事权的划分上，能够明确划分中央政府与地方政府责任的只有少数几项，大部分都被模糊地归为中央与地方共有事权，而且各级政府所承担的事权种类多数相同，区别仅在于管辖范围大小（李成威、赵伟，2016）。中央政府或上级政府应该充分认识科技事权划分不明晰对政府科技支出带来的负面影响，在继续完善科技体制的过程中，合理划分中央政府和地方政府科技事权。具体而言，中央应该立足全局，服务国家战略需求，加强统筹协调与宏观管理，承担起基础研究、应用研究以及与国家层面科技发展相关的重大科技专项事权，如关键共性技术研发、跨区域的重大科技基础设施和条件服务、科技预算和支出的评估与监督等。地方则主要服务于区域创新发展，为区域创新营造良好的外部环境，承担起区域科技政策、一般性成果转化和技术应用、科技中介服务体系、区域性技术推广等方面的事权。另外，区域创新体系是国家创新体系的重要组成，中央政策也需要地方贯彻落实，因此，科技事权的划分要坚持统筹兼顾原则，促进中央地方形成良好的合作关系。

分税制改革以后，地方政府的财力相比中央政府明显下降，事权却远远大于中央政府。根据研究结论，财政收入分权可以促进地方财政科技支出，财政支出分权会抑制地方财政科技支出。在财政压力加大的情况下，地方政府为了实现财政收入的快速增长，往往会将财政资源更多分配到"短平快"项目中，减少短期经济效益不明显的科技支出。因此，未来财税体制改革首要任务是有效改变这一不当的分权模式。具体而言，中央政府应适当下放财权、上收事权，形成一个财政收支责任更为匹配的分权格局，以此来积极引导、促进地方政府转变支出策略（贾俊雪、应世为，2016）。

第三，官员晋升体制方面，完善自下而上、多元化的考核体系，中央政府或上级政府可以引入标尺机制来激励地方政府加强对辖区科技创新活动的重视。改革开放以来，中国经济保持了近40年的高速增长，被世人誉为增长奇迹，其中，以GDP为导向官员绩效考核制度为地方政府发展经济提供了强大的激励，是促成中国增长奇迹的重要原因之一。然而，这种强调 GDP 增长的官员晋升机制未能有效地将地方官员利益和地方长期经济绩效紧密地联系在一起，与地方官员任职期间利益不相容的长期导向的创新性投资难以进入地方官员的效用函数（吴延兵，2017）。如果不能对嵌入分权体系中的晋升激励进行适当调整，地方政府很难对科技创新进行足额投入，因此，强化地方政府对科技创新的重视必须要改变以 GDP 等硬性指标为核心的官员晋升机制。从 2006 年中组部下发《体现科学发展观要求的地方党政领导班子综合考核评价试行办法》到 2013 年《关于改进地方党政领导班子和领导干部政绩考核工作的通知》的出台，再到新修订的《党政领导干部选拔任用工作条例》，中央一直在探索如何完善官员考核体系，加大科技创新、生态环保、安全生产等指标的权重，但是从实际情况来看，经济增长指标仍占据官员绩效考评体系的首要位置，地方政府的创新激励十分有限。为了推动创新驱动发展，未来要进一步完善官员晋升的考核指标体系，设置多维考核指标，强调经济发展质量、效益和可持续性。在政绩考核的过程中，还应重视公众满意度，开辟来自企业等创新主体的信息反馈渠道，完善监督问责机制。

从地级市之间关于科技支出存在显著的标尺竞争来看，在当前向上负责体制下，上级政府可以通过引入标尺竞争来激励地方政府加强对科技创新的重视。如果在深化科技体制改革的同时，能进一步完善官员绩效考核指标体系，加大科技创新领域指标的权重，可能会使标尺竞争机制发挥更大作用，更有效地促进地方政府竞争行为的转变，进而使创新驱动发展战略真正落地。

第四，进一步完善政策环境，保障政府在创新资源配置中的合理性，加强政府对创新活动的支持和引领。一是继续深化国有企业改革，最大限度调动国有企业的创新积极性，提高其创新能力。根据研究结论，地方政府的投资性偏好和对经济增长目标的"层层加码"对国有企业创新活动的抑制作用更显著，这与国有企业的政治主导逻辑有关，但是不能否认的是，国有企业是宏观调控的重要的微观基础，国有经济是参与中高端国际竞争的主体，这是民营企业、民营资本所不能相比的。未来要最大限度调动国有企业的创新活力，发挥国有企业在提高创新能力的先锋中坚作用，让其继续承担产业创新能力建设的重要使命，在基础技术、核心技术和共性技术上创新方面发挥主导的作用。同时，政府应从政策、组织、体制、法律等方面全方位巩固与发展国有企业的持续创新，设立企业技术创新专项基金，对于重大的技术创新实施科学的治理机制，要建立相应的容错机制。二是加大政府财政科技支出，充分发挥政府科技支出的挤入效应。财政科技支出是政府参与企业创新活动的重要手段，可以降低企业融资约束程度，促进企业创新水平的提升。为此，各级政府要加大对企业创新活动的支持力度，优化科技支出结构，增加基础研究领域投入，提高政府在创新驱动发展中的引领作用。考虑到政府行为对不同性质、行业的企业创新活动的影响具有显著差异，政府在出台科技创新政策和产业政策的过程中，应坚持因地制宜原则，提高政策的有效性。三是明细政府和市场的边界，让市场在资源配置中发挥决定作用。根据研究结论，地方政府的投资性偏好对企业创新的抑制作用在市场化水平较高地区更加显著，存在着"政府导向"代替"市场导向"的问题，企业作为创新决策、科研组织和成果应用的主体地位仍需加强。"层层加码"会通过提高企业融资约束，降低企业创新水平。政府应推进完善金融市场制度，为企业融资提供便利，减少政府对金融市场的干预。四是尽可能保持政策增强政府行为的连续性和透明性，稳定市场预期，坚定企业创新信心。本书研究表明，经济政策不确定性会抑制低韧性企业的创新活动，除了加强对低韧性企业的引导，提高企业应对经济政策不确定性的能力，政府也要对经济政策持续性给予更多关注，为企业营造良好的创新环境，这或许是在 VUCA 时代更重要的创新支持手段。

参考文献

阿儒涵、李晓轩：《我国政府科技资源配置的问题分析——基于委托代理理论视角》，《科学学研究》2014年第2期。

安同良等：《R&D补贴对中国企业自主创新的激励效应》，《经济研究》2009年第10期。

白俊红：《中国的政府R&D资助有效吗？来自大中型工业企业的经验证据》，《经济学（季刊）》2011年第4期。

鲍新中等：《合作博弈理论在产学研合作收益分配中的应用》，《科学管理研究》2008年第5期。

鲍新中、王道平：《产学研合作创新成本分摊和收益分配的博弈分析》，《研究与发展管理》2010年第5期。

卞元超、白俊红：《"为增长而竞争"与"为创新而竞争"——财政分权对技术创新影响的一种新解释》，《财政研究》2017年第10期。

卞元超、白俊红：《官员任期与中国地方政府科技投入——来自省级层面的经验证据》，《研究与发展管理》2017年第5期。

蔡地等：《产权保护、融资约束与民营企业研发投入》，《研究与发展管理》2012年第2期。

蔡庆丰、田霖：《产业政策与企业跨行业并购：市场导向还是政策套利》，《中国工业经济》2019年第1期。

蔡绍洪等:《企业规模对创新政策绩效的影响研究——以高技术产业为例》,《中国软科学》2019年第9期。

蔡晓慧、茹玉骢:《地方政府基础设施投资会抑制企业技术创新吗?——基于中国制造业企业数据的经验研究》,《管理世界》2016年第11期。

曹伟等:《地方政治权力转移与企业社会资本投资周期——基于政企关系重构的动态研究》,《财经研究》2017年第1期。

曹霞、于娟:《产学研合作创新稳定性研究》,《科学学研究》2015年第5期。

陈诗一、陈登科:《融资约束、企业效率韧性与我国加总全要素生产率研究》,《经济学报》2016年第1期。

曾国屏等:《从"创新系统"到"创新生态系统"》,《科学学研究》2013年第1期。

曾萍、邬绮虹:《政府支持与企业创新:研究述评与未来展望》,《研究与发展管理》2014年第2期。

陈德球等:《政策不确定性、政治关联与企业创新效率》,《南开管理评论》2016年第4期。

陈国进、王少谦:《经济政策不确定性如何影响企业投资行为》,《财贸经济》2016年第5期。

陈家喜:《地方官员政绩激励的制度分析》,《政治学研究》2018年第3期。

程德智:《供给侧改革导向下产业升级财政政策体系构建及优化》,《东岳论丛》2017年第5期。

陈丽霖、冯星昱:《基于IT行业的治理结构、R&D投入与企业绩效关系研究》,《研究与发展管理》2015年第3期。

陈泽聪、徐钟秀:《我国制造业技术创新效率的实证分析——兼论与市场竞争的相关性》,《厦门大学学报》(哲学社会科学版)2006年第6期。

程德智：《供给侧改革导向下产业升级财政政策体系构建及优化》，《东岳论丛》2017 年第 5 期。

成力为等：《经济政策不确定性、融资约束与企业研发投资——基于 20 国（地区）企业的面板数据》，《科学学研究》2021 年第 2 期。

崔和瑞、武瑞梅：《基于三螺旋理论的低碳技术创新研究》，《中国管理科学》2012 年第 S2 期。

崔之元：《"混合宪法"与对中国政治的三层分析》，《战略与管理》1998 年第 3 期。

戴晨、刘怡：《税收优惠与财政补贴对企业 R&D 影响的比较分析》，《经济科学》2008 年第 3 期。

代明等：《创新理论：1912—2012——纪念熊彼特〈经济发展理论〉首版 100 周年》，《经济学动态》2012 年第 4 期。

代建生、范波：《基于纳什谈判的合作研发利益分配模型》，《研究与发展管理》2015 年第 1 期。

邓金钱、何爱平：《政府主导、地方政府竞争与城乡收入差距——基于面板分位数模型的经验证据》，《中国人口科学》2017 年第 6 期。

邓若冰、吴福象：《研发模式、技术溢出与政府最优补贴强度》，《科学学研究》2017 年第 6 期。

邓玉萍、许和连：《外商直接投资、地方政府竞争与环境污染——基于财政分权视角的经验研究》，《中国人口·资源与环境》2013 年第 7 期。

丁菊红、邓可斌：《政府偏好、公共品供给与转型中的财政分权》，《经济研究》2008 年第 7 期。

董晓庆等：《企业规模与技术创新能力的关系研究》，《北京交通大学学报》（社会科学版）2013 年第 4 期。

杜英等：《内聚耦合视角下的产学研合作研究——以甘肃重大科技专项为例》，《中国科技论坛》2016 年第 4 期。

樊轶侠、余贞利：《中央地方科技事权与支出责任划分——基于江苏省的调研》，《经济研究参考》2016年第3期。

冯根福、温军：《中国上市公司治理与企业技术创新关系的实证分析》，《中国工业经济》2008年第7期。

冯宗宪等：《政府投入、市场化程度与中国工业企业的技术创新效率》，《数量经济技术经济研究》2011年第4期。

傅勇：《财政分权、政府治理与非经济性公共物品供给》，《经济研究》2010年第8期。

傅勇：《分权治理与地方政府合意性：新政治经济学能告诉我们什么？》，《经济社会体制比较》2010年第4期。

傅勇：《中国的分权为何不同：一个考虑政治激励与财政激励的分析框架》，《世界经济》2008年第11期。

傅勇、张晏：《中国式分权与财政支出结构偏向：为增长而竞争的代价》，《管理世界》2007年第3期。

高鹤：《财政分权、经济结构与地方政府行为：一个中国经济转型的理论框架》，《世界经济》2006年第10期。

高新雨、王叶军：《财政性支出与城市制造业集聚——基于新经济地理学视角的解释与证据》，《南开经济研究》2019年第1期。

耿曙等：《中国地方领导任期与政府行为模式：官员任期的政治经济学》，《经济学（季刊）》2016年第3期。

顾群等：《融资约束与研发效率的相关性研究——基于我国上市高新技术企业的经验证据》，《科技进步与对策》2012年第24期。

顾夏铭等：《经济政策不确定性与创新——基于我国上市公司的实证分析》，《经济研究》2018年第2期。

顾元媛、沈坤荣：《地方政府行为与企业研发投入——基于中国省际面板数据的实证分析》，《中国工业经济》2012年第10期。

郭华等：《政策不确定性、银行授信与企业研发投入》，《宏观经济研究》2016年第2期。

郭庆旺、贾俊雪：《地方政府行为、投资冲动与宏观经济稳定》，《管理世界》2006 年第 5 期。

郭庆旺、贾俊雪：《地方政府间策略互动行为、财政支出竞争与地区经济增长》，《管理世界》2009 年第 10 期。

韩鹏、唐家海：《融资约束、现金持有与研发平滑》，《财经问题研究》2012 年第 10 期。

韩振海、李国平：《国家创新系统理论的演变评述》，《科学管理研究》2004 年第 2 期。

郝威亚等：《经济政策不确定性如何影响企业创新？——实物期权理论作用机制的视角》，《经济管理》2016 年第 10 期。

郝颖、李静明：《我国上市公司资本投向分布与结构效率研究——追溯产权控制路径的实证考察》，《经济与管理研究》2011 年第 8 期。

何山、李后建：《地方官员异地更替对企业 R&D 投资具有"挤出"效应吗？》，《产业经济研究》2014 年第 4 期。

贺一堂等：《产学研合作创新利益分配的激励机制研究》，《系统工程理论与实践》2017 年第 9 期。

亨利·埃茨科威兹等：《创业型大学与创新的三螺旋模型》，《科学学研究》2009 年第 4 期。

侯祥鹏：《地方政府"层层加码"与人口城镇化推进——基于"十三五"规划文本的实证分析》，《现代经济探讨》2018 年第 7 期。

后小仙、郑田丹：《财政激励、政府偏好与地区经济增长》，《经济学家》2017 年第 2 期。

后小仙、郑田丹：《晋升激励、政府偏好与区域经济增长》，《财贸研究》2016 年第 4 期。

洪银兴：《科技创新与创新型经济》，《管理世界》2011 年第 7 期。

洪银兴：《产学研协同创新的经济学分析》，《经济科学》2014 年第 1 期。

胡海峰等：《投资者保护制度与企业韧性：影响及其作用机制》，《经济管理》2020 年第 11 期。

胡洪曙、亓寿伟：《政府间转移支付的公共服务均等化效果研究——一个空间溢出效应的分析框架》，《经济管理》2015 年第 10 期。

胡深、吕冰洋：《经济增长目标与土地出让》，《财政研究》2019 年第 7 期。

胡再勇：《外国直接投资对我国税收正负影响的实证分析》，《财贸经济》2006 年第 11 期。

胡志坚等：《从关键指标看我国世界科技强国建设——基于〈国家创新指数报告〉的分析》，《中国科学院院刊》2018 年第 5 期。

黄波等：《基于双边激励的产学研合作最优利益分配方式》，《管理科学学报》2011 年第 7 期。

黄玖立、李坤望：《吃喝、腐败与企业订单》，《经济研究》2013 年第 6 期。

黄梅萍、汪贤裕：《基于代理成本的供应链利润分配研究》，《运筹与管理》2013 年第 5 期。

黄送钦等：《FDI 竞争影响了政府补贴行为吗？——企业所有权视角的考察》，《经济学动态》2016 年第 12 期。

黄志烨等：《双边道德风险下中小节能服务企业与银行关系契约模型》，《中国管理科学》2016 年第 8 期。

贾俊雪、应世为：《财政分权与企业税收激励——基于地方政府竞争视角的分析》，《中国工业经济》2016 年第 10 期。

江飞涛、李晓萍：《直接干预市场与限制竞争：中国产业政策的取向与根本缺陷》，《中国工业经济》2010 年第 9 期。

江克忠：《财政分权与地方政府行政管理支出——基于中国省级面板数据的实证研究》，《公共管理学报》2011 年第 3 期。

江艇等：《城市级别、全要素生产率和资源错配》，《管理世界》2018年第3期。

姜付秀等：《多个大股东与企业融资约束——基于文本分析的经验证据》，《管理世界》2017年第12期。

姜佳莹等：《国家五年规划的实施机制研究：实施路径、困境及其破解》，《西北师大学报》（社会科学版）2017年第3期。

江孝感、王伟：《中央与地方政府事权关系的委托—代理模型分析》，《数量经济技术经济研究》2004年第4期。

解维敏：《财政分权、晋升竞争与企业研发投入》，《财政研究》2012年第6期。

解维敏等：《政府R&D资助，企业R&D支出与自主创新——来自中国上市公司的经验证据》，《金融研究》2009年第6期。

金刚、沈坤荣：《以邻为壑还是以邻为伴？——环境规制执行互动与城市生产率增长》，《管理世界》2018年第12期。

荆中博等：《经济政策不确定性上升会促进中国房地产企业投资吗——来自中国A股上市公司的经验分析》，《国际金融研究》2021年第2期。

李成威、赵伟：《中央地方科技事权与支出责任划分——基于云南省的调研》，《经济研究参考》2016年第3期。

李春涛、宋敏：《中国制造业企业的创新活动：所有制和CEO激励的作用》，《经济研究》2010年第5期。

李后建、张宗益：《地方官员任期、腐败与企业研发投入》，《科学学研究》2014年第5期。

李后建、张剑：《腐败与企业创新：润滑剂抑或绊脚石》，《南开经济研究》2015年第2期。

李后建：《官员更替、银行授信与企业研发投入》，《科研管理》2018年第11期。

李敬涛：《地方政府行为视角下的政府会计信息效应研究》，博士学位论文，东南大学，2015年。

李莉等：《政治晋升、管理者权力与国有企业创新投资》，《研究与发展管理》2018年第4期。

李林等：《协同创新项目多阶段动态利益分配模型研究》，《科技进步与对策》2017年第3期。

李平、竺家哲：《组织韧性：最新文献评述》，《外国经济与管理》2021年第3期。

李强：《技术创新、行业特征与制造业追赶绩效》，《科学学研究》2016年第2期。

李芮：《再论行政发包：历史溯源、演化逻辑和现实矛盾——基于组织学视角的解释》，《公共管理评论》2015年第1期。

李姝等：《非控股股东参与决策的积极性与企业技术创新》，《中国工业经济》2018年第7期。

李涛、周业安：《中国地方政府间支出竞争研究——基于中国省级面板数据的经验证据》，《管理世界》2009年第2期。

李涛：《国家创新系统理论的演变评述》，《新丝路（下旬）》2016年第8期。

李文涛、苏琳：《制度创新理论研究述评》，《经济纵横》2001年第11期。

李伟南：《当代中国县政府行为逻辑研究》，博士学位论文，华中师范大学，2009年。

李欣：《家族企业的绩效优势从何而来？——基于长期导向韧性的探索》，《经济管理》2018年第5期。

李延喜等：《外部治理环境、产权性质与上市公司投资效率》，《南开管理评论》2015年第1期。

李永友、沈坤荣：《辖区间竞争、策略性财政政策与FDI增长绩效的区域特征》，《经济研究》2008年第5期。

李政、杨思莹：《财政分权体制下的城市创新水平提升——基于时空异质性的分析》,《产业经济研究》2018 年第 6 期。

梁喜、马春梅：《合作创新与利益分配比例对产学研联盟利润的影响》,《科技进步与对策》2015 年第 16 期。

梁琳：《东北地区高技术产业技术创新效率研究》,博士学位论文,吉林大学,2019 年。

林春、孙英杰：《纵向财政失衡、地方政府行为与经济波动》,《经济学家》2019 年第 9 期。

林江等：《财政分权、晋升激励和地方政府义务教育供给》,《财贸经济》2011 年第 1 期。

刘承礼：《中国式财政分权的解释逻辑：从理论述评到实践推演》,《经济学家》2011 年第 7 期。

刘贯春等：《经济政策不确定性与中国上市公司的资产组合配置——兼论实体企业的"金融化"趋势》,《经济学（季刊）》2020 年第 5 期。

刘虹等：《R&D 补贴对企业 R&D 支出的激励与挤出效应——基于中国上市公司数据的实证分析》,《经济管理》2012 年第 4 期。

刘锦、王学军：《寻租、腐败与企业研发投入——来自 30 省 12367 家企业的证据》,《科学学研究》2014 年第 10 期。

刘楠、杜跃平：《政府补贴方式选择对企业研发创新的激励效应研究》,《科技进步与对策》2005 年第 11 期。

刘珊珊、马志远：《中国式分权与新发展理念语境中的标尺竞争》,《管理世界》2017 年第 12 期。

刘晓星等：《中国宏观经济韧性测度——基于系统性风险的视角》,《中国社会科学》2021 年第 1 期。

刘勇等：《基于双重努力的产学研协同创新价值链利润分配模型》,《研究与发展管理》2015 年第 1 期。

陆国庆等：《中国战略性新兴产业政府创新补贴的绩效研究》,《经济研究》2014 年第 7 期。

罗利、鲁若愚：《Shapley 值在产学研合作利益分配博弈分析中的应用》，《软科学》2001 年第 2 期。

罗党论等：《经济增长业绩与地方官员晋升的关联性再审视——新理论和基于地级市数据的新证据》，《经济学（季刊）》2015 年第 3 期。

罗党论等：《地方官员变更与企业风险——基于中国上市公司的经验证据》，《经济研究》2016 年第 5 期。

马光荣、杨恩艳：《中国式分权、城市倾向的经济政策与城乡收入差距》，《制度经济学研究》2010 年第 1 期。

茅锐：《企业创新、生产力进步与经济收敛：产业集聚的效果》，《金融研究》2017 年第 8 期。

孟庆斌、师倩：《宏观经济政策不确定性对企业研发的影响：理论与经验研究》，《世界经济》2017 年第 9 期。

[美] 约瑟夫·熊彼特：《经济发展理论》，商务印书馆 1990 年版。

[美] 约瑟夫·熊彼特：《资本主义、社会主义和民主》，商务印书馆 1999 年版。

聂辉华等：《创新、企业规模和市场竞争：基于中国企业层面的面板数据分析》，《世界经济》2008 年第 7 期。

牛泽东等：《高技术产业的企业规模与技术创新——基于非线性面板平滑转换回归（PSTR）模型的分析》，《中央财经大学学报》2012 年第 10 期。

欧阳峣、汤凌霄：《大国创新道路的经济学解析》，《经济研究》2017 年第 9 期。

彭冲、汤二子：《财政分权下地方政府卫生支出的竞争行为研究》，《财经研究》2018 年第 6 期。

皮建才：《中国地方政府间竞争下的区域市场整合》，《经济研究》2008 年第 3 期。

皮建才：《中国式分权下的地方官员治理研究》，《经济研究》2012年第10期。

亓寿伟、胡洪曙：《转移支付、政府偏好与公共产品供给》，《财政研究》2015年第7期。

任海云：《公司治理对R&D投入与企业绩效关系调节效应研究》，《管理科学》2011年第5期。

任培民、赵树然：《期权—博弈整体方法与产学研结合利益最优分配》，《科研管理》2008年第6期。

任志成等：《财政分权、地方政府竞争与省级出口增长》，《财贸经济》2015年第7期。

沈立人、戴园晨：《我国"诸侯经济"的形成及其弊端和根源》，《经济研究》1990年第3期。

史建锋、张庆普：《复杂开放环境下产学研知识创新联盟合作影响因素》，《中国科技论坛》2017年第8期。

宋寒等：《服务外包中双边道德风险的关系契约激励机制》，《系统工程理论与实践》2010年第11期。

宋英杰等：《财政分权、地方政府竞争与城乡收入差距》，《地方财政研究》2017年第6期。

孙成等：《"以正合，以奇胜"？政策不确定性认知下的企业创新决策》，《科学学与科学技术管理》2021年第1期。

孙华臣、焦勇：《贸易开放、地方政府竞争与中国城乡收入差距》，《宏观经济研究》2017年第12期。

孙荣、许洁：《政府经济学》，复旦大学出版社2004年版。

孙正：《地方政府政绩诉求、税收竞争与财政可持续性》，《经济评论》2017年第4期。

台航等：《财政分权与企业创新激励》，《经济科学》2018年第1期。

谭明智、周飞舟：《当代中国的中央地方关系》，中国社会科学出版社 2016 年版。

谭小芬、张文婧：《经济政策不确定性影响企业投资的渠道分析》，《世界经济》2017 年第 12 期。

唐未兵等：《技术创新、技术引进与经济增长方式转变》，《经济研究》2014 年第 7 期。

田建国、王玉海：《财政分权、地方政府竞争和碳排放空间溢出效应分析》，《中国人口·资源与环境》2018 年第 10 期。

田伟：《考虑地方政府因素的企业决策模型——基于企业微观视角的中国宏观经济现象解读》，《管理世界》2007 年第 5 期。

佟爱琴、陈蔚：《政府补贴对企业研发投入影响的实证研究——基于中小板民营上市公司政治联系的新视角》，《科学学研究》2016 年第 7 期。

王安宇等：《研发外包中的关系契约》，《科研管理》2006 年第 6 期。

王德祥、李建军：《财政分权、经济增长与外贸依存度——基于 1978—2007 年我国改革开放 30 年数据的实证分析》，《国际贸易问题》2008 年第 11 期。

王刚刚等：《R&D 补贴政策激励机制的重新审视——基于外部融资激励机制的考察》，《中国工业经济》2017 年第 2 期。

王健忠、高明华：《反腐败、企业家能力与企业创新》，《经济管理》2017 年第 6 期。

王磊：《地方政府行为对产能过剩的影响研究》，博士学位论文，东北财经大学，2017 年。

王砾等：《官员晋升压力与企业创新》，《管理科学学报》2018 年第 1 期。

汪立鑫、闫笑：《地方政府竞争对中国经济增长的贡献：FDI 视角的分析》，《上海经济研究》2018 年第 2 期。

汪利娜：《政府土地收益主要来源、规模下的央地利益博弈》，

《改革》2014 年第 4 期。

王全景、温军：《地方官员变更与企业创新——基于融资约束和创新贡献度的路径探寻》，《南开经济研究》2019 年第 3 期。

王纬超等：《中国高校合作强度及官产学研合作的量化研究》，《科学学研究》2013 年第 9 期。

王文轲等：《企业技术创新投入管理与政府资助博弈研究——以煤矿安全投入为例》，《软科学》2014 年第 2 期。

王贤彬、徐现祥：《地方官员来源、去向、任期与经济增长——来自中国省长省委书记的证据》，《管理世界》2008 年第 3 期。

王贤彬、徐现祥：《地方官员晋升竞争与经济增长》，《经济科学》2010 年第 6 期。

王贤彬等：《辖区经济增长绩效与省长省委书记晋升》，《经济社会体制比较》2011 年第 1 期。

王永贵、高佳：《新冠疫情冲击、经济韧性与中国高质量发展》，《经济管理》2020 年第 5 期。

王永钦等：《中国的大国发展道路——论分权式改革的得失》，《经济研究》2007 年第 1 期。

王玉泽等：《什么样的杠杆率有利于企业创新》，《中国工业经济》2019 年第 3 期。

王媛：《官员任期、标尺竞争与公共品投资》，《财贸经济》2016 年第 10 期。

王兆华等：《空气污染与城镇人口迁移：来自家庭智能电表大数据的证据》，《管理世界》2021 年第 3 期。

温修春等：《我国农村土地间接流转供应链联盟的利益分配机制研究——基于"对称互惠共生"视角》，《中国管理科学》2014 年第 7 期。

温忠麟等：《中介效应检验程序及其应用》，《心理学学报》2004 年第 5 期。

文芳：《股权集中度、股权制衡与公司R&D投资——来自中国上市公司的经验证据》，《南方经济》2008年第4期。

吴敏、周黎安：《晋升激励与城市建设：公共品可视性的视角》，《经济研究》2018年第12期。

吴祺：《中国创新政策》，博士学位论文，中南财经政法大学，2020年。

吴延兵：《中国工业产业创新水平及影响因素——面板数据的实证分析》，《产业经济评论》2006年第2期。

吴延兵：《财政分权促进技术创新吗?》，《当代经济科学》2019年第3期。

吴延兵：《中国式分权下的偏向性投资》，《经济研究》2017年第6期。

冼国明、冷艳丽：《地方政府债务、金融发展与FDI——基于空间计量经济模型的实证分析》，《南开经济研究》2016年第3期。

肖叶等：《地方政府竞争、财政支出偏向与区域技术创新》，《经济管理》2019年第7期。

谢家智等：《政治关联、融资约束与企业研发投入》，《财经研究》2014年第8期。

谢乔昕、宋良荣：《中国式分权、经济影响力与研发投入》，《科学学研究》2015年第12期。

熊虎、沈坤荣：《地方政府债务对创新的挤出效应研究》，《经济科学》2019年第4期。

许春、刘奕：《技术溢出与企业研发政府补贴政策的相机选择》，《科学学与科学技术管理》2005年第1期。

徐现祥等：《区域一体化、经济增长与政治晋升》，《经济学（季刊）》2007年第4期。

徐业坤、马光源：《地方官员变更与企业产能过剩》，《经济研究》2019年第5期。

许敬轩等：《多维绩效考核、中国式政府竞争与地方税收征管》，《经济研究》2019 年第 4 期。

许培源、章燕宝：《行业技术特征、知识产权保护与技术创新》，《科学学研究》2014 年第 6 期。

鄢波、王华等：《地方政府竞争与"扶持之手"的选择》，《宏观经济研究》2018 年第 9 期。

闫凌州、赵黎明：《府际关系影响下地方科技体制改革的二元异质性困境与思考》，《科技进步与对策》2014 年第 3 期。

杨帆、徐敏丽：《财政分权、地方政府竞争与 FDI 经济增长效应研究综述》，《产业与科技论坛》2012 年第 19 期。

杨国超等：《减税激励、研发操纵与研发绩效》，《经济研究》2017 年第 8 期。

杨海生等：《地方政府竞争与环境政策——来自中国省份数据的证据》，《南方经济》2008 年第 6 期。

杨海生等：《政策不稳定性与经济增长——来自中国地方官员变更的经验证据》，《管理世界》2014 年第 9 期。

杨建君、盛锁：《股权结构对企业技术创新投入影响的实证研究》，《科学学研究》2007 年第 4 期。

杨鸣京：《高铁开通对企业创新的影响研究》，博士学位论文，北京交通大学，2019 年。

杨晓丽、许垒：《中国式分权下地方政府 FDI 税收竞争的策略性及其经济增长效应》，《经济评论》2011 年第 3 期。

杨洋等：《谁在利用政府补贴进行创新？——所有制和要素市场扭曲的联合调节效应》，《管理世界》2015 年第 1 期。

杨国超等：《减税激励、研发操纵与研发绩效》，《经济研究》2017 年第 8 期。

杨思莹：《政府在创新驱动发展中的职能与行为研究》，博士学位论文，吉林大学，2019 年。

姚洋、席天扬:《中国新叙事:中国特色政治、经济体制的运行机制分析》,格致出版社 2018 年版。

姚洋、章奇:《中国工业企业技术效率分析》,《经济研究》2001年第 10 期。

叶鹰等:《三螺旋模型及其量化分析方法研讨》,《中国软科学》2014 年第 11 期。

尹恒、朱虹:《县级财政生产性支出偏向研究》,《中国社会科学》2011 年第 1 期。

阴雪颖、王文好:《产业扶贫中地方政府行为偏差与成因分析》,《农村经济与科技》2019 年第 22 期。

余明桂等:《政治联系、寻租与地方政府财政补贴有效性》,《经济研究》2010 年第 3 期。

余泳泽等:《中国式分权与经济增长研究综述》,《南京财经大学学报》2017 年第 2 期。

余泳泽、张少辉:《城市房价、限购政策与技术创新》,《中国工业经济》2017 年第 6 期。

余泳泽:《新 S 型曲线:经济增长目标约束与中国经济动能重塑》,《探索与争鸣》2018 年第 7 期。

余泳泽、潘妍:《中国经济高速增长与服务业结构升级滞后并存之谜——基于地方经济增长目标约束视角的解释》,《经济研究》2019 年第 3 期。

余泳泽等:《过犹不及事缓则圆:地方经济增长目标约束与全要素生产率》,《管理世界》2019 年第 7 期。

原毅军、郭然:《生产性服务业集聚、制造业集聚与技术创新——基于省级面板数据的实证研究》,《经济学家》2018 年第 5 期。

岳宇君、胡汉辉:《科技型中小企业支持政策传导机制及博弈分析》,《科学学与科学技术管理》2017 年第 4 期。

翟胜宝等:《银行关联与企业创新——基于我国制造业上市公司

的经验证据》,《会计研究》2018年第7期。

詹美求、潘杰义:《校企合作创新利益分配问题的博弈分析》,《科研管理》2008年第1期。

张彩云、陈岑:《地方政府竞争对环境规制影响的动态研究——基于中国式分权视角》,《南开经济研究》2018年第4期。

张峰等:《产品创新还是服务转型:经济政策不确定性与制造业创新选择》,《中国工业经济》2019年第7期。

张华:《地区间环境规制的策略互动研究——对环境规制非完全执行普遍性的解释》,《中国工业经济》2016年第7期。

张建武等:《地方政府竞争恶化了城乡收入差距吗?——基于1995—2007年省际面板数据的实证分析》,《劳动经济研究》2014年第3期。

张杰等:《融资约束、融资渠道与企业R&D投入》,《世界经济》2012年第10期。

张杰等:《中国创新补贴政策的绩效评估:理论与证据》,《经济研究》2015年第10期。

张军等:《中国为什么拥有了良好的基础设施?》,《经济研究》2007年第3期。

张梁梁等:《财政分权视角下地方政府科技支出的标尺竞争——基于265个地级市的实证研究》,《当代财经》2016年第4期。

张米尔、武春友:《产学研合作创新的交易费用》,《科学学研究》2001年第1期。

张明喜、朱云欢:《中央与地方科技事权与支出责任划分的考虑——基于对科技综合管理部门的调研》,《科学学研究》2016年第7期。

张秀萍等:《基于三螺旋理论的区域协同创新机制研究》,《管理现代化》2015年第3期。

张瑜等:《基于优化Shapley值的产学研网络型合作利益协调机制

研究——以产业技术创新战略联盟为例》,《中国管理科学》2016 年第 9 期。

张宗益、张湄:《关于高新技术企业公司治理与 R&D 投资行为的实证研究》,《科学学与科学技术管理》2007 年第 5 期。

赵洪江等:《公司自主创新投入与治理结构特征实证研究》,《中国软科学》2008 年第 7 期。

赵思嘉等:《创业型领导、组织韧性与新创企业绩效》,《外国经济与管理》2021 年第 3 期。

郑威、陆远权:《金融分权、地方官员激励与企业创新投入》,《研究与发展管理》2018 年第 5 期。

郑毅等:《股权结构与 R&D 投入的相关性检验——来自创业板市场的经验证据》,《科技管理研究》2016 年第 24 期。

郑跃等:《基于二层规划的委托代理协调问题》,《系统工程理论与实践》2014 年第 1 期。

中国科学技术发展战略研究院:《国家创新指数报告 2018》,科学技术文献出版社 2018 年版。

仲伟周、王军:《地方政府行为激励与我国地区能源效率研究》,《管理世界》2010 年第 6 期。

周方召等:《外部融资、企业规模与上市公司技术创新》,《科研管理》2014 年第 3 期。

周海涛:《政府 R&D 资助对企业技术创新决策、行为及绩效的影响研究》,博士学位论文,华南理工大学,2016 年。

周开国等:《融资约束、创新能力与企业协同创新》,《经济研究》2017 年第 7 期。

周克清:《财政分权对地方科技投入的影响研究》,《财贸经济》2011 年第 10 期。

周青等:《产业技术联盟利益分配方式与成员创新绩效的关联研究》,《研究与发展管理》2015 年第 6 期。

周亚虹等:《政府扶持与新型产业发展——以新能源为例》,《经济研究》2015年第6期。

周黎安:《晋升博弈中政府官员的激励与合作——兼论我国地方保护主义和重复建设问题长期存在的原因》,《经济研究》2004年第6期。

周黎安、罗凯:《企业规模与创新:来自中国省级水平的经验证据》,《经济学(季刊)》2005年第2期。

周黎安:《中国地方官员的晋升锦标赛模式研究》,《经济研究》2007年第7期。

周黎安:《转型中的地方政府:官员激励与治理》,格致出版社2017年版。

周黎安等:《"层层加码"与官员激励》,《世界经济文汇》2015年第1期。

周亚虹等:《财政分权体制下地市级政府教育支出的标尺竞争》,《经济研究》2013年第11期。

周业安、宋紫峰:《中国地方政府竞争30年》,《教学与研究》2009年第11期。

周业安、章泉:《财政分权、经济增长和波动》,《管理世界》2008年第3期。

朱磊等:《产品市场竞争与企业双元创新投资——来自中小板的经验数据》,《财务研究》2018年第4期。

朱向东等:《地方政府竞争、环境规制与中国城市空气污染》,《中国人口·资源与环境》2018年第6期。

朱有为、徐康宁:《中国高技术产业研发效率的实证研究》,《中国工业经济》2006年第11期。

庄涛、吴洪:《基于专利数据的我国官产学研三螺旋测度研究——兼论政府在产学研合作中的作用》,《管理世界》2013年第8期。

Acemoglu D., Verdier T., "Property Rights, Corruption and the Allocation of Talent: A General Equilibrium Approach", *Social Science Electronic Publishing*, Vol. 108, No. 450, 1996.

Acs Z. J., Audretsch D. B., "Innovation, Market Structure, and Firm Size", *Review of Economics & Statistics*, Vol. 69, No. 4, 1987.

Aghion P. et al., "Innovation and Institutional Ownership", *Cepr Discussion Papers*, January 2013.

Almeida H. et al., "Less is More: Financial Constraints and Innovative Efficiency", *Social Science Research Network*, April 2013.

Almus M., Czarnitzki D., "The Effects of Public R&D Subsidies on Firms' Innovation Activities: The Case of Eastern Germany", *Journal of Business & Economic Statistics*, Vol. 21, No. 2, 2003.

Alves S. L. et al., "Business Analytics Leveraging Resilience in Organizational Processes", *Rausp Management Journal*, Vol. 53, No. 3, 2018.

Arrow K. J., "The Economic Implications of Learning by Doing", *Review of Economic Studies*, Vol. 29, No. 3, 1962.

Arrow K. J., "Economic Welfare and the Allocation of Resources for Invention", *NBER Chapters*, 1972.

Atallah, Gamal, "Vertical R&D Spillovers, Cooperation, Market Structure, and Innovation", *Economics of Innovation & New Technology*, Vol. 11, No. 3, 2002.

Baron R. M., Kenny D. A., "The Moderator – Mediator Variable Distinction in Social Psychological Research: Conceptual, Strategic, and Statistical Considerations", *Journal of Personality and Social Psychology*, Vol. 51, No. 6, 1987.

Braun D., "Who Governs Intermediary Agencies? Principal Agent Relations in Research Policy Making", *Journal of Public Policy*, Vol. 13,

No. 2, 1993.

Boeing P. et al., "China's R&D Explosion – Analyzing Productivity Effects across Ownership Types and over Time", *Research Policy*, Vol. 45, No. 1, 2016.

Bond S. et al., "Investment, R&D and Financial Constraints in Britain and Germany", *Annals of Economics and Statistics*, 1999.

Booyens I., "Are Small, Medium – and Micro – Sized Enterprises Engines of Innovation? The Reality in South Africa", *Science & Public Policy*, Vol. 38, No. 1, 2011.

Braga H., Willmore L., "Technological Imports and Technological Effort: An Analysis of Their Determinants in Brazilian Firms", *Journal of Industrial Economics*, Vol. 39, No. 4, 1991.

Chu L. Y., Sappington D., "Procurement Contracts: Theory vs Practice", *International Journal of Industrial Organization*, Vol. 27, No. 1, 2009.

Cumming D., Macintosh J., "The Determinants of R&D Expenditures: A Study of the Canadian Biotechnology Industry", *Review of Industrial Organization*, Vol. 17, No. 4, 2000.

Dasgupta P., Stiglitz J., "Industrial Structure and the Nature of Innovative Activity", *The Economic Journal*, Vol. 90, No. 358, 1980.

Dechow P. M., Sloan R. G., "Executive Incentives and The Horizon Problem: An Empirical Investigation", *Journal of Accounting & Economics*, Vol. 14, No. 1, 1991.

Dong L., Glaister K. W., "Motives and Partner Selection Criteria in International Strategic Alliances: Perspectives of Chinese Firms", *International Business Review*, Vol. 15, No. 6, 2011.

Duckworth A. L., "Grit: Perseverance and Passion for Long – Term Goals", *Journal of Personality and Social Psychology*, Vol. 92,

No. 6, 2007.

Elhorst J. P., Fréret S., "Evidence of Political Yardstick Competition in France Using a Two – Regime Spatial Durbin Model with Fixed Effects", *Journal of Regional Science*, Vol. 49, No. 5, 2009.

Eric Maskin et al., "Incentives, Information, and Organizational Form", *Review of Economic Studies*, Vol. 67, No. 2, 2000.

Etzkowitz H., Leydesdorff L., "The Triple Helix of University – Industry – Government Relations: A Laboratory for Knowledge – Based Economic Development", *EAST Review*, Vol. 14, No. 1, 1995.

Fawcett S. E. et al., "Supply Chain Trust: The Catalyst for Collaborative Innovation", *Business Horizons*, Vol. 55, No. 2, 2012.

Filipe Silva, Carlos Carreira, "Do Financial Constraints Threat the Innovation Process? Evidence from Portuguese Firms", *Economics of Innovation & New Technology*, Vol. 21, No. 8, 2012.

Francis J., Smith A., "Agency Costs and Innovation Some Empirical Evidence", *Journal of Accounting & Economics*, Vol. 19, No. 2, 2004.

Gao C. et al., "Overcoming Institutional Voids: A Reputation – Based View of Long Run Survival", *Strategic Management Journal*, Vol. 38, No. 11, 2017.

Goolsbee A., "Does Government R&D Policy Mainly Benefit Scientists and Engineers?", *American Economic Review*, Vol. 88, No. 2, 1998.

Guan J. C., Yam R. C. M., "Effects of Government Financial Incentives on Firms' Innovation Performance in China: Evidences from Beijing in the 1990s", *Research Policy*, Vol. 44, No. 1, 2015.

Gulen H., Ion M., "Policy Uncertainty and Corporate Investment", *Review of Financial Studies*, Vol. 29, No. 3, 2015.

Guo G., "China's Local Political Budget Cycles", *American Journal of Political Science*, Vol. 53, No. 3, 2010.

Hadlock C. J., Pierce J. R., "New Evidence on Measuring Financial Constraints: Moving Beyond the KZ Index", *Review of Financial Studies*, Vol. 23, No. 5, 2010.

Hall B. H., "The Financing of Research and Development", *Oxford Review of Economic Policy*, Vol. 1, 2002.

Holling C. S., "Engineering Resilience versus Ecological Resilience", *Engineering within Ecological Constraints*, 1996.

Howells J., "Rethinking the Market - Technology Relationship for Innovation", *Research Policy*, Vol. 25, No. 8, 1997.

Iturriaga F. J. L., López - Millán E. J., "Institutional Framework, Corporate Ownership Structure and R&D Investment: An International Analysis", *R&D Management*, Vol. 1, 2016.

Kalamova M. et al., *"Implications of Policy Uncertainty for Innovation in Environmental Technologies: The Case of Public R&D Budgets"*, Berlin: Springer Netherlands, 2012, pp. 99 – 116.

Keum D. D., "Cog in the Wheel: Resource Release and the Scope of Interdependencies in Corporate Adjustment Activities", *Strategic Management Journal*, Vol. 41, No. 2, 2020.

Kyriacou A. P., "Fiscal Decentralization and Regional Disparities: The Importance of Good Governance", *Papers in Regional Science*, Vol. 94, No. 1, 2015.

Rafael La Porta et al., "Corporate Ownership around the World", *Journal of Finance*, Vol. 54, No. 2, 1999.

Lach S, "Do R&D Subsidies Stimulate or Displace Private R&D? Evidence from Israel", *Journal of Industrial Economics*, Vol. 50, No. 4, 2002.

Laforet S., "Organizational Innovation Outcomes in SMEs: Effects of Age, Size, and Sector", *Journal of World Business*, Vol. 48, No. 4, 2013.

Li H. B., Zhou L. A., "Political Turnover and Economic Performance: The Incentive Role of Personnel Control in China", *Journal of Public Economics*, Vol. 89, No. 9, 2003.

Lin C. et al., "Property Rights Protection and Corporate R&D: Evidence from China", *Journal of Development Economics*, Vol. 93, No. 1, 2010.

Linnenluecke M. K., "Resilience in Business and Management Research: A Review of Influential Publications and a Research Agenda", *International Journal of Management Reviews*, Vol. 19, No. 1, 2016.

Luc L. G. Soete, "Firm Size and Inventive Activity: The Evidence Reconsidered", *European Economic Review*, Vol. 12, No. 4, 1979.

Manuel C., "Players Indifferent to Cooperate and Characterizations of the Shapley Value", *Mathematical Methods of Operations Research*, Vol. 77, No. 1, 2013.

Modigliani F., Miller M. H., "The Cost of Capital, Corporation Finance and the Theory of Investment", *American Economic Review*, Vol. 48, No. 3, 1958.

Munari F. et al., "The Effects of Owner Identity and External Governance Systems on R&D Investments: A Study of Western European Firms", *Research Policy*, Vol. 39, No. 8, 2010.

Ortiz-De-Mandojana N, Bansal P., "The Long-Term Benefits of Organizational Resilience through Sustainable Business Practices", *Strategic Management Journal*, Vol. 37, No. 8, 2016.

Qian Y., Roland G., "Federalism and the Soft Budget Constraint", *American Economic Review*, Vol. 88, No. 5, 1998.

Ren S. et al., "How Do Marketing, Research and Development Capabilities, and Degree of Internationalization Synergistically Affect the Innovation Performance of Small and Medium-Sized Enterprises (SMEs)? A Panel Data Study of Chinese SMEs", *International Business Review*, Vol. 24, No. 4, 2015.

Romer P. M., "Endogenous Technological Change", *Journal of Political Economy*, Vol. 98, No. 5, 1990.

Rondinelli D. A., "Implementing Decentralization Programmes in Asia: A Comparative Analysis", *Public Administration & Development*, Vol. 3, No. 3, 1983.

Sajko M. et al., "CEO Greed, Corporate Social Responsibility, and Organizational Resilience to Systemic Shocks", *Journal of Management*, Vol. 47, No. 4, 2021.

Savignac F., "Impact of Financial Constraints on Innovation: What Can be Learned from a Direct Mearsure?", *Economics of Innovation & New Technology*, Vol. 17, No. 6, 2008.

Scherer F. M., "Size of Firm, Oligopoly, and Research: A Comment", *Canadian Journal of Economics & Political Science*, Vol. 31, No. 2, 1965.

Steven C. Michael, John A. Pearce, "The Need for Innovation as a Rationale for Government Involvement in Entrepreneurship", *Entrepreneurship & Regional Development*, Vol. 21, No. 3, 2009.

Stigler G. J., "Perfect Competition, Historically Contemplated", *Journal of Political Economy*, Vol. 65, No. 1, 1957.

Su Y. S. et al., "How Do Internal Capabilities and External Partnerships Affect Innovativeness?", *Asia Pacific Journal of Management*, Vol. 26, No. 2, 2009.

Tiebout C. M., "A Pure Theory of Local Expenditures", *Journal of Political Economy*, Vol. 64, No. 5, 1956.

Vasia Panousi, Dimitris Papanikolaou, "Investment, Idiosyncratic Risk, and Ownership", *Journal of Finance*, Vol. 67, No. 3, 2012.

Vito J. D. et al. , "R&D Activity in Canada: Does Corporate Ownership Structure Matter?", *Canadian Journal of Administrative Sciences*, Vol. 27, No. 2, 2010.

Waldemar F. S. D. , "New Products and Corruption: Evidence from Indian Firms", *Developing Economies*, Vol. 50, No. 3, 2012.

Wallsten S. J. , "The Effects of Government – Industry R&D Programs on Private R&D: The Case of the Small Business Innovation Research Program", *Rand Journal of Economics*, Vol. 31, No. 1, 2000.

Williams L. A. , Desteno D. , "Pride and Perseverance: The Motivational Role of Pride", *Journal of Personality and Social Psychology*, Vol. 94, No. 6, 2008.

Zenger T. R. , Lazzarini S. G. , "Compensating for Innovation: Do Small Firms Offer High – Powered Incentives That Lure Talent and Motivate Effort?", *Managerial & Decision Economics*, Vol. 25, No. 67, 2004.

Zhao Z. J. , "Fiscal Decentralization and Provincial – Level Fiscal Disparities in China: A Sino – U. S. Comparative Perspective", *Public Administration Review*, Vol. 69, 2009.

Zheng B. , "Bureaucratic Corruption and Economic Development", *SSRN Electronic Journal*, 2015.

索　引

B

包干制　24,34,52,53,66

标尺竞争　8,11,23,31,56,57,
　　88,90－92,94,96,106－108,
　　110－112,129,130,205,209

C

财权　5,33－35,46,48,51,67,
　　87,89,112,113,207,208

财政分权　4,7,9,11,15,23－27,
　　33－36,50,51,55,58,59,62,
　　64,69－71,77,78,81,83,84,
　　88,89,91,92,95,97,102,
　　129,132,178,204

财政收入　24－27,32－35,47,
　　48,50－53,55,64,66,69,71,
　　73,77－79,81,83,85,87,89,
　　92,97－103,111,119,137,
　　204,207,208

财政支出　8,15,25,26,32,35,47,
　　48,60,63,64,66,69－73,77－
　　79,81,83,85,87－92,94,96－
　　103,111－113,115,119,131,
　　132,137,204,207,208

层层加码　8,11,12,14－16,58,61,
　　129－131,133－149,205,209,210

产权性质　36,39,76,131,144,149

产学研利益分配　10,13,14,190,
　　193－195,197,199,200,202,
　　204,206

产学研协同创新　13,190－193,
　　195,197,199－202,206

产业集聚　114,125－127,205

城市级别　123

城市面板数据　64

创新补贴　3,10,12－14,35,42,
　　43,59,66,68,74,81,88,100,

112－114,116,124－127,132,
177－179,181－189,203－206

创新贡献度　12,146－149,152,
169,170,175,206

创新环境　3,30,61,86,114,121,
123,125,132,205,210

创新活动　1－4,6,8－16,18,19,
21,22,27,28,30,31,36－44,
46,59－62,64,66,73,86,89,
93,102,113,115－117,121,
124,127－130,132,133,139,
144,146,149,151,152,154－
158,164－166,168－171,174－
177,179,181,183,185,186,
189,203－210

创新活力　3－5,127,150,178,210

创新理论　4,6,11,17－22,30,178

创新驱动发展战略　5,28－30,87,
104,112,115,123,207,209

创新生态　30,87,117,176

创新政策　28－30,37,67,93,111,
114,123,151,210

创新主体　2,28－30,59,87,130,
191,192,195,209

创新资源　2,9,10,22,28,40,112,
128,134,151,154,157,171,209

D

地方官员　25－27,31,33,34,44,
45,54－60,63,66,67,72,84,
87,90－94,96,98,105,106,
108,111,114－116,118,131,
132,148,204,205,209

地方政府　3－5,7－11,13－16,23
－28,31－36,43－70,72－80,
82－84,86－95,97,98,100,102
－106,108－120,125,127－
135,137,139,144,145,147－
149,176,203,204,207－210

地方政府的积极性　3,207

地方政府竞争　12,14－16,24,33,
36,57,58,61,88,108,112－
114,126,127,129,130,132,
133,209

地方政府科技支出　11,12,14－
16,88,90－92,94－100,102－
114,117－120,127,204

地方政府偏好　11－13,15,55,62,
64,65,67－69,73,77,80,82－
85,87,108,204

地方政府行为　3－8,11－13,15,16,
23－25,27,31,33,34,46－48,
54,55,59,61,62,64,66,67,69,
77,79,89－92,102,111,129－
132,148,203－207

动态博弈　68,177,179,182,184,194

多层级政府　4,8,15,58,129－

132,134,148,149

多维绩效考核 91,93,204

F

发明专利 2,75,122,136-138,140-143,159

分权理论 5,11,15,22-24,26,27,46

分税制 33,34,47,48,53,66,208

G

高质量发展 30,87,88,127,152,176,203

公共品供给 4,23,24,35,56,63

官员绩效考核 11,16,26,54,57,60,63,64,78,79,87,94,109,111-113,115,123,130,131,134,135,138,141,148,204,205,208,209

官员晋升 4,7-9,12,13,15,16,26,27,31,34,43,44,46,54-57,60,67,77,88,90-94,108,110,111,113-115,129-132,136,141,144,178,204,205,208,209

官员任期 12,90-92,94,95,97,99-101,103-105,107,108,110,111,119,204

官员特征 12,71,78,85,90,91,98

国家创新体系 21,22,28,29,86,87,208

国家治理能力现代化 113

机制分析 173

J

激励相容约束 69,70,185,196,198,200

晋升激励 12,16,25-27,31,34,35,43,88,90-92,94,96,98,108,110,111,131,204,209

晋升锦标赛 7,11,12,16,25-27,55,66,91-94,111,115,116,129-132,134,136,141,148,178,204,205

经济激励 4,7,24,32,50,55,204,207

经济人 8,24,26,31,66,89

经济增长 4,8,11,17,19-21,24-27,31-34,36,45,55-57,59,60,62,63,67,70,79,89,90,92-94,102,115,127,129,130,133,134,139,141,148,158,160,162,209

经济增长目标 8,14,130,133,134,136-141,143-149,205,209

经济政策不确定性 12,14-16,45,46,150-152,155-158,160,162-

166,168-176,205,206,210

经济转型 5,12,46,205

K

科技创新 1,5,9,13,29,30,54,57,58,60,63,67,86,88,89,91,93,97,100,102,104,105,108-116,120,123,126,130,149,150,189,203,205,207,209

空间计量模型 95,203

M

门槛模型 14,152,158,164,165,175

N

内生性讨论 85

Q

企业创新 2-6,8,9,11-16,28,36,38-47,59-64,73,74,76,77,80,86-88,112-114,116,117,120-137,139-141,143-152,155,156,158,159,162,163,165,167,170,173,175,176,178,179,182,186,188,189,203,205,207,210

企业规模 36-38,43,70,73,74,81,82,117,124,125,136,140,149,158-160,162,170,171,178

企业韧性 12,14-16,151-155,158-162,164-168,170-176,205,206

契约理论 12,14,177,179,206

R

韧性 151-157,159,161,165,168-170,172-176,206,210

融资约束 3,12,36,41-43,45,59,88,112,116,124,127,130,134,139,146,147,149,151,152,154,157,169,171-173,205,210

S

上市公司 11-13,38-40,44-46,64,72,87,113,118,127,130,133,135,144,148,153,160,175,176,204-206

省级面板数据 12,13,35,37,43,80,85,87,113,130,133,148,205

实用新型专利 136,137,159

市场化水平 15,76,77,87,130,131,137,140,141,145,149,167-169,175,204-206,210

市场失灵 7,27,40,42,59,178

事权 5,26,33-35,46,48,51,53,

54,60,67,87,89,102,104,112,
113,178,207,208

双向固定效应模型 160

税收优惠 3,9,28,32,44,60,112,
116,120,180,189

T

投资性偏好 11,13,15,16,56,61,
63-65,67-71,73-80,83-
88,129,204,209,210

V

VUCA 152-154,175,176,210

W

Wind 数据库 161

外观设计专利 137,159

微观企业 3-5,11,16,46,64,87,
113,133,151,156,167,175

为创新而竞争 9,16,58,112,113,
117,125,127,134,135

为增长而竞争 9,16,26,31,63,
77,91,113,114,117,131,132

委托代理 8,13,14,33,43,44,49,
55,56,132,178,179,188,191,
192,202,204

稳健性检验 14,75,84,102,103,
117,120,122,131,141-143,

159,166

X

系统 GMM 14,75,84,142

相对绩效考核 8,34,54,90,91,
94,205

信息不对称 10,13,14,40,41,
156,157,177-180,183-186,
188-190,192,193,196,198-
202,204,206

行政发包制 11,49-51

行政分权 9,15,23,24,50,92

研发成本 3,88,180

研发投入 2,3,13,35-39,42-
46,59,60,65-68,70,72-76,
80-82,84-87,118,121,122,
130,132,135-143,148,162,
164,177-187,191,204

Y

央地政府关系 55,87

异质性分析 108,166-168,206

有形之手 9,42,60,61,116,
130,204

Z

政府干预 27,36,40

政府关系 15,16,61,62,168

政府竞争　8,15,35,36,58,113,114,116,117,119－134,148,149,205

政企关联　4,46

政治成本　13,67

政治激励　4,55,111,204,207

政治集权　3,4,15,31,58,62,89,91,94,111

政治人　8,31,66,89

中国式分权　3－5,7,11－14,16,27,31－34,36,45,62,64,88,89,91,111,129

中介效应　12,14,16,125,126,146,147,149,203,205

中央政府　7－9,11,14－16,22－24,26,27,31,47,48,50,51,53－59,62－65,67－69,79,86,87,90－94,103－105,114,115,127,130,131,134,136,138,139,141,148,204,207,208

主政官员　4,8,24,26,43,45,54－56,63,100,129

专利申请　2,3,6,45,46,75,87,114,117,119,120,122,130,136－141,143,145,147,148,159,162－164,166,167

资源配置　5－7,23,43,59,60,67,113,116,127－129,148,154,157,171,192,209,210

自主创新　1,5,28－30,64,127,137,154,175

后　　记

随着博士论文的完成，我的博士生活也即将结束。时光荏苒，回首三年的博士生活，一千多个日日夜夜，有论文选题的茫然无措，有研究进展不顺利的焦虑不安，有论文被拒的沮丧和气馁，也有论文发表的欢喜和雀跃……一路走来，跌跌撞撞，所有遇见都是前行途中美丽的风景，这些回忆都将成为我人生的宝贵财富。读博不易，幸而有良师益友的支持和帮助，使我获益良多，顺利完成学业。

首先要感谢我的两位恩师。一位是我的博士导师中国社会科学院数量经济与技术经济研究所李群研究员，是李群老师的信任和支持，让我有攻读博士学位的机会，可以在科研的道路上继续前行。刚入学时，导师便为我制订了详细的学习和研究计划，包括必读书目、期刊以及主修课程，引导我参与课题项目，这些使我的科研素养和专业能力得到了极大的提高。而整个博士论文，从选题、构思、实证研究的设计到论文的修改和定稿，都是在导师的指导和帮助下完成的。殷殷师生情，每每念及恩师，心里总是满溢温暖和感激！我将谨遵恩师教诲，以学术为志业，不负恩师期望！

另一位是我的硕士导师李华教授。李老师是我科研路上的启蒙恩师，在我硕士期间，就在学习和生活上给了我很多帮助和指导，硕士毕业之后，一直与导师保持着联系，也是李老师让我坚定了读博的信心。读博期间，我也经常向李老师请教，李老师总是会耐心解答，尽全力帮助我，给了我足够的信心去面对所遇到的挑战。从学术新人到博士即将毕业，恩师倾注了极大的心血，在此，向恩师致以最诚挚的感谢！

其次，在中国社会科学院的三年，有幸认识了很多可亲可敬的老师，他们学识渊博、治学严谨，对一个学术问题总能给出独到深刻的见解，让我受益颇多，也是我终身学习的榜样。要特别感谢数量经济与技术经济研究所的老师们，如张涛老师、李金华老师、樊明太老师、娄峰老师、蒋金荷老师、冯烽老师等，他们在博士论文的选题和写作方面给了我很多的建议和帮助，使论文不断完善。

再次，要感谢我的博士同学吕指臣、罗朝阳、张晨、陈珵、于婷、温佳楠、夏雯雯以及我的同门毕然、杨琛等。在小院三年，我们相互支持，共同奋斗，克服一个个难题……感谢一路有你们，让我的博士生活既充实又快乐，那些美好回忆我将铭记于心。

最后，要感谢我的家人，没有你们的支持、包容和鼓励，我将难以顺利完成学业，你们永远是我最坚实的后盾！

再次感谢所有曾给予我帮助的老师、同学、亲人和朋友！

学生时代即将结束，未来，我将全力以赴！